표지 사진: 미우라 아야코 기념무학관 사용 허락 번호 56
(表紙写真 三浦綾子記念文学館 使用許諾番号56)

일본 작가 3인의 문학 세계

영(靈)・혼(魂)・육(肉)의 관점에서

박요한 지음

◯ BJ BOOKS

──── 추천사

박창수 선교사(니가타 성서학원 전임 교사)

  선교사로 일본에 온 지 17년이 되었다. 다른 문화 영역에서 선교하기 위해서는 먼저 그 땅의 역사와 사람을 알아야 한다. 이때 역사와 문학을 친근히 접하는 건 아주 유익하다. 최근 몇 년 사이에 새로운 입장, 즉 기독교 선교 관점에서 일본 소설가들과 그들의 작품에 접근하는 시도가 눈길을 끈다: 미우라 아야코 연구로 박사학위를 취득하고 이를 선교의 접점으로 삼아 활약하는 권요섭 선교사와 이 책의 저자인 박요한 박사와 같은 분들 말이다.
  신학과 역사와 선교에 정통한 저자는 "한 번밖에 없는 인생, 어떻게 살 것인가"라는 문제의식에서 출발해 성서적 인생관을 제시한다. 인간의 전체성(wholeness)·전인성(holistic nature)을 전제한 후, 인간 삶의 질과 양상을 영·혼·육, 지성소·성소·바깥뜰, 진·선·미, 영성·지성·감성, 미적·윤리적·종교적 실존, 하늘의 문학, 바다의 문학, 땅의 문학 등 세 가지 양식들로 구분한다. 이는 인생관 분석과 논증을 위한 방법론이다. 그리고 구체적인 예로서 국내외에 잘 알려진 미우라 아야코·엔도 슈사쿠·가와바타 야스나리 세 명의 일본 작가를 선택해 그들의 삶과 작품들의 서사를 소개하고 비교 분석하며, 평론을 펼치고 있다.

이 세 작가가 유년기부터 겪은 병약함 혹은 심리적 상처와 고뇌, 그리고 일본 근현대사를 거쳐 온 자기 경험과 마주하며 각자의 삶과 사유(思惟)를 통해 어떻게 대처했는지, 그 결과가 작품들 안에 어떻게 형상화되어 나타나고 있는지, 그리고 어떻게 역사의식 단절로 나타나고 있는지에 대해, 저자는 심리학적, 철학적, 신학적인 관점에서 평가하며, 동시에 범신론적 토양 위에 형성된 일본 종교문화와 천황제를 중심으로 한 군국주의 근대 일본을 철저히 분석하고 있다. 매우 흥미로우며 얻을 게 많다.

친절하게도 서문에서 저자는 이 책을 통해 도달하게 될 결론에 대해, 미우라 아야코의 책 『길은 여기에』 첫 페이지에 등장하는 성구인 요한복음 14장 6절을 인용하며 의도적으로 노출한다. 이리저리 에둘러 말하는 어법과 달리, 연역적이며 단도직입적이고 예리하다. 이에 이 책은 일본 문학가들의 삶과 작품에 대한 평론을 통해 전달되는 바른 신앙과 인생관에 대한 '선교적 변증서'라 할 수 있다.

이웃 일본 사람들과 정신 풍토를 좀 더 잘 이해할 뿐 아니라 복음의 빛을 매개하며 한국과 일본 사이에 역사 정의와 평화를 매개하는 가교(bridges)가 절실한 이때에, 이전에 없던 '선교적 문학 평론'이자 '성서적 인생관에 대한 선교적 변증'을 담은 이 책을 일독하기를 즐거운 마음으로 추천 드린다.

―――― **서문**

"예수께서 이르시되 내가 곧 길이요 진리요 생명이니
나로 말미암지 않고는 아버지께로 올 자가 없느니라"(요 14:6)

1. 우리 시대의 대표적 지성인 이어령(1933.12.29-2022.2.26) 씨는 작가로, 교수로, 장관으로 각기 다른 세 분야에서 사회적 기여도가 큰 인물이다. 그런 그는 『지성에서 영성으로』(2010)라는 책을 쓰게 되는데, 이 책은 지난 70여 년 동안 지성으로만 살던 그가 하용조 목사로부터 세례를 받고(2007.7.24.) 난 후 영성의 세계를 알게 되었음을 밝힌 자기 고백서다. 일생을 이성적 세계에 살던 사람이 만년에 초월적·영적인 세계가 있음을 깨닫고 늦게나마 영성의 삶을 새롭게 시작했다는 사실은 우리에게 많은 것을 시사한다.

『흙 속에 저 바람 속에』(1963)라는 에세이로도 알 수 있듯이, 이어령은 바람을 좋아했다. 그런데 이 책을 쓸 당시 그는 요한복음 3

장에 나오는 니고데모처럼 자연의 바람과 지성의 바람은 알았지만 성령의 바람은 몰랐다. 정확히는 흙 속에 부는 '자연의 바람'이나 인간 정신을 일깨우는 '지성의 바람'은 알았지만, 영혼을 거듭나게 하는 '성령의 바람'은 몰랐다. 자연의 바람에 속하는 육의 세계와 지성의 바람에 속하는 혼의 세계를 넘어, 성령의 바람에 의한 영의 세계가 있음을 세례를 받은 이후에 깨닫게 되었다. 이는 인위적 변화가 아니라 하나님의 은혜로 말미암은 변화였다.

흥미로운 사실은 이 책에서 다루게 될 세 작가는 모두 '바람'을 좋아했는데, 그 바람의 의미가 각각 달랐다는 점이다. 영적 인간인 미우라 아야코(三浦綾子, 1922-1999)는 영의 바람인 성령의 바람으로, 혼적 인간인 엔도 슈사쿠(遠藤周作, 1923-1996)는 지성적인 혼의 바람으로, 육적 인간인 가와바타 야스나리(川端康成, 1899-1972)는 감각적인 자연의 바람으로 생각하는 경향을 보여 주고 있다.

2. 사람은 누구나 시간(時間), 공간(空間), 인간(人間)이라는 3간(三間)으로 구성된 세계 속에서 살아간다. 3간(三間) 속에서 살아갈 수밖에 없는 사람의 이러한 자리를 독일의 성서비평학적 용어로 '삶의 자리'(Sitz im Leben)라고 말한다. 눈에 보이는 한 그루 나무의 형상이 보이지 않는 뿌리, 더 정확히는 한 알의 씨앗에서 나오는 결과물이듯이, 삶의 자리는 한 인간의 근원인 뿌리(씨앗)에 해당한다. 따라서 우리가 어떤 사람을 논(평)하고자 할 때, 우리는 먼저 그 사람이 그런 인생관이나 세계관을 구성할 수밖에 없었던 근원(뿌리)으로서의 '삶의 자리'를 먼저 상세히 고찰해야 한다.

이러한 측면에서 사회학자 루이스 A. 코저(Lewis A. Coser)는 한 사람의 사상을 정확히 알려면 개인적·지적·사회적 배경이라는 세 가지 배경을 모두 알아야 한다고 말했다. 이 책을 통해 필자가 세 일본 작가를 다루고자 할 때 이들이 어떤 인생관이나 세계관으로 살았는지, 곧 이들의 정체성(Identity)은 무엇이며, 그러한 그들의 정체성 형성은 어떤 배경 아래에서 이루어졌는가를 먼저 고찰해야 했던 것도 이 때문이다.

'하늘의 문학'을 행한 미우라는 홋카이도(北海道)의 아사히카와(旭川)라는 변방의 시골 풍경에서 자랐고, '바다의 문학'을 행한 엔도는 바다와 인접한 항구도시인 만주의 다롄(大連)과 고베(神戶)에서 자랐으며, '땅의 문학'을 행한 가와바타는 일본의 두 주요 도시인 오사카(大阪)와 도쿄(東京)라는 도시 문명 속에서 자랐다. 이러한 사실이 그들의 문학을 결정짓는 중요한 요인으로 작용했다는 점에서 삶의 자리의 중요성을 쉽게 짐작할 수 있다.

일본 근대화의 상징적 사건인 메이지 유신(明治維新, 1868) 이래 일본국의 가장 큰 고민 중의 하나는 서구로부터 밀려들어 오는 기독교, 즉 구교인 가톨릭과 신교인 프로테스탄트에 대해 어떤 태도를 갖는가 하는 것이 문제였다. 우리가 이 책에서 다루고자 하는 작가 3인은 모두 일본 근대문학의 후예들로서 기독교에 대한 그들의 태도에 따라 전혀 다른 길을 걸었다.

미우라 아야코는 메이지 유신이 일어난 지 54년 후에 태어났다. 일본 전통 종교인 신도(神道)나 불교가 강한 본토 출신의 엔도 슈사쿠나 가와바타 야스나리와는 달리 홋카이도 출신의 여성 작가 미우라 아야코는—예수를 믿기까지 4년여의 구도 기간을 거쳐—좋은 크리스천들과의 만남을 통해 프로테스탄트를 자연스럽게 수용할 수 있었다. 그리고 천황교와 범신성이 강한 일본에서 유일신 신앙의 기독교를 평생 동안 지키며 살아갔다. 이는 하나님의 큰 은혜라 아니할 수 없다.

반면, 우리에게 가톨릭 작가로 알려진 엔도 슈사쿠의 경우는 달랐다. 그는 일본의 정신적 풍토가 강한 일본 본토 중심인 도쿄에서 태어났다. 그는 열두 살 때 어머니의 권유로 가톨릭교회에서 세례를 받는다. 이 세례로 인해 엔도는 자기 몸에 맞지 않는 옷을 입었다는 생각으로 일생 동안 서구 기독교(一神性)와 일본의 영성(汎神性) 사이에서 마치 이중인격자처럼 생활했다. 메이지 시대(1868-1912) 이후 대부분의 문학자들이 기독교를 접했다가 버렸듯이, 결국 그는 양자 간의 거리감을 좁히지 못한 채 가톨릭 신앙을 버리고 일본의 영성으로 회귀한다.

한편, 인도의 타고르(R.Tagore, 1861-1941)에 이어 동양에서 두 번째로 노벨 문학상을 수상하게 된 가와바타 야스나리는 일본 상업의 중심지인 오사카 출신이다. 그는 메이지 시대 대다수 작가들이 기독교와 접촉하여 유야무야(有耶無耶)로 영향을 받은 것과 달리 거의 기독교를 모르는 사람처럼 일생을 무신론자로 살다 갔다. 그러다가 노벨상을 받은 지 3년 4개월 만인 1972년 자살로 돌연 생을 마감했다. 그의 죽음은 많은 이들에게 충격을 주었다.

미우라 아야코, 엔도 슈사쿠, 가와바타 야스나리까지, 도대체 무엇이 이들 세 사람의 인생을 이토록 다르게 했을까? 이들의 인생관을 형성한 동기를 살피며 세 문인의 문학 세계를 탐구해 보자.

3. 이 글은 "한 번밖에 없는 인생, 어떻게 살 것인가?" 하는 문제의식에서 시작되었다. 이 질문에 대한 대답이 그 사람의 인생관이요 세계관일 것이다. 서양 철학의 아버지로 일컬어지는 소크라테스(470-399 BC) 이래 철학의 주제는 "인간이란 무엇인가?"라는 물음이었다. 이 질문은 인간을 구성하는 세 가지 요소로 치환되어 '영과 혼과 육(몸)'(살전 5:23)에 관한 것으로 구체화되었다.

사도 바울은 "믿음, 소망, 사랑 이 세 가지는 항상 있을 것인데, 그 중의 제일은 사랑이라"(고전 13:13)고 했다. 인간에게 있어서 영과 혼과 육, 이 셋은 항상 같이 붙어 있고, 전인적 인간으로서 영·혼·육이 모두 건강해야만 참으로 건강한 사람이라고 할 수 있다. "건강한 육체에 건강한 정신이 깃든다"는 말도 있지 않은가. 반대로 "건강한 정신 속에 건강한 육체가 깃든다"는 말도 있다. 이는 육체와 정신이 상호 깊은 관련이 있음을 시사하는 말이다. 몸(육신)이 아프면 마음이 아프고, 정신이 병든다. 반대로 정신이 병들고 마음이 아프면 몸이 아프고, 우울증에 빠지고, 심하면 자살 충동에 빠지기도 한다.

그런데 육체(몸)는 정신(영혼)을 담는 그릇이다. 그런 의미에서 육체는 형식이고 영혼은 내용이라고도 말할 수 있겠다. 영혼이 없는 육체는 시체에 불과하고, 육신이 없는 영혼은 유령으로 여겨진다.

형식과 내용은 둘 다 필요하나 모든 것이 중심과 주변이 있듯이, 이 둘은 동일 선상에 있지 않고 형식보다는 내용이 더 중요하다. 내용인 영혼이 중심이라면, 형식인 육체는 주변인 셈. 즉, 눈에 보이는 육체(몸)보다 눈에 보이지 않는 영혼(정신)이 더욱 중요하다는 말이다. 그래서 육신이 병든 사람보다 정신이 병든 정신이상자나 악령(귀신)에 들린 사람이 더욱 고치기 힘든 심각한 병에 든 것이라 사람들은 판단하곤 한다.

짐승(동물)도 육체가 있다. 단지 영과 혼이라는 정신적 혹은 영적인 세계에 있어서 인간에 미치지 못한다는 점에서 인간과 구별된다. 그러기에 참된 인간은 육체를 넘어서, 보다 높은 차원인 영혼의 세계로 나아가야 한다. 하늘이 땅보다 높음 같이, 인간의 고귀함과 위대함이란 육체에 있기보다 정신과 영혼에 있다. 인도의 성자로 일컬어지는 '마하트마 간디'(Mahatma Gandhi, 1869-1948)를 많은 이들이 존경하는 것은 그의 정신을 가치 있다고 여기기 때문이다. '마하트마'(Mahatma)라는 말은 본래 '위대한 영혼(정신)'이라는 뜻으로, 간디의 위대한 영혼(정신)을 기리는 의미에서 그렇게 부르게 되었다고 한다.

19세기 덴마크의 실존주의 철학자 키르케고르(S. Kierkegaard, 1813-1855)는 소크라테스 철학의 모토인 "네 자신을 알라"(원어: Gnothi Seauton, 영어: Know thyself)는 격언을 기초로 하여 그의 실존철학을 전개했다. 그러면서 그는 인간을 세 단계의 실존, 즉 미적 실존(美的實存), 윤리적 실존(倫理的實存), 종교적 실존(宗敎的實存)으로 분석하여 그의 철학을 전개했다. 키르케고르는 보다 높은 차원으로의 승화라는 관점에서 인간의 고귀함과 위대함은 미적 실존을 넘어 윤리적 실존에, 또 윤리적 실존을 넘어 종교적 실존에 있음을 역설하였다.

세 단계의 실존은 "삶의 무게 중심을 어디에 두고 살 것인가?"라는 문제의식을 바탕에 둔다. 러시아의 작가 도스토옙스키(Dostoevsky, 1821-1881)는 『카라마조프家의 형제들』(1880)에서 삼형제, 즉 장남인 드미트리를 감성(육적 인간), 차남인 이반을 지성(혼적 인간), 알료샤를 영성(영적 인간)을 대표하는 것으로 실징하고 소설을 전개했다. 그런가 하면 바울은 육(육신)에 속한 사람과 영(성령)에 속한 사람이 존재한다고 말하면서 육(육신)이 아니라 영(성령)에 속한 사람이 될 것을 말하였다(롬 8:1-17; 갈 5:16-24).

영은 영성과 신앙을, 혼은 지성과 이성을, 육은 감성과 감각인데, 이 세 가지 요소는 모든 인간이 공유한다. 그 가운데 삶의 무게 중심을 어디에 두느냐에 따라 인생관이 결정된다. 이를 진선미(眞善美)의 관점에서 말하면 영성은 진(眞)에, 지성은 선(善)에, 감성은 미(美)에 해당한다. 이를 다시 나열해 키르케고르의 실존 언어로 표현하면 영성은 종교적 실존에, 지성은 윤리적 실존에, 감성은 미적 실존에 해당한다. 즉 종교적 실존이란 어떻게 사는 것이 참되게(眞) 사는 것인가. 윤리적 실존이란 어떻게 사는 것이 선하게(善) 사는 것인가, 미적 실존이란 어떻게 사는 것이 아름답게(美) 사는 것인가라는 삶의 선택의 문제이다.

4. 그리스도인들이 자주 하는 말 가운데 "우연이란 없다"는 말이

있다. 2023년 1-2월, 아자브(AJAB, Again Jesus, Again Bible) 회원 5인이 17일 동안 일본 선교 여행을 했다. 이때 나가사키현(長崎縣) 소토메(外海) 지역에 있는 <엔도 슈사쿠 문학관>을 방문하고, 니가타현(新潟縣)에 있는 <설국관>(유자와 마을 역사 민속 및 가와바타 야스나리 자료관)을 방문하고, 홋카이도 아사히카와에 있는 <미우라 아야코 기념문학관>을 방문하였다. 이를 계기로 이들 3인에 대한 관심이 생겼는데, 그러다가 이들 3인의 문학 세계를 영(靈)·혼(魂)·육(肉)의 관점에서 고찰한다면 선교에 큰 도움이 될 것이라는 통찰을 얻게 되었다.

  세 종류의 인생관(세계관)을 살펴보기 위해 일본의 세 작가를 선택했는데, 『빙점』(1965)의 작가 미우라 아야코, 『침묵』(1966)의 작가 엔도 슈사쿠, 일본 최초의 노벨 문학상을 수상한 『설국』(1948)의 작가 가와바타 야스나리가 그들이다. 비교 대상으로 삼은 이들 세 사람은 거의 동시대-물론 가와바타 야스나리는 다른 두 작가보다 20여 년 앞서 태어났지만 거의 50년을 시대적으로 공유한다는 점에서 동시대 인물들로 본다-에 속한 작가들이다.
  미우라 아야코는 영적 세계를 추구한 작가(영적 인간), 엔도 슈사쿠는 혼적 세계를 추구한 작가(혼적 인간), 가와바타 야스나리는 육적 세계를 추구한 작가(육적 인간)로 각각 그리고자 한다. 이러한 분류에 대해 처음부터 동의하지 않는 분들이 있을 것으로 안다. 그래서 결론에 해당하는 말을 먼저 하고자 한다. 그 결론은 요한복음 14장 6절 말씀에 있다.

  먼저 이 성경 구절을 이해하기 위해서는 성전에 대한 이해도가 필요하다. 성전(성막)은 지성소, 성소, 뜰이라는 세 구역으로 나누어져 있다. 가장 안쪽에 위치한 '지성소'는 하나님의 임재가 있는 곳으로 '영적 세계'를 상징하고, 중간에 자리한 '성소'는 제사장이 들어가는 '혼적 세계'를 상징하며, 바깥에 있는 '뜰'은 일반인이 머무는 '육적 세계'를 의미한다.

미우라 아야코는 성령의 계시(하나님의 은혜)로 요한복음 14장 6절의 말씀을 깨달았다. 그래서 미우라는 『길은 여기에』(1969)라는 책의 첫 페이지에 이 구절을 실었다. 미우라가 깨달은 이 말씀의 의미는 이러하다. 이 말씀을 둘로 나누면 "내가 곧 길이요 진리요 생명이니"가 상반절이요, "나로 말미암지 않고는 아버지께로 올 자가 없느니라"가 하반절이다.

먼저 하반절부터 해석하면 "아버지께로 올 자가 없다"는 말은 아버지 하나님과 아들 예수가 성전의 가장 깊은 곳인 지성소에 함께 앉아서 사람들을 오라고 부르고 계신다는 말이다. 따라서 예수 그리스도가 아니고서는 지성소에 들어갈 수 없다. 그 이유는 상반절에 나타나는데, 바로 예수 그리스도가 길이요 진리요 생명이 되시기 때문이다.

여기서 말하는 '길'은 아버지 하나님께로 가는 길, 즉 지성소로 들어가는 길인데, 그 바로 앞에 '분향단'이 놓여 있다. 분향단은 기도를 상징하는 향을 피우는 제단(계 5:8)으로 기도를 통해 하나님께 가는 길을 상징한다. 구약 시대에는 분향단에서 기도를 통해 하나님께로 나아갔다. 그런데 지성소와 성소 사이에는 휘장이 놓여 있고 이 휘장은 아버지께로 가는 길을 막고 있다.

그래서 아버지께서 보내신 예수께서 십자가를 지실 때 휘장이 위에서 아래로 찢어져(마 27:51; 막 15:38; 눅 23:45) 지성소로 들어가는 길이 열렸다(에바다[Ephphatha]-'열리다'라는 아람어). 즉 예수의 피를 통해 성소에서 지성소로 들어갈 수 있는 새 길이 열린 것이다(히 10:20).

진리와 생명이 되시는 예수 그리스도만이 하나님 아버지께서 계신 지성소로 가는 길이다. 즉, 예수가 길이라는 말은 예수께서 진리의 길, 생명의 길이 되심을 말하며, 그 길을 믿고 따르는 자는 진리의 빛, 생명의 빛 가운데 거하는 자이다. 그리고 참 생명이 있는 자만이 참사랑을 할 수 있는 자가 된다. 그 길을 모르거나 믿지 않는 자는 빛이 없기에 무지의 어둠 속에서 헤매는 자가 되고, 무엇을 참으로 사랑해야 하는지를 모른 채 결국 진리와 생명에서 멀어진 허무와 죽음의 길로 가는 자가 된다.

미우라는 이 사실을 성령의 계시로 깨닫고 영적 세계인 지성소에 들어간 사람이다. 반면에 엔도는 성전에 들어왔으나 예수 그리스도가 진리요 생명이 되는 길임을 깨닫지 못했다. 그리하여 아버지의 종교를 어머니의 종교로 바꾼 엔도의 빗나감의 단초는 "나를 보았으면 곧 아버지를 본 것"(요 14:9)이라는 말씀을 엔도가 믿지 않고 깨닫지 못했다는 데 있다. 결국 엔도는 일생을 방황하다가 혼의 세계인 성소에서 머무는 존재가 되고 말았다. 또한 가와바타는 예수 그리스도와 무관하게 살았기 때문에 진리의 길, 생명의 길을 모른 채 육의 세계인 성전 뜰에서 서성이다가 허무와 죽음의 길로 갔던 것이다.

이러한 세 종류의 인생을 예수의 인생관, 공자의 인생관, 노자의 인생관으로 비유할 수도 있다. 이를 각기 다른 말로 '하나님(神) 앞에'(Coram Deo) 사는 인생, '사람 앞에' 사는 인생, '자연 앞에' 사는 인생이라고도 말할 수 있다.

예수의 인생은 은혜로 사는 인생이었다. 즉 자신을 세상에 보내신 아버지 하나님의 뜻을 따라 살면서 하나님을 예배하고 찬양하는 데에 인생의 목적을 두었다.

공자의 인생은 노력으로 사는 인생이었다. 즉 초월적 존재인 하나님이나 죽음 이후의 세계에는 관심이 없고, 오직 바르게 살기 위해 인간과 세상을 탐구(好學)하고 더 나은 세상을 경영(經世之學)하는 데에 인생의 목적을 두었다.

노자의 인생은 자연처럼 사는 인생이다. 즉 무엇을 억지로 하지 않고(無爲), 감성이 이끄는 대로 미(美)와 쾌락(快樂)을 즐기며, 자연 앞에 자신을 내맡기고 '관조'(觀)하는 데에 인생의 목적을 두었다.

미우라 문학은 은혜와 영성에 삶의 무게를 두었다는 점에서 예수의 인생관에 닿아 있다. 엔도의 문학은 노력과 지성에 삶의 무게를 두었다는 점에서 공자의 인생관에 닿아 있다. 엔도는 예수의 인생에 많은 관심을 표하면서도 예수의 신성에는 관심이 없고 오로지 인간 예수가 보여 준 인간애에만 관심을 두었다. 그리고 가와바타의 문학은 자연과 감성에 삶의 무게를 두었다는 점에서 노자의 인생관에 닿아 있다.

이 세 사람의 문학을 키르케고르의 3단계 실존으로 말한다면 미우라 문학은 참되게(眞) 사는 종교적 실존에 관심을 두었고, 엔도 문학은 선하게(善) 사는 윤리적 실존에 관심을 두었으며, 가와바타 문학은 멋지게(美) 사는 미적 실존에 관심을 두었다.

5. 한 개인의 운명은 그가 자라나고 살아온 삶의 궤적에 의해 좌우된다. 이는 민족에게도 해당한다. 묘하게도 동아시아 세 민족(한국인, 일본인, 중국인)은 역사-지리적으로 형성된 독특한 민족적 성향을 띠고 있다.

반도의 나라인 한국인은 하늘의 백성, 섬나라인 일본인은 바다(강)의 백성, 대륙의 나라인 중국인은 땅의 백성이라는 민족적 성향을 보여 준다. 한국인은 높게, 즉 높은 하늘을 우러러보는 성향(숭고함)을, 일본인은 깊게, 즉 깊은 바다를 파고드는 성향(섬세함)을, 중국인은 넓은 땅으로 나아가고자 하는 성향(광활함)을 보인다.

인간의 오감(시각, 청각, 후각, 미각, 촉각) 중에서 일본인은 시각(촉각)이 발달했다(눈의 문화, 감각적). 그래서 회화(繪畵)에 상당한 재능이 있다. 중국인들은 미각이 발달했다(입의 문화, 현실적). 그래서 음식 문화가 발달했다. 반면에 한국인들은 청각이 발달했다(귀의 문화, 관념적). 그래서 가무(歌舞)를 즐기는 민족이다.

그런데 이스라엘 민족도 신상 숭배를 거부하는 전통으로 회화는 거의 발달하지 못한 반면, "들으라 이스라엘아"(신 6:4)라는 '쉐마'의 말씀에도 있듯이 청각이 발달한 민족이다. 그래서 음악적 재능이 탁월하다. 동아시아 삼국 중에서 한국인이 이스라엘 민족(헤브라이즘)과 가장 가까운 이유 중의 하나는 청각에 대한 양 민족 간의 동질성에 기인한다. 이는 흥미로울 뿐 아니라 선교적 차원에서도 중요한 의미를 지닌다.

그들이 자라난 환경을 바탕으로 이미 앞에서 미우라 아야코의 문학은 '하늘의 문학', 엔도 슈사쿠의 문학은 '바다(강)의 문학', 가와바타 야스나리의 문학은 '땅의 문학'이라고 말할 수 있음을 밝혔다. 그런데 그들이 지내온 삶의 자리를 보더라도, 미우라는 긴 세월을 병상에 누워 하늘을 바라보는 가운데 영적 세계를 추구하는 하늘의 문학적 성향을, 엔도는 오랫동안 어머니의 품에 머물면서 모든 것을 품는 깊은 강 같은 혼적 세계를 추구하는 바다(강)의 문학적 성향을, 가와바타는 니가타의 설산이 자아내는 환상적 아름다움에 매혹된 사람처럼 육적 세계를 추구하는 땅의 문학적 성향을 보여 준다.

실존주의 철학자 키르케고르는 이렇게 말했다. "여태까지 나에게 부족한 점은 내가 나의 사명을 이해하고 내가 무엇을 해야 할지에 대해 하나님의 뜻을 통찰하는 것이었다. 그것은 나에게 해당하는 참된 진리, 즉 그것을 위해 내가 살고 또한 죽을 수도 있는 그러한 진리를 발견하는 것이다"라고. 당신은 그 진리를 발견했는가?

필자는 사랑하는 당신에게 재차 묻고 싶다. "그대에게는 가슴 깊은 곳에 숨겨 둔 사랑하는 연인, 그 연인을 생각하면 눈부신 아름다움으로, 사무치는 그리움으로, 견딜 수 없도록 가슴 설레는 사랑스러움으로 남아 있는 그런 사랑과 정열의 대상이 있는가? 진실로 '영원한 너'가 있는가?"

아무쪼록 이 책을 통해 '영과 혼과 육(몸)'으로 구성된 전인성(全人性)으로서의 인간 이해를 바탕으로, 보다 차원 높고 고귀한 삶은 어디에 있는가를 성찰하는 계기가 되었으면 한다. 나아가 80년 동안 남북 분단 상황과 오늘 우리 사회가 안고 있는 심각한 분열과 갈등 및 대립의 상황에서, 전인적(全人的)인 바른 인간 이해를 통해 치유와 회복과 평화의 시간이 오기를 간절히 바란다.

끝으로, 이 책을 출판하는데 수고한 BJ BOOKS의 윤성혜 대표님, 손진희 편집팀장, 그리고 문장을 꼼꼼히 교정해 주신 안준서 선생님께 감사를 드린다.

해방 80주년 새해에
관악산을 바라보며
天命 박요한 쓰다

차례

추천사   2
서문   4

제I부 『빙점』의 작가 미우라 아야코(三浦綾子)의 문학 세계
── 영적 세계(영적 인간)를 추구한 '하늘의 문학'(지성소)

1. 미우라 아야코의 생애와 자전 소설   24
   1) 미우라 아야코의 생애와 작품   24
   2) 미우라 아야코의 자전 소설   33

2. 미우라 문학을 낳은 세 가지 마이너리티(minority)   36
   1) 첫 번째 마이너리티: 홋카이도(아사히카와) 출신이라는 점   38
   2) 두 번째 마이너리티: 여성 작가라는 점   44
   3) 세 번째 마이너리티: 개신교 작가라는 점   50

3. 미우라 문학에 흐르는 저음(低音)   60
   1) 주변인들의 사랑과 하나님의 은혜 체험   61
   　(1) '마에카와 다다시'(前川正)로부터 받은 사랑   63
   　(2) '니시무라 규조'(西村久藏)로부터 받은 사랑   66
   　(3) '미우라 미쓰요'(三浦光世)로부터 받은 사랑   67

   2) 크리스천 작가로서의 분명한 자기 정체성   69
   　(1) 패전에 따른 충격과 회개 체험   71
   　(2) 일본인의 종교 의식과 천황교(천황제 이데올로기)   74
   　(3) 천황교에 대한 저항과 고발의 문학   76

4. 예수 그리스도는 지성소(영적 세계)로 가는 길   81

5. 영적 세계를 추구해 간 '지성소의 사람': "예수가 길이다"   87

제II부 『침묵』의 작가 엔도 슈사쿠(遠藤周作)의 문학 세계
―― 혼적 세계(혼적 인간)를 추구한 '바다의 문학'(성소)

1. 엔도 슈사쿠의 생애와 작품　　　　　　　　　　　　92
　1) 엔도 슈사쿠의 생애와 작품　　　　　　　　　　　92
　2) 엔도 슈사쿠의 작품 분류　　　　　　　　　　　　98

2. 엔도 문학 전체를 결정지은 두 충격적 사건　　　　101
　1) 부모의 이혼 사건과 약자(어머니)에 대한 관심　　103
　2) 세례 사건: 서구 기독교와 일본의 영성 간의 거리감　108

3. 엔도 슈사쿠의 예수 이해의 문제점　　　　　　　　114
　1) 신성(神性)이 배제된 인성(人性)만의 예수　　　　115
　2) '아버지의 종교'에서 '어머니의 종교'로　　　　　124

4. 엔도 슈사쿠 문학의 주요 문제들　　　　　　　　　139
　1) 그 시대의 중심 문제: 천황의 문제　　　　　　　140
　2) 개신교(프로테스탄트)와의 관계성 문제　　　　　146
　3) 성령과의 관계성 문제　　　　　　　　　　　　　163

5. 혼적 세계를 추구해 간 '성소의 사람': "예수가 진리다"　173

제III부 『설국』의 작가 가와바타 야스나리(川端康成)의 문학 세계
―― 육적 세계(육적 인간)를 추구한 '땅의 문학'(뜰)

1. 가와바타 야스나리의 생애와 작품   182

2. 가와바타 야스나리의 문학사적 위치   188
   1) 가와바타 야스나리 이전의 근대문학   188
   2) 신감각파와 가와바타 야스나리   191

3. 가와바타 문학에 흐르는 저음(低音)   192

4. 가와바타의 미학과 키르케고르의 미적 실존   196
   1) 가와바타 문학의 세 미학   197
    (1) 자연의 미학: 가와바타의 자연관과 선(禪)의 세계   197
    (2) 육감의 미학: 일본인의 미적 감각(시각과 촉각)   210
    (3) 자살의 미학: 미적 실존이 낳은 허무의 종착지   220

   2) 가와바타의 미학과 키르케고르의 미적 실존   227

5. 육적 세계를 추구한 '뜰'의 사람: "예수가 생명이다"   235

● 참고 서적 ●   242

일러두기

1. 인명, 지역명, 작품명, 연도 등은 독자들의 이해도를 높이기 위해 가급적 각 부마다 첫 번째로 나오는 단어에 소괄호로 병기했다.
2. 한자는 한국 한자로 표기했다.
3. 이 책에 등장하는 작품명은 모두 원작을 한국어로 직역한 것으로, 원 작품명과 원작의 최초 출간(발표) 연도를 소괄호로 병기했다. (한국어로 번역된 책은 출판사명을 병기했다.)
4. 이 책에 쓰인 성경 말씀은 개역개정 성경에서 인용했다.

제 I 부

미우라 아야코(三浦綾子)의 문학 세계
영적 세계(영적 인간)를 추구한 '하늘의 문학'(지성소)

『빙점』(1965)의 배경이 된 홋카이도(北海道)의 겨울 풍경 ©park(2023)

1. 미우라 아야코의 생애와 자전 소설

1) 미우라 아야코의 생애와 작품

미우라 아야코(三浦綾子)의 전 이름은 홋타 아야코(堀田綾子)였다. 그녀는 미우라 미쓰요(三浦光世)와 결혼하여 미우라(三浦) 성(姓)을 얻어 미우라 아야코가 되었다. 그녀는 1922년 4월 25일, 홋카이도(北海道) 아사히카와(旭川)에서 아버지 홋타 데쓰지(堀田鐵治, 33세), 어머니 기사(キサ, 29세)의 다섯 번째 자녀(차녀)로 태어났다. 섭리론적으로 말하면 하나님이 그녀를 그때 그곳에 보내셨다.

첫째 오빠 미치오(道夫), 둘째 오빠 기쿠오(菊夫), 셋째 오빠 도시오(都志夫), 언니 유리코(百合子), 그리고 남동생 네 명(데쓰오[鐵夫], 아키오[昭夫], 하루오[治夫], 히데오[秀夫])과 여동생(요코, 陽子)이 하나 있었다. 이렇게 동생들이 태어나니 소학교 3학년 땐 외할머니를 포함하여 이미 13명의 대가족이 되어 있었다.

당시 아버지는 신문사 영업 부장으로 가난하지는 않았지만 풍족한 편도 아니었다. 가사(假死) 상태로 태어난 아야코는 어려서부터 병약해 자주 병원에 다녔고, 소학교에 들어가기 전부터 졸업할 때까지 7년간 이비인후과인 시다(志田)병원에 다녔다. 1929년 4월에는 아사히카와시립 다이세이소학교(旭川市立大成尋常高等小學校)에 입학했다. 전교생이 2천 명이 넘는 학교였다.

1930년 봄에 마에카와 일가가 옆집으로 이사와 1년간 살다가 이사 갔는데, 이때 그녀의 일생에 결정적인 영향을 미치는 두 살 위인 마에카와 다다시(前川正)와 만나게 된다.

아야코는 3학년에 이어 5학년 때에도 반장이 되었다. 이때 와타나베 미사오(渡邊操) 선생님은 다이세이(大成)소학교에서 6년 동안 아야코의 담임 교사였다. 평생을 독신으로 살았던 와타나베 선생님의 인격과 탁월한 교수법을 존경한 아야코는 『총구(銃口)』(1994)에 실명으로 거론할 정도로 아야코에게 매우 특별한 인물이었다.

1932년부터 독서에 관심이 생기기 시작했고, 1933년 소학교 5학년 여름 방학 때 첫 소설 『두견새 울 무렵(ほととぎす泣く頃)』을 노트에 썼다. 1935년 4월, 아사히카와시립 고등여학교(旭川市立高等女學校)에 추천 입학하였는데, 같은 해 6월 24일, 하나밖에 없던 여동생 요코가 결핵으로 만 6세에 사망하였다. 요코에 대한 석별의 정은 나중에 인격에 영향을 미치게 되고, 『빙점(氷點)』(1965)의 여주인공에게 요코라는 이름을 붙이게 된다.

1936년 여학교 2학년 때 과제 작문 「이이 다이로에 대해서(井伊大老について)」를 써서 교내외에서 호평을 받았다. 1937년 류마티스로 3개월간 휴학하며 독서에 전념했다. 책이 귀했고 형편상 구입하기 어려워 주로 마에카와 집이나 옆집에 사는 이케다 집에서 빌려와 읽었다.

형제들이 북적이는 집안에서도 독서에 집중하여 앙드레 지드(Andre Gide, 1869-1951)의 『좁은 문』(1909), 『전원 교향악』(1919), 도스토옙스키의 『죄와 벌』(1866), 그 외에 『춘희』(뒤마 피스,

1848), 『여자의 일생』(기 드 모파상, 1883), 『쿠오 바디스』(헨리크 시엔키에비치, 1896) 등을 읽었다.

1938년 신임 교사 네모토 요시코(根本芳子)에게 끌려 적극적으로 수업에 참가했다. 1939년 3월, 4년간 다닌 고등여학교를 졸업하고, 4월에 홋카이도 소라치(空知)군 우타시나이(歌志內) 공립 가모이 보통고등소학교(公立神威尋常高等小學校)에 대용(代用) 교원으로 부임하였다가 이듬해 4월 정규 교원이 되었다. 1941년 9월 아사히카와 시립 게이메이국민학교(旭川市立啓明國民學校)로 전근하였다.

1942년 여름 친척 집에서 니시나카 이치로(西中一郎)를 만났다. 1943년 해군에 입대하는 니시나카 이치로가 찾아와 만났다. 1944년 고모 문병차 오사카를 방문하게 되는데, 이것이 첫 혼슈(本州) 여행이었고 이때 교토(京都)를 관광하였다. 그해 여름 아사히카와 교외 애국비행장에서 여자 청년단 지도원으로 봉사하다가 약혼자 T를 만나게 된다.

미우라는 1945년 8월 15일 정오, 옥음(玉音) 방송을 듣고 봉안전(奉安殿)에 엎드려 울었다. "일본 무조건 항복"이라는 소식에 충격을 받았다. 같은 시기, T의 청혼을 받았으나 T가 폐결핵 치료를 위해 고향인 도치기(栃木)로 귀가하면서 미뤄지게 된다. 또한 이때 니시나카 이치로에게 청혼을 받고 약혼하였는데, 결국 이중 약혼이 된 셈이었다. 니시나카 이치로도 고향으로 돌아가자 한동안은 T와 니시나카, 두 사람과 편지를 주고받기도 했다.

1946년 3월, 패전에 이르기까지 국가의 기만과 교육의 잘못이 있었음을 깨닫고 게이메이소학교를 자진 퇴직하게 된다. 이때 아야코는 "나 자신이 가르치는 일에 도무지 확신이 없기에 교단에 설 수가 없다"고 말했는데, 아야코의 심성을 엿볼 수 있는 대목이다.

4월에 니시나카 이치로의 약혼 예물이 도착하던 날—운명이 엇갈린 건지—뇌빈혈로 쓰러지는 일이 생긴다. 6월에 결핵이라는 진단을 받고 아사히카와 시내의 결핵요양소 '백운장'(白雲莊)에 들어갔다. 이때부터 13년간에 이르는 요양 생활을 시작하게 되는데, 1947년 3월에 약혼자 T의 죽음을 가족이 알려 왔다.

1948년 3월에 작은 오빠 기쿠오가 전사한다. 연달아 들려온 주변인의 죽음 소식 때문일까, 아야코는 8월에 다시 결핵요양소에 들어갔고, 12월 27일에 결핵으로 휴학 중인 홋카이도대학 의학부 학생인 소꿉친구 마에카와 다다시와 재회하면서 편지 왕래를 시작하였다.

1949년 니시나카 이치로와 약혼을 파기하고 샤리(斜理)에서 바다에 입수(入水)하여 자살을 시도하다가 미수(未遂)에 그쳤다. 이러한 일련의 일들에 대해 마에카와 다다시는 아사히카와 슌코다이(春光台)에서 자기 발을 돌로 내려찍으며 아야코에게 충고하였다. 이 사건 이후 아야코는 뭔가 충격을 받았는지 굶주린 듯이 성경을 읽기 시작하였다.

1년 뒤인 1950년 6월, 아야코는 마에카와 다다시와 함께 홋카이도대학 부속병원에서 진찰을 받는다. 그리고 1951년 10월, 아사히카와 적십자 병원에 입원하게 된다. 다음 해 2월이 되자, 신경 계통의 질병인 척추카리에스가 아니냐는 의심이 커지면서 삿포로의과대학 부속병원에 입원하였다. 그해 3월에는 삿포로기타이치조교회(札幌北一条敎會) 장로인 니시무라 규조(西村久藏, 『사랑의 귀재(1983)』의 주인공)의 문병을 받았다. 그해 5월에는 척추카리에스라는 진단 결과가 나왔다.

그해 7월 5일, 니시무라 규조의 입회와 오노무라 린조(小野村林藏) 목사 집례로 병상 세례를 받았는데, 이러한 사실들과 문병 온 이들의 면면을 볼 때 미우라 아야코의 주변에 신앙인들이 점차 늘어난다는 인상이 든다. 그해 12월에는, 마에카와 다다시가 늑골 절제 수술을 하였는데, 주변인이 여러 번 세상을 떠난 아야코로서는 다시 한 번 두려움을 느끼지 않았을까 생각해 본다.

1953년 7월 12일, 그의 은인 니시무라 규조가 급사하는 소식을 듣고 아야코는 충격을 받는다. 그리고 세 달 후, 깁스 상태로 삿포로의과대학 부속병원을 퇴원하여 자택 요양에 들어간다. 11월에 마에카와 다다시가 아야코를 방문했는데, 이것이 그의 마지막 방문이 되고, 1954년 5월 2일자로 마에카와 다다시마저 세상을 떠나게 된다. 이때 마에카와 다다시의 나이는 만 34세였다. 이후 아야코는 깊은 슬픔으로 거의 사람을 만나지 않고 1년을 보냈다.

이런 고통 가운데에서 1955년 6월 18일, 평생의 반려자가 되는 아사히카와 영림서(산림청 산하기관)에 근무하는 미우라 미쓰요가 아야코를 방문한다. 그로부터 한 해가 지나고 7월, 아야코는 미쓰요로부터 청혼을 받는다. 아야코는 1957년쯤부터 집안을 걷거나 일어나 식사할 수 있을 정도로 건강이 좋아졌다. 1958년 7월, 환각 증상으로 홋카이도대학 부속병원에 입원하여 2개월 후 퇴원한 일이 있기는 하였으나, 이내 척추카리에스 완치 확인을 받았다.

1959년 1월 25일, 아사히카와로쿠조교회(旭川六条教會)에서 미쓰요와 약혼식을 맺고, 5월 24일, 아사히카와로쿠조교회에서 나카지마 마사아키(中嶋正昭) 목사의 주례로 결혼식을 연다. 드디어 아야코가 미우라 성(姓)이 된 것이다. 신혼여행은 몇 개월이 지나 9월에 아사히카와에서 동쪽으로 약 80km 떨어진 곳에 위치한 소운쿄(層雲峽)로 갔다. 그해 10월, 신장 결핵을 앓았던 미쓰요가 발열이 있어 다음해 6월까지 자택 요양을 하였다.

　1961년 1월, 월간지 『주부의 벗(主婦の友)』 코너의 '아내가 쓴 실화'에 필명인 하야시다 리쓰코(林田律子)로 응모하였다(작품명은 「태양은 다시 지지 않고(太陽は再び没せず)」). 본격적으로 문학 활동을 다시 시작한 그해 8월에는 잡화점 '미우라 상점'을 개업하기도 한다. 그리고 12월 10일, 슈후노토모샤('주부의 벗' 사)에서 입선 통지를 받고, 1962년 1월, 『주부의 벗』 신년호에 입선작 「태양은 다시 지지 않고」가 게재된다.

　1963년 1월, 아사히신문사(朝日新聞社)가 오사카 본사 창간 85주년·도쿄 본사 75주년을 기념해 1,000만엔 현상 소설 공모를 발표하였는데, 아야코는 미쓰요와 상의하여 응모를 결정하고 심야 집필을 시작한다. 그리고 12월 31일 새벽 2시에 소설 『빙점』을 완성하여 우체국을 통해 원고를 부친다.

　1964년 6월 9일, 아사히신문사 응모 총수 731편에서 25편에 포함되었다는 발표 소식을 들었고, 7월 6일, 『빙점』 1위 입선 내정 소식이 전해졌다. 7월 21일에는 아사히신문사 본사 강당에서 수상식이 거행되었다. 8월에 그동안 운영하던 잡화점을 폐업하였고, 12월 9일, <아사히신문> 조간에 『빙점』 연재가 시작되어 1965년

11월 14일까지 이어졌다.

　소설 『빙점』으로 일약 스타가 된 아야코는 이후 작품 활동에 본격적으로 매진하기 시작한다. 1965년 7월, 『양치는 언덕(ひつじが丘)』을 『주부의 벗』 8월호부터 연재를 개시하여 다음해 12월호까지 이어졌다. 1966년 12월, 미쓰요는 아사히카와 영림국을 퇴직하고 아야코의 매니저에 전념하게 된다.
　1967년 10월, 『사랑하는 것 믿는다는 것(愛すること信ずること)』이 고단샤(講談社)에서 간행되고, 1968년 5월에는 『적목 상자(積木の箱)』가 아사히신문사에서 간행되었다. 9월에 『시오카리 고개(塩狩峠)』가 신초샤(新潮社)에서 간행되고, 1969년 1월, 『길은 여기에(道ありき)』가 『주부의 벗』에서 간행되었다. 4월 30일, 아버지 데쓰지가 향년 79세로 별세하였다.

　1970년 10월, 오사카 강연 때 목 상태가 나빠져 병원을 방문했다가 암 전단계를 진단 받았고, 1971년 8월에는 혈소판 감소증까지 진단을 받는다. 그해 9월, 거주하던 집 가까이에 새 집을 신축하여 이전하였고, 살던 집을 선교 단체 OMF에 기증하였다.
　1972년 11월, 『호소카와 가랴샤 부인(細川ガラシャ夫人)』 취재를 위해 오사카(大阪), 교토, 후쿠이현(福井縣)에 위치한 와카사(若狹) 지방을 방문하였다. 1973년 12월, 영화 『시오카리 고개』가 개봉되었다. 1975년 9월, 『이류 지대(泥流地帶)』 취재를 위해 가미후라노초(上富良野町), 도카치다케(十勝岳)를 방문하였다.

　1976년 9월, 심장 발작으로 미국, 캐나다 강연 여행을 중지하였

다. 1977년 4월, 『해령(海嶺)』, 『센노리큐와 그 아내들(千利休とその妻たち)』 취재 및 강연을 위해 간토(關東), 간사이(關西), 아이치현(愛知縣) 지타반도(知多半島), 홍콩, 마카오를 여행하였다. 1978년 어머니 기사(キサ)가 향년 86세로 별세하였다. 그해 5월에 『해령』 취재를 위해 프랑스, 영국, 캐나다, 미국을 여행하였고, 1979년 4월부터 11월에 걸쳐 간사이 각지와 홋카이도 각지에서 강연하였다.

1980년 4월 대상포진으로 아사히카와의과대학 부속병원에 입원하였다. 이로인해 『해령』 연재를 3개월간 중단하게 된다. 10-11월 정양(靜養)을 위해 이즈오시마(伊豆大島)에서 체제하였다. 1981년 4월, 『해령(상·하)』을 아사히신문사에서 간행하였다. 그해 11월에 첫 희곡 『진판·혀 잘린 참새(珍版 舌切雀)』를 시로 쓰고, 12월 18일, 아사히카와 시민 크리스마스 연극으로 상연하였다. 1982년 직장암 수술을 위해 아사히카와 적십자 병원에 입원하였다.

1983년 5월, 『미우라 아야코 작품집(三浦綾子作品集)』 전 18권 간행이 개시되었다(아사히신문사, 84년 10월 완결). 1984년 가미후라노초에 『이류 지대』 문학비가 건립되었다. 그해 5-6월, 『어린 나귀 목사 이야기(ちいろば先生物語)』 취재를 위해 미국, 이탈리아. 이스라엘, 그리스 각지를 방문하였다.
　1985년 5-6월, 『어린 나귀 목사 이야기』 취재를 위해 교토, 에히메현(愛媛縣) 이마바리(今治), 도쿄를 순회하였으나, 몸 상태가 악화되어 이마바리에서 귀로하여 오사카에서 분말 우유 단식요법을 받고 호전되었다. 1987년 10월, 『엄마(母)』 취재를 위해 도쿄에 체제하였다.

  1988년 하루 만보 걷기, 분말 우유를 마시는 독특한 요법으로 병마와 싸우며 건강을 회복하기 위한 노력들이 이어진다. 1989년 5월, 결혼 30주년 기념 CD 앨범 <결혼 30년의 어느 날에(結婚30年のある日に)>를 완성하였다.

  1990년 1월 오사카 마이니치(每日) TV가 제작한 「미등(尾燈)」을 방영하였고, 『총구』를 월간지 『책의 창(本の窓)』에 연재를 개시하였다(1월호부터 1993년 8월호까지). 1991년 여름부터 걸음걸이에 변조가 시작되었다. 그해 7월, '주부의 벗' 사 창업 75주년 기념 출판 『미우라 아야코 전집(三浦綾子全集)』 전 20권 간행을 시작하였다 (1993년 4월 완결).

  1992년 1월, 파킨스병 진단을 받았다. 약의 부작용으로 환각과 손 떨림이 발병하였다. 그해 9월에 이쿠타하라초(生田原町)의 오호츠크 문학비공원(オホーツク文學碑公園)에 <미우라 아야코 소설비>(『내 영혼에 영롱한 무지개가(石の森)』(1986, 한국문서선교회)를 기념하였다)가 건립되었다. 1994년 11월, 홋카이도신문 사회문화상을 수상하였고, 1995년 12월 <미우라 아야코 기념문학관> 설립 실행 위원회가 정식으로 발족하게된다.

  1996년 3월, NHK가 『총구』를 텔레비전 드라마화했고, 아사히카와 시내 로케가 시작되었다. 그해 7월 약의 부작용으로 환각이 심해졌고 기력이 현저하게 저하되어 8월에는 회복되지 않아 3편의 연재가 일시 중지되었다. 9월에 '미우라 아야코 기념문학관 삿포로 모임' 결성 총회가 있었다. 소설 『총구』로 제1회 이하라 사이카쿠(井原西鶴)상을 수상하였다. 11월에는 홋카이도 문화상을 수상하였다.

1997년 1-6월까지 치료를 위해 삿포로(札幌)에 위치한 가시와바(柏葉) 뇌신경외과병원에 남편과 함께 입원하였다. 그해 4월, 재단법인 미우라 아야코 기념문화재단이 발족되었다. 7월에 제1회 아시아 기독교 문학상을 수상하였다. 7-8월, 발열 후 몸 상태가 좋지 않아 아사히카와 재활 병원에 입원하였다. 그해 8월 홋카이도 개발 공로상을 수상하였다. 9월 3일, <미우라 아야코 기념문학관>을 착공하여 1998년 6월 13일 오픈식을 거행했다.

1999년 7월 14일, 발열로 아사히카와 재활 병원에 입원하였다. 9월 5일, 심폐 기능이 정지되어 위독하였다. 일진일퇴하며 기적적으로 차도를 보였다. 10월 12일, 오후 2시를 지나 혈압과 맥박이 급격히 내려가기 시작해 오후 5시 39분, 다발성 장기 부전으로 소천하였다.

10월 14일 아사히카와로쿠조교회 주관으로 아사히카와 장례식장에서 고별식인 전야식(前夜式)을 가졌다. 10월 15일, 장례식이 거행되었다. 10월 25일 '작가 미우라 아야코를 추모하는 모임'이 아사히카와 시민문화회관에서 거행되었다. 이로써 크리스천 작가로서의 한 위대한 생애가 마감되었다.

2) 미우라 아야코의 자전 소설

미우라 아야코(이하 아야코)는 자기 경험을 소설 속 등장인물에 투영시켰다. 그녀의 소설에서 자전 소설의 편린을 발견하는 기쁨은 크다. 자기 경험과 체험을 소설에 자주 사용했기 때문이다. 미쓰요는 아야코가 이전에 대가 니와 후미오(丹羽文雄)에게서 받은 조언을 회상했다.

"자신이 잘 알고 있는 세계를 쓰는 것이 제일이에요. 장소든 인물이든." 그 말을 양식 삼아 아야코는 소설에 등장하는 장소에는 반드시 가기로 했고 사할린섬(樺太)처럼 가기 어려운 경우는 체험자에게 이야기를 듣고 메모를 해서 추체험(追體驗)했다.

이에 따라 권요섭은 그의 저서 『미우라 아야코의 길 따라: 아사히카와 문학기행』(2024)에서 아야코의 소설 형식의 자서전, 즉 '자전 소설'을 6권 소개하는 것으로 <저자의 말>을 시작한다. 『풀의 노래(草のうた)』(1986), 『돌멩이의 노래(石ころのうた)』(1974), 『길은 여기에』(1969), 『이 질그릇에도(この土の器をも)』(1970), 『생명이 있는 한(命ある限り)』(1996), 『내일을 노래해(明日をうたう)』(1999)가 그것이다. 그 내용은 이렇다.

『풀의 노래』는 출생에서 소학교 졸업까지 병약하고 감수성이 예민했던 유년기의 경험, 주변에서 일어난 죽음, 친구들과의 만남과 이별 등을 통해 작은 영혼이 풀과 같이 싹트는 이런 시절의 추억을 그렸다.

『돌멩이의 노래』는 여학교 입학부터 교사를 자진 사직할 때까지의 이야기로 군국 소녀가 탄광 마을에서 소학교 교사로 아이들을 사랑하고, 군국 교사로 아이들을 가르치다가 패전과 좌절을 경험한 청춘 시절의 기록이다.

『길은 여기에』는 일본의 패전으로 삶의 길과 목적을 잃고 심신의 폐허와 영혼의 방황 끝에 어릴 적 친구인 마에카와 다다시의 사랑에 의해 기독교 입문하고 다다시가 죽은 후 미우라 미쓰요를 만나 결혼하기까지의 기록이다. 미우라 문학의 열쇠가 되는 자전 소설이다.

『이 질그릇에도』는 결혼식 다음 날부터 『빙점』 당선 발표일까지의 결혼 생활의 기록이다. 손을 뻗으면 천정이 닿을 듯한 집에서 둘의 가정생활이 시작되었다. 부부 사이의 여러 가지 과제로 함께 겸손을 배워 가며 미우라 부부는 점점 하나님의 그릇이 되어 간다.

『생명이 있는 한』은 1964년 7월 10일, 『빙점』 입선이 발표된 <아사히신문> 조간이 배달된 때부터 10년간의 문필 생활 기록이다. 소설의 취재 여행, 가족 관련 사건들, 아사히카와로쿠조교회당 건축 등이 기록되었다.

『내일을 노래해』는 1975년 1월부터 1984년 12월까지의 문필 생활 기록이다. 『던포쿠 벌판』, 『이류 지대』, 『해령』 등 소설 취재 여행과 드라마·영화 제작·양가 모친의 죽음, 지질병과의 싸움 등을 기록했다. 이 책은 아야코가 소천하고 그 다음 달에 출간되었다.

이러한 자전 소설을 이해하려면 무엇보다도 미우라 문학을 낳은 세 가지 마이너리티(소수의 약자)와 그녀의 문학에 흐르는 저음(低音)을 알아야 한다. 이를 차례로 살펴보자.

2. 미우라 문학을 낳은 세 가지 마이너리티(minority)

미우라 아야코가 엔도나 가와바타와 결정적으로 다른 점 세 가지를 든다면, 홋카이도 출신이라는 점, 여성 작가라는 점, 그리고 개신교와의 연관성이다. 이는 일본이라는 사회에서 그녀가 살아온 시대에는 아야코가 마이너리티에 속한 자임을 의미한다.

필자는 미우라 문학을 이해하는 열쇠를 이 세 가지로 보고, 부정적이고 불리한 이 세 조건을 역전의 명수인 하나님께서 대역전시켜 찬란하게 빛나는 다이아몬드와 같은 보석으로 빚으셨다고 본다. 즉 부정적인 이 세 가지 마이너리티는 오히려 역으로 행운이 되어, 긍정적인 은혜와 축복으로 작용하였다.

아야코는 일본 본토(혼슈)와 단절된 홋카이도(아사히카와시)에서 태어나 자라고 죽었다. 홋카이도의 단절이라는 속성, 그것은 단지 지리적 단절만을 의미하지 않는다. 그것은 일본 본토가 지닌 뿌리 깊은 역사적 전통, 즉 전통 종교인 신도(神道)와 불교의 전통, 사무라이(무사) 전통, 그리고 아시아적 범신성의 전통과의 단절을 의미한다. (원래 홋카이도[아이누]는 산이나 태양과 같은 자연뿐만 아니라 곰이나 여우와 같은 동물, 심지어는 인간의 손으로 만든 호미 같은 도구에도 '모든 것에 신이 깃든다'는 사상이 굉장히 강한 지역이라는 사실은 인정한다.)

게다가 홋카이도는 일찍이 가톨릭이 전래된 규슈 지역으로부터 가장 멀리 떨어진 지역이다. 일본 정부로부터 큰 탄압을 받아 지리멸렬된 전통과 제도를 중시한 가톨릭교회와 달리, 비록 늦게 들어왔지만 신앙의 자유가 허락된 상황에서 성경과 예수 그리스도를 중시하는 개신 교회가 이 지역에서 활발하게 전개된 점은 아야코에게는 큰 행운이 아닐 수 없다.

  또한 약자라는 여성성은 강자의 진리보다 약자의 진리에 속하는 십자가의 여성성과 맥을 같이 한다. 그녀는 연약한 여성으로, 특히 오랜 기간 병자로서의 연약함을 몸에 지니고 살아야 했다. 그런 그녀가 성경을 읽고 그리스도 예수를 알아가면서 십자가가 지닌 여성성의 의미를 남성들보다 더 쉽게 수용할 수 있었을 것이라 추정하는 일은 어렵지 않다.

  그녀는 사랑과 평화(샬롬) 때문에(사 53:4-9) 세상의 죄를 지고 죽임을 당한 어린 양(요 1:29; 계 5:12)처럼 소위 세상의 강자들을 대변하는 빌라도와 유대 종교 지도자들에 의해 힘없이 끌려가 죽은 메시아가 보여 준 십자가의 여성성을 일반적으로 남성들보다 더 쉽게 몸으로 체득하였다.

  엔도의 신앙은 강한 남성성에 대한 무의식적 거부감으로 인해 약한 여성성을 지닌 '어머니의 종교'로 변용되었는데, 이는 성경에 대한 왜곡이다. 그런 의미에서 아야코의 여성성은 남성들에게는 없는 여성만의 은총이라고 말할 수 있다.

  미우라 문학을 소개하는 첫머리에 그녀의 문학이 세 가지 마이너리티에 의한 것이었음을 말하는 까닭은 바로 그 같은 삶의 자리가 하나님의 특별한 은혜요 행운임을 말하고자 함에 있다. 이와 함께 이러한 특별한 은혜와 행운은 인위적으로 구성될 수 없다는 점에서 여기에는 하나님의 놀라운 섭리가 깃들어 있다고 말하지 않을 수 없다.

1) 첫 번째 마이너리티: 홋카이도(아사히카와) 출신이라는 점

필자는 지난 2023년 2월 8일에 아자브(AJAB) 회원 5명, 그리고 2024년 1월 31일 대전인동교회 청소년부 일동(24명)과 <미우라 아야코 기념문학관>을 방문했다. 그 과정에서 기념문학관 주변뿐만 아니라 홋카이도의 겨울 풍경을 마음껏 감상했다. 특히 미우라 아야코 탄생 100주년에 즈음하여 간 여행이기에 더욱 값지게 느껴졌다.

아야코는 홋카이도(아사히카와)에서 태어났고, 취재를 위해 잠시 고향을 비운 적은 있지만 일생을 홋카이도(아사히카와)에서 살다 세상을 떠났다. 아야코의 소설 배경은 주로 홋카이도였다. 특히 아사히카와가 배경인 소설로는 『빙점』, 『적목 상자』, 『잔상(殘像)』(1973), 『총구』 등이 있다. 『시오카리 고개』의 사고 현장과 기념관도 가까이에 있다.

그녀가 태어난 아사히카와는 일본 열도 최북단에 위치한 변방으로, 홋카이도의 주도인 삿포로에서 열차로 1시간 30분 북쪽에 위치해 있다. 이곳은 겨울이면 혹한의 추위와 더불어 온 산야가 눈과 얼음으로 뒤덮인 지역이다.

추위 그리고 눈과 얼음의 도시인 홋카이도, 특히 그녀의 고향인 아사히카와는 더욱 그러하다는 점에서 그녀의 대표작의 제목 『빙점』도 이와 무관하지 않다. 미우라 문학의 산실인 아사히카와는 늦은 봄까지 온 세상이 눈으로 뒤덮인 설국의 장관을 이룬다는 점에서 문학적 감수성을 자극하기에 충분한, 참으로 아름다운 고장이 아닐 수 없다.

그녀의 아버지(1891년생)가 태어난 도마마에(苫前)는 동해에 접한 홋카이도의 한 어촌이다. 조부와 조모(1875년생)는 그가 태어나기 전에 세상을 떠났기에 손녀인 그녀는 잘 모른다. 하지만 들은 소문에 의하면 도마마에에서의 조부와 조모의 화려한 생활은 소녀인 그녀에게 하나의 꿈같은 것을 느끼게 했다고 한다. 조부는 16세(1890)에 혼자 니가타현 사도(佐渡)에서 홋카이도로 왔는데, 그때 광목 행상을 하며 어촌을 돌아다녔다고 한다. 나중에는 상당히 큰 규모의 상점을 경영하기도 했다고 한다.

그런데 조부는 아버지가 15세 때에, 아버지가 22세 때에 세상을 떠났다고 한다. 그리고 외할아버지는 도마마에에서 목수였다고 한다. 외할머니는 오래 사시면서 그녀의 형제들에게 큰 위안을 주셨다. 아버지는 도마마에 초등학교를 보통과, 고등과 모두 1등으로 졸업했다고 한다. 그리고 조모를 닮아 성격이 격하고 고집이 세어 좋고 나쁜 것도 분명했다.

아사히카와에 와서 행상을 한 일도 있지만 나중에 신문사에서 일을 보게 되었고, 무진회사(나중에 상호은행)에도 근무했다. 재미있는 것은 정각 한 시간 전에 출근하지 않고는 못 배기는 성품이었다고 한다. 지금까지의 설명을 통해 미우라의 뿌리는 조부 때부터 홋카이도였다는 사실을 확인할 수 있다.

1932년 소학교 4학년 가을부터 오빠의 가업을 돕기 위해 우유 배달을 시작해서 여학교를 졸업할 때까지 7년간을 계속했다. 아사히카와 우슈베쓰강(牛朱別川)이 흐르고 맑은 날에는 다이세쓰산(大雪山)이 보인다. 일본 최저 기온 기록을 가지고 있는 이 대자연 속을 혼자 걸으며 아야코는 무슨 생각을 했을까?

비 내리거나 바람 불거나 눈 오는 날, 한여름의 무더위, 영하 30도를 넘는 혹한의 겨울 아침에도 우유 배달은 하루도 거르지 않았다. 7년에 걸친 우유 배달은 아야코의 생애에 귀중한 자산이 되었음에 틀림없다. 미우라 문학은 바로 이러한 자연환경 속에서 배태되었다. 따라서 우리는 먼저 미우라 문학의 뿌리인 홋카이도는 어떤 곳인가를 살펴볼 필요가 있다.

현재의 일본은 4개의 큰 섬으로 이루어진 나라다. 혼슈(本州), 규슈(九州), 시코쿠(四國), 홋카이도(北海道)가 그것이다. 여기에 난세이제도(南西諸島, 동중국해 지역)에 속하는 오키나와현(沖繩縣)을 1879년 일본 영토로 편입시켰다. 그리고 일본에서 두 번째로 큰 섬인 홋카이도는 봉건시대에는 에조치(蝦夷地, 하이지)라는 이름의 황무지로 여겨졌고, 토착민인 아이누족 외에는 거주자가 없었다. 그러다가 홋카이도가 개발되기 시작한 것은 1859년의 일이다. 이 해에 일본 최초의 5대 조약항(조약에 의해 개방된 항구) 중 하나로 하코다테 항(函館港)이 외국에 개방되었다.

개발다운 개발이 시작된 것은 1868년의 메이지 유신의 일이지만, 인구 및 경제적인 측면에서 비약적인 발전이 시작된 것은 2차 대전 이후부터이다. 홋카이도는 전 국토의 22%를 차지하지만 인구는 전체 인구의 5%에 불과하다. 홋카이도는 개척 당시인 1869년에는 약 6만 명, 주도인 삿포로시 인구는 약 2천 명이었다. 1890년 삿포로 인구는 약 2만 4천여 명에 불과했다.

그러다가 1920년에는 10만 명, 1950년에는 30만 명, 2023년에는 약 2백만 명으로 증가했다. 150여 년 동안 거의 백 배의 증가를 보여 준다. 여기서 인구 증가의 폭발적 증가를 말하고자 하는 것은 아야코의 문학 작품에도 이러한 사실이 깊은 영향을 미쳤다는 것을 말하기 위함에서이다.

일본의 문학 비평가인 가라타니 고진(柄谷行人, 1941년생)은 메이지 중기 시대의 소설가인 구니키다 돗포(國木田獨步, 1871-1908)의 『소라치 강변(空知川の岸邊)』(1902)을 대상으로 「풍경의 발견」이라는 글을 썼다. 여기서 그가 말하는 '풍경'이란 외부 세계에 관심을 가지지 않는 '내면적 인간'에 의해 도착적(倒錯的)으로 발견되었다는 것, 또 그때까지의 문학이 손댄 곳이 아닌 '신세계', 즉 홋카이도에서 발견되었다는 것을 지적한 것이다.

돗포는 1895년 홋카이도 이주를 계획하였다. 그러나 그는 고작 2주일 정도 소라치 강 주변에 머물렀을 뿐이다. 여기서 중요한 것은 그가 홋카이도 이주(이민)를 진지하게 고려했다는 사실이다. 청일전쟁(1894-1895)에 종군기자로 참가한 돗포는 전쟁이 끝나자 허탈한 상태에 빠졌다. 그가 홋카이도를 대상으로 상상한 것은 그러한 공허를 채워줄 '신세계'였다. 그러나 아이누의 언어가 그대로 지명이 된 '소라치(空知)'라는 지명이 나타내듯이, 그곳에는 이미 아이누인이 거주하고 있었다.

가라타니가 구니키다 돗포에 의한 '풍경'의 발견을 통해 말하고자 하는 핵심은 타자의 발견, 즉 타자는 단순히 '풍경'으로 존재할 수밖에 없다는 인식이었다. 즉 일본의 식민지 문학, 또는 식민지에 대한 문학적 관점의 원형은 돗포에게서 나타나고 있다. 즉, 일본 내 식민지 정책의 원형은 홋카이도에 존재한다.

홋카이도 개척은 단순히 아무도 살지 않은 태초의 광야 개척이 아니라 저항하는 원주민(아이누족)을 살육하고 동화시키는 일을 통해 이루어졌다. 그 방식이 오키나와, 대만(중일전쟁 후에 획득), 조선 반도, 만주, 동남아시아로 확대되어 간 것이다.

우선 주목해야 할 것은 아이누인과 일본인의 '동조론'(同祖論)으로 변주되었다는 사실이다. 그것은 나중에 '한일 병합'에서는 '일선(日鮮) 동조론'(야마토 민족인 일본과 조선 민족이 같은 조상에서 나왔다는 이론)으로 변주되었다. 동조론은 상대의 타자화를 무력화시키고 나서 타자를 지배하는 방법이다. 이 방식은 영국이나 프랑스의 식민주의와는 대조적이다. 그것은 어떤 의미에서 미국의 식민지주의 정책과 유사하다. 미국의 식민지 정책은 피통치자를 '잠재적인 미국인'으로 간주하는 것이었고, 그것은 제국주의적 지배라는 사실을 자각하지 못하게 하는 것이었다. 실제로 그들은 지배하면서 마치 '자유'를 가르치는 것으로 생각하고 있다.

실제로 홋카이도는 일본의 '신세계'로서 다름 아닌 미국을 모델로 해서 개척된 것이다. 가령 삿포로농학교(札幌農學校)(홋카이도대학 전신)는 일본의 식민지 농업이라는 과제를 수행하기 위해 설립된 것이었다. 창설 당시 미국의 클라크 박사(W. Clark, 1826-1886)가 초대 교감으로 초빙(1876년)된 사실에서 알 수 있듯이, 미국의 식민지 농정학이 도입되어 운영되었다.

일본의 근대 사상사나 문학사 속에서는 그 일을 우치무라 간조(內村鑑三, 1861-1930)로 대표되는 기독교의 흐름 안에서만 파악하고 있지만, 사실 니토베 이나조(新渡戶稻造, 1862-1933)나 우치무라 제자들은 나중에 식민지 경영의 전문가가 되었다. 일본의 식민지주의는 주관적으로는 피통치자를 '잠재적 일본인'으로 간주하는 것이었고, 이는 이른바 '신세계' 개념에 기반을 둔 이념이었다. 그것이후일에 팔굉일우(八紘一宇, 대동아공영권)의 이데올로기에까지 연결되고 있다.

이러한 미일(美日)의 식민지주의적 태도는 실제로 '한일 병합'에서도 엿볼 수 있다. 가령 미국은 러일전쟁에서 일본을 지지하고, 그 후에는 일본이 미국의 필리핀 통치를 승인하는 대신 일본이 조선 반도를 통치할 것을 승인했다. 미국이 일본의 제국주의를 비난하기 시작한 것은 중국 대륙의 시장을 둘러싸고 미일의 대립이 표면화하게 된 이후의 일에 지나지 않는다.

돗포는 홋카이도의 풍경을 통해 타자에 대한 인식을 깨닫고 난 후, 그는 영웅이나 소시민이 모두 평등한 존재라는 사실을 자각하게 되었다. 그리하여 그는 『잊을 수 없는 사람들(忘れえぬ人々)』(1898)이라는 단편 소설에서 이런 말을 하고 있다.

"아(我)와 타(他) 사이에 무슨 차이가 있겠는가. 모두 다 이승의 어느 하늘 어느 땅 한구석에서 태어나 머나먼 행로를 헤매다가 함께 손잡고 영원한 하늘로 돌아가는 신세가 아닌가. 이런 감정이 가슴 속 깊은 곳에서 일어나서 나도 모르게 눈물이 뺨을 타고 흘러내릴 때가 있네, 그때는 실로 아도 아니고 타도 아닌, 그저 모두가 그립고 애틋하게 느껴지곤 한다네."

돗포가 짧게나마 경험한 홋카이도 풍경은 홋카이도 출신인 미우라에게는 유전자(DNA) 속에 자연스레 깊이 간직된 정서임을 우리는 놓쳐서는 안 된다.

2) 두 번째 마이너리티: 여성 작가라는 점

민속학자 프리드리히 S. 크라우스(F.S. Krauss, 1859-1938)는 한 사회의 내부적인 질서를 이해하기 위해서는 여성이 그 사회에서 어떤 지위에 있는가를 알아야 한다고 말했다. 그것은 여성이 가족을 둘러싼 관례, 풍습, 권리 또는 신앙과 밀접한 관계가 있기 때문이다. 즉 외부적으로 드러나는 사회적 질서는 남자와 연관이 있지만 내부적인 사회 구조는 여성에 의해 창조되고 전개되기 때문이다. 아야코는 『길은 여기에』라는 자전 소설 <첫 머리말>에서 이렇게 말했다.

"나는 여기에 나 자신의 마음의 역사를 써 보려고 한다. 어떤 사람은 말했다. '여자에게는 정신적인 생활이 없다.' 과연 그럴까? 이 말을 들은 것은 내가 여학교 저학년 무렵이었다. 그때 나는 묘하게 이 말이 마음에 걸렸다. 그리고 남에 대한 비평이 많다고 소녀인 나에게도 생각되었기 때문이다. '여자에게도 정신은 있다. 사상이 있다. 아니, 있어야 할 것이다.' 그때 나는 이렇게 나 자신에게 말하고 있었다."

아야코는 엔도나 가와바타와는 달리 여성 작가이다. 역사상 '흑인에 대한 차별'에 대해서는 많은 이들이 주목하지만 '여성에 대한 차별'은 그보다 더하면 더했지 덜하지 않음에도 불구하고 남자들은 주목하지 않았다.

고대 헬라의 철학자인 플라톤(427-347 BC)은 임종 시에 자신의 운명에 감사한다면서 이런 말을 남겼다. 첫째, 남자로 태어난 것, 둘째, 야만인이나 짐승이 아니라 헬라인으로 태어난 것, 셋째, 소크라테스와 같은 시대에 태어난 것, 이 세 가지에 감사한다고 했다.

이어령 교수는 이렇게 말한다. "한국(동양) 여인의 역사는 그대로 순종과 굴욕의 역사였다. 유교의 '삼종지도'(三從之道)나 '칠거지악'(七去之惡)을 보면 그것을 알 수 있다." 또한 "귀머거리 3년, 벙어리 3년"이란 말도 있다. 귀머거리처럼 못 들은 채, 벙어리처럼 말 못하는 체, 그렇게 6년을 살아야 시집살이를 해낼 수 있다는 이야기다.

남존여비(男尊女卑) 사상으로 가득한 조선시대에서 여성이 자신의 이름을 갖게 된 것은 갑오개혁(1894) 이후의 일이다. 그 이전까지는 지역 이름에 댁을 넣어 부르거나(가령 전주댁, 대전댁 등), 김 씨네 셋째 딸, 남 씨네 둘째 며느리, 또는 개똥네, 곱단이, 샛별이, 농빼 등 천한 이름들로 불렀다.

그러다가 근대 여성 교육기관이 생긴 이후에 여성 이름들이 지어졌다. 윤동주의 고향인 북간도에서는 정재면(鄭載冕, 1887-1962) 선생에 의해 여성들의 이름을 '신(信)' 자 돌림의 이름들로 한순간에 50명의 이름을 지어 여성들의 인권을 높였다.

근대 이전까지 교육도 기본적으로 남성들의 전유물이었으며, 여성 교육은 구한말 선교사들이 세운 여학교로부터 시작되었다. 따라서 문인으로 이름을 남긴 여성들은 기생 황진이(黃眞伊, 1506-1567)나 이매창(李梅窓, 1573-1610), 허균의 누나인 허난설헌(許蘭雪軒, 1563-1589), 최근의 나혜석(羅蕙錫, 1896-1948)이나 전혜린(田惠麟, 1934-1965) 정도이며, 마이너리티에 속한 이들은 그들의 지성과 예술성으로 인해 거의 다 불운한 생애를 살다가 세상을 떠났다는 공통점이 있다.

사무라이의 나라 일본도 예외가 아니다. 『일본은 없다』(1994)

를 집필한 전여옥 작가는 이런 말을 했다.

"일본이라는 사회는 일본인들이 흔히 하는 말대로 멸사봉공, 집단주의, 그리고 남존여비의 세 원칙으로 이루어져 있었다. 특히 남존여비는 심했다. 한반도보다도 여성을 보는 시각이 더 편견으로 틀어져 있었다. … 나는 왜 내가 아는 일본 여기자들이 만나면 '이민을 가고 싶어'라고 이야기 하는가를 이해했다. 오로지 '남자'만이 일본에서는 '인간'인 것이었다."

세계의 여성들이 대개 그렇지만 일본의 여성은 그 지위에 있어 큰 변화를 겪었다. 모계제 사회의 흔적이 남아 있던 막부 성립 전까지는 비교적 여성도 제 목소리를 낼 수 있었다. 그러나 무사 정권인 막부의 성립과 지배 이념으로 유교를 채택하면서 여성의 지위는 몰락을 거듭했다. 이러한 몰락은 메이지 유신과 함께 조금씩 반전을 거치며 오늘날 여성의 지위는 괄목상대할 정도의 신장을 보이게 되었다. 이를 부연하자면 다음과 같다.

일본에 설립된 최초의 대학은 1901년에 나루세 진조(成瀨仁藏, 1858-1919) 교수에 의해 설립된 일본여자대학이다. 나루세 교수는 학교 설립 취지를 이렇게 묘사했다.

"봉건시대에 사회 환경과 불교 및 유교의 성행이 함께 작용해서 부인들은 억압을 당했다. 그 억압은 도쿠가와(德川)가 권력을 장악했을 때 절정에 달했다. 사회적 신분과 계급은 엄격하게 정해졌다. 부인들은 완전히 억압되었고, 그들이 가정을 한 걸음도 벗어나지 못하게 규제했다.

그 당시에 여성들이 받았던 교육은 재봉, 직조, 요리, 다도(茶道), 꽃꽂이, 그리고 초보적인 읽고 쓰기로 한정되어 있었다. 지적인 교육은 철저하게 무시되었다. 그러나 도덕 교육은 매일처럼 되풀이되었고 엄격하게 강조되었다. 유명한 세 가지 복종, 즉 젊은 때는 부모에 대한 무조건적인 복종, 결혼하면 남편에 대한 복종, 나이가 들면 아들에 대한 복종이 강요되었다. 매일처럼 이와 같은 교육이 반복되었고 강요받았던 것이다. 그 때문에 여성은 불쌍한 상태에 놓였으며 해방에 대한 희망을 꿈꿀 수 없었다. 일본 여성에게 혹독한 겨울이었다고 밖에 말할 수 없는 시대였다. 그리고 그들의 생명은 잔혹한 사회 제도의 억압 아래에서 산산이 분쇄되었다."

그런데 나루세 교수가 지적한 시대는 일본의 근대였다. 중세 이전 시대를 살펴보면 상황은 달라진다. 고대에는 부인이 집안의 중심이었다. 신에게 바치는 제사를 여자들이 주재했다는 사실이 이를 뒷받침한다. 고대 사회에서 제사를 주재하는 것은 힘을 의미했다. 당시의 권력은 신을 통해서 획득되었기 때문이다. 일본의 경우 최고의 신이 아마테라스(天照)라는 여신이다. 이런 정황으로 볼 때 고대 일본은 여성들의 나라였다고도 볼 수 있다. 결혼 제도를 보아도 헤이안(平安) 시대까지 모계제 사회를 반영하는, 즉 남자가 여자의 집에 들어가는 처문혼(妻門婚)이 남아 있었다.

고대 일본은 어머니를 중심으로 하는 모계 사회였다. 이것이 헤이안(平安, 794-1185) 시대가 막을 내리고 가마쿠라(鎌倉, 1185-1333) 시대가 역사의 전면에 등장하면서 상황이 변했다. 장군을 정점으로 한 무사가 중심이 된 가마쿠라 정권은 헤이안 시대의 귀족정치를 조금씩 허물기 시작했다. 이후 근대에 이르기까지 일본은 장군이 지배하는 막부정치가 이어졌다.

이런 배경 아래에서 사회적 힘의 균형은 급격하게 남성 쪽으로 쏠리게 된다. 재산권이 장남을 통해 계승되면서 성(性)도 남자 중심으로 변해 갔다. 그와 함께 여자는 남편에게 엄격하게 속박되기 시작했다. 그 이후 유교의 영향으로 남존여비 사상이 강화되면서 여성의 지위는 천한 것으로 전락하고 말았다.

그럼에도 일본의 역사 속에 유럽의 중세와도 같은 암흑과 붕괴의 시대가 존재하지 않았던 것은 여인들 덕분이라고도 볼 수 있다. 나루세 교수의 말처럼 애처로운 삶을 강요당했던 부인들은 반대로 일본의 정서적 측면을 구원했다. 오히려 부인들이 장편 소설을 만들고, 이러한 시대적 문학을 꽃피웠던 것이다. 『겐지 모노가타리(源氏物語)』는 그 대표적인 예다.

『겐지 모노가타리』는 무라사키 시키부(紫式部, 973-1014)라는 여성이 11세기 초에 지은 것으로 장르를 따진다면 궁중 여류 문학에 속한다. 무라사키 시키부 이후 여성 문학은 그 꽃을 활짝 피우게 된다. 또한 이 시대에 가나(仮名) 문자가 제정되어 귀족 부인이나 딸을 중심으로 한 여류 문학이 발전 가능한 토양이 갖추어졌다.

그럼에도 일본의 여류 작가는 흔하지 않았는데, 이는 근래에 들어와서도 마찬가지였다. 그러다 잡지 『문학계(文學界)』가 1893년에 창간되었는데, 낭만주의 문학의 거점을 이루며 문단에 큰 영향을 미친 여성 작가 히구치 이치요(樋口一葉, 1872-1896)가 『문학계』를 통해 데뷔한다. 그녀는 가난한 생활 속에서도 진주처럼 빛나는 작품을 남기고 24세로 요절했다. 그런 그녀는 이마 무라사키(今紫, 헤이안 시대 최고의 여류 시인이던 무라사키 시키부에 빗댄 말로, '당대의 무라사키'라는 의미)라는 칭송을 받기도 했다.

이치요 문학의 진수는 원통함과 부조리함을 인식하는 데서 찾을 수 있는데, 이는 대부분 가난과 신분의 차이에서 오는 엇갈림, 혹은 이뤄질 수 없는 사랑의 정념으로 나타난다. 이에 더해, 이치요가 당대 여성들이 직면한 '부조리함'을 절절하게 그려낼 수 있었던 이유는 자신을 포함한 일본 사회 저변에 살아가는 이들의 고통을 외면하지 않았기 때문이다.

메이지 중기 시절의 여성으로서 일본 사회 내 부조리를 자신의 문학을 일구는 밑거름으로 삼았던 이치요처럼, 우리가 살펴볼 미우라 아야코의 문학 또한 여성으로서 일제 말기를 전후로 한 시대적 부조리와 처절하게 대결하면서 탄생했다.

그런데 히구치 이치요와 미우라 아야코라는 두 여류 작가는 결정적 차이가 있다. 도스토옙스키의 『카라마조프家의 형제들』(1880)에 나오는 이반과 알료샤로 비유해서 말하자면, 이치요는 혼적 인간인 이반에 해당하고, 아야코는 영적 인간인 알료샤에 해당한다.

이반은 절대자에 대한 참을 수 없는 분노를 품은 인물이다. '하나님이 존재한다면 욥과 같은 의인이 왜 고통을 당해야 하는가?'라는 의문에 휩싸여 있던 이반은, 결국 "나는 아무것도 모르겠다. 지금 나는 아무것도 알고 싶지 않다"고 실토한다. 이반이 그토록 열을 올려서 신에게 항거했던 중요한 이유는 죄 없는 아이들이 당하는 고통 때문이었다. 현실의 부조리에 대한 이반의 항거처럼 이치요 또한 이 문제로 고뇌하는 혼적 인간이었다.

반면에 알료샤는 악(부조리)으로 가득한 세상 현실 속에서 영적 체험, 즉 어떤 아집의 얽매임도 없는 무아의 황홀경 속에서 영혼과 접촉함으로써 천상의 환희라는 신비로움을 체험한다. 알료샤처럼 아야코는 악과 부조리로 가득 찬 현실 속에서 복음(예수 그리스도)과 만나는 영적 체험을 하며, 천상의 환희라는 신비를 문학을 통해 재현한 영적 인간이었다.

3) 세 번째 마이너리티: 개신교 작가라는 점

일본은 전통 종교인 신도(神道)와 불교를 비롯한 팔백만신(八百萬神, '많다'는 의미)이라는 수많은 잡신을 섬기는 나라이다. 이런 나라에 메이지 유신 이후 일신교인 기독교가 들어왔을 때 일본인들은 큰 정신적 혼란에 직면했다. 도쿠가와 이에야스(德川家康)에 의해 시작된 에도 막부(江戶幕府)는 쇼군(장군)에 의해 통치된 나라다. 그런데 무려 250년 동안 전쟁 없이 평화로운 시대가 계속되자 무사들(사무라이들)의 입지가 날로 좁아졌다.

그런 가운데 메이지 유신이라는 혁명적인 사건은 본토 동부(도쿄)에 지역 기반을 둔 에도 정부에 대해, 본토 서부에 기반을 둔 사쓰마(薩摩), 조슈번(長州藩)의 하급 무사들이 주축이 되어 일으킨 정치적 변란이었다. 그런데 메이지 유신 성공 이후 무사들(사무라이들)의 입지는 더욱 좁아졌다.

근대 국가를 지향하려는 메이지 정부는 무사의 상징인 칼을 차는 대도(帶刀)의 관행을 금지하는 폐도령(廢刀令)과 더불어 사족(士族)의 경제적 특권을 박탈하는 질록처분(秩祿處分)을 내렸다. 메이지 유신 5년 후인 1873년 유신 3걸 중의 한 사람인 사이고 다카모리 (西鄉隆盛, 1828-1877)가 정한론(征韓論)을 주장한 것도 사기를 잃은 무사 계급의 불만을 해소하기 위한 고육책이었다.

이 얘기를 하는 이유는 일본의 근대화 과정에서 기독교를 적극 수용한 사람들은 에도 막부에 동조한 무사족의 자제들이었지 일반 평민들이 아니었다는 사실을 말하기 위함이다. 일본 개신교 역사에서 한 축의 지역 중 하나인 삿포로 밴드의 대표적인 기독교 신앙인인 우치무라나 니토베는 무사 가문 출신이었다. 메이지 체제에서 소외된 구(舊) 무사족들이 기독교(신교)에 민감하게 반응한 것은, 더 이상 무사일 수 없는 무사, 그러면서도 무사라는 사실 외에는 자존심의 근거를 찾아내지 못한 계층의 무력감과 원한에서 비롯된 것이다.

메이지 시대의 몰락 무사족들을 기독교가 흔들 수 있었던 것은 기독교의 일신교가 그들의 존재 이유인 '무사도의 이념'(가령, 주군에 대한 충성)이라는 '주체 확립'(정신 혁명)을 말했기 때문이다. 현대의 시각으로 볼 때 '근대문학'으로 보이는 것이 예외 없이 기독교를 거치고 있는 이유는, '시대의 그늘', 즉 일종의 원한으로 가득한 음울한 심성에서 나온 것이다.

니토베의 『무사도』를 포함한 우치무라의 작품에서 무사도가 기독교에 직결되는 것으로 간주된 것은 우연이 아니다. 그 점이 메이지 시대의 기독교가 그 자체로서 결코 대중화될 수 없었던 원인이기도 했다. 무사 계급 출신이 아닌 엔도가 어머니의 권유로 세례를 받은 것에 대해 일생을 두고 서구 기독교와 일본적 영성의 거리감 속에서 방황하며 회의했던 것과 달리 무사 계급 출신인 우치무라는 17세의 나이에 기독교에 입문했다(1877).

우치무라는 삿포로농학교에서 상급생들에 의해 강제로 <예수를 믿는 자의 서약>에 가입했는데, 이 사건을 두고 우치무라는 그때까지 고민하고 있었던 문제에서 일거에 해방되었다고 한다. 기독교의 일신교에 입문한 실질적 유익은 굉장한 것이었다. 『나는 어떻게 기독교 신자가 되었는가(余は如何にして基督信徒となりし乎)』(1895)에서 그는 이렇게 말하고 있다.

"전에 나는 신사(神社)가 하나 눈에 들어오기만 하면 마음속으로 기도하기 위해 대화를 중단하는 것이 습관이 되어 있었는데 지금은 등교 중에도 유쾌하게 대화를 계속하면서 걷는다. 나는 <예수를 믿는 자의 서약>의 서약에 강제로 서명하게 된 것을 슬퍼하지 않는다. 일신교는 나를 새 사람으로 만들었다. 나는 다시 콩이나 계란을 먹기 시작했다. 나는 기독교를 완전히 이해했다고 생각했다. 유일신이라는 사고는 그만큼 영감적이었던 것이다. 새로운 신앙이 준 이 새로운 정신적 자유는 내 심신에 건전한 영향을 끼쳤고 나는 더 한층 공부에 노력을 쏟게 되었다. 자신의 신체에 새롭게 내려진 활동력에 미칠 듯 기뻐하며, 들이고, 산이고 할 것 없이 돌아다니면서 골짜기에 피는 백합꽃, 넓은 하늘을 날아다니는 새를 관찰하며 자연을 통해 자연의 신과 대화를 나누고자 했다."

이 고백을 통해 주목할 지점은 두 가지다. 하나는 엔도와 관련한 것으로, 엔도는 자신의 의도와 관계없이 세례를 받은 것을 일생을 두고 후회한 반면, 우치무라는 강제로 예수를 믿게 된 서약을 두고 슬퍼하지 않고 오히려 감사하고 있다는 점이다. 또 하나는 가와바타와 관련된 것으로 가와바타는 자연의 미학에 심취된 작가로서 자연으로 돌아가고자 한 반면, 우치무라는 일신교에 의해 처음부터 하나님의 피조물로써 자연은 그냥 자연일 뿐이며, 자연을 창조하신 하나님을 찬양할 수 있는 정신적 자유를 획득한 것에 대해 감사하고 있다는 점이다.

다만 여기서 한 가지 짚고 넘어가야 할 것은 무사 계급 출신인 우치무라가 지닌 기독교가 순수 성서적 기독교의 모습이 아니라는 점이다. 그는 '두 개의 J'(Jesus and Japan)를 주장하면서 기독교인으로서는 일본적 영성과 멀리하면서도, 서구 기독교로부터도 독립해야 한다고 주장했다. 그것이 다름 아닌 일본적 기독교, 즉 '무사도(사무라이) 기독교'이다.

우치무라에게는 일본을 구원할 기독교 복음이 외국 선교사에 의지하지 않고 일본인의 심성 안에서 체득된 것이어야만 했다. 그가 말하는 '일본혼'(日本魂)은 일본 문화와 전통에 의해 배양되고 형성된 일본인 심성의 이상상(理想像)으로서 구체적으로는 무사도를 의미한다. 이는 미우라 아야코의 기독교 신앙과는 상당히 다른 모습이다. 우치무라가 속한 삿포로 밴드의 후예인 미우라 아야코는 어떻게 개신교에 입문했고, 미우라의 기독교는 어떤 모습인지를 살펴보자.

무사 계급 출신이었던 우치무라나 니토베와 달리, 아야코는 아버지가 신문사 영업부장으로 오빠 셋과 언니에 이어 다섯 번째로 아사히카와에서 태어났다. 아야코는 1930년 소학교 2학년 크리스마스 밤에 마에카와 다다시의 여동생인 미키코를 따라 니조교회(二條敎會, 1890년 개척)에 갔다. 청년이 되어 다시 이 교회로 인도한 것은 미키코의 오빠 다다시였다.

1931년 소학교 3학년 때 친구 이시하라 도시미(石原壽み)의 권유로 아야코는 아사히카와로쿠조교회 주일학교에 1년간 다닌다. 후에 남편이 될 미우라 미쓰요와 교제하면서 다시 이 교회에 출석하게 되는데, 미쓰요와의 약혼식과 결혼식을 이 교회당에서 올렸고 장례식도 이 교회가 주관했다. 어릴 적부터 아야코는 개신교 교회에 다녔고, 엔도는 천주교 성당을 다녔다. 이에 반해 가와바타는 이와 무관하다는 지점이 각각 그들의 일생에 깊은 영향을 미쳤다고 볼 수 있다.

여기서 우리는 일본 기독교의 역사를 간단히 다시 살펴볼 필요가 있다. 일본의 서구 기독교 역사는 군웅할거(群雄割據) 시대인 센고쿠 시대(戰國時代, 1467-1573)가 거의 막을 내리고, 천하 통일 시대인 에도(江戶) 시대(1603-1868)가 시작되기 직전인 1549년 8월, 예수회 소속의 스페인 신부 성 프란치스코 하비에르(1506-1552)에 의한 가톨릭의 전파로부터 시작된다.

오다 노부나가(織田信長, 1534-1582), 도요토미 히데요시(豊臣秀吉, 1537-1598), 도쿠가와 이에야스(德川家康, 1543-1616)는 포르투갈 상인들이 전해 주는 총을 기반으로 전국을 통일하고자 했다. 그러면서 이들은 그 대가로 가톨릭 전교를 허용했다. 그런데 짧은 기간 동안 일어난 가톨릭의 급속한 성장은 정권에 대한 불안으로 작용하면서 가톨릭 탄압이 시작되었다.

급기야는 기독교인이 주축이 된 시마바라(島原) 반란(1637-1638)을 계기(3만 7천 명이 학살 당함)로 선교가 완전히 금지되었다. 200여 년 동안 쇄국 정책으로 일관하던 에도 막부는 1854년 미국과의 통상이 이루어지면서 문호를 개방하게 되었다. 그리하여 1864년에 나가사키에 천주교회당이, 1872년 요코하마(橫浜)에 개신교회당이 세워졌다. 기독교 금지령이 완전히 해제된 것은 1873년이었다.

한편 프로테스탄트(개신교) 선교는 다음과 같이 이루어졌다. 조선에도 들렸던 카를 귀츨라프(Karl Friedrich, 1803-1851)가 1832년 8월 류큐국 나하(琉球國那覇)에 들러 한역 성서를 배포하고 떠났다. 이것이 일본에서 프로테스탄트 선교의 여명이다. 그 후 그를 계승한 선교사가 버나드 장 베텔하임(Bernard J. Bettelheim, 1811-1870)이다.

1853년 일본 개항의 큰 사명을 띤 페리 함대는 일본 본토에 들어가기 전 나하에 입성했다. 여기서 두 사람은 의기투합했고, 경건한 기독교 신자인 페리는 일본 개국을 선교의 문호를 여는 영광스러운 사명으로 생각했다. 결국 이는 1854년 미일 화친 조약을 체결함으로써 결실을 맺었다.

1873년 2월 21일 기독교 금지령이 해제되고, 복음 전도의 자유가 보장되자 프로테스탄트 선교는 본격적으로 시작된다. 일본의 초기 프로테스탄트의 정신적 원류는 세 지역, 곧 에도(도쿄) 근처인 요코하마, 규슈 지역의 구마모토(熊本), 홋카이도의 삿포로라는 세 밴드(일본 초기 프로테스탄트 역사의 중요한 지역을 지칭함)로 정리할 수 있다.

첫째, 요코하마 밴드는 미국인 선교사 새뮤얼 브라운(Samuel R. Brown, 1810-1880)과 제임스 발라(James H. Ballagh, 1832-1920)에 의해 시작되었다. 이 그룹의 대표적 인물인 우에무라 마사히사(植村正久, 1858-1925)는 브라운과 발라의 지도를 받았고, 1873년 16세 때 세례를 받았으며, 오늘날 개신 교회를 대표하는 도쿄에 위치한 후지미초교회(富土見町敎會)를 설립하는 등 각 분야에서 커다란 족적을 남겼다. 후에 이 교회는 일본기독교회(日本基督敎會)라는 전전(戰前) 일본 최대의 프로테스탄트 교단이 되었다.

둘째, 구마모토 밴드는 1871년 구마모토양학교(熊本洋學校) 교장으로 초빙된 미국인 리로이 제인스(Leroy L. Janes, 1838-1909)에 의해 시작되었다. 1876년 1월 30일 일요일, 신앙을 고백한 학생 40명이 구마모토 외곽의 '하나오카야마'(花岡山)에 올리 기도회를 열고 "봉교취의서"(奉敎趣意書)를 낭독하고 35명이 서명했다. 이 일로 인해 제인스는 해임되고 학교는 폐쇄되었다. 많은 학생은 제인스의 조언으로 1875년에 갓 개교한 도시샤(同志社)대학으로 옮겨갔다. 이 학교는 '니지마 조'(新島襄, 1843-1890)의 정열과 사명감에 의해 시작되었다.

구마모토 밴드를 대표하는 '에비나 단조'(海老名彈正, 1856~1937)는 제인스의 영향으로 진보적이고 자유주의적 신앙을 지녔으며, 그리스도론을 둘러싸고 요코하마 밴드 그리고 일본기독교회 지도자인 우에무라 마사히사와 열띤 신학 논쟁을 벌이기도 했다. 그의 신학 사상은 국가주의적 경향이 강했고, 러일전쟁을 정당한 전쟁이라고 칭했을 뿐 아니라 한일합방을 기독교적 인류 동포 정신의 발현으로 여기며 긍정했다. 에비나처럼 구마모토 밴드 사람들은 국가주의적·자유주의적 경향이 강했다. 그들의 많은 수가 일본 조합 교회 교역자가 되었다.

셋째, 삿포로 밴드는 이렇게 시작되었다. 메이지(明治) 정부는 홋카이도를 개척하고자 하였다. 이를 위해서는 인재 육성이 필수라고 생각한 개척사 장관 '구로다 기요타카'(黑田淸隆, 1840-1900)는 1876년 삿포로농학교를 설립했다. 초대 교감으로 특별히 초대된 사람이 미국 매사추세츠 농과대학 학장으로 있던 윌리엄 클라크(W. Clark, 1826-1886)다. 삿포로 밴드는 클라크의 감화로 기독교 신앙을 받아들인 삿포로농학교 1, 2기생들의 그리스도인들 집단에 붙여진 호칭이라고 할 수 있다.

보통 삿포로 밴드라고 하면 1기생보다 오히려 2기생 쪽이 잘 알려져 있다. 그 가운데 잘 알려져 있는 사람은 삿포로 밴드의 대표적인 인물이자 김교신 선생(金敎臣, 1901-1945)의 스승인 '우치무라 간조'(內村鑑三), 제일고등학교(현 도쿄대학 교양학부) 교장 및 국제연맹사무국 차장 등을 역임한 '니토베 이나조'(新渡戶稻造), 세계적인 생물학자 미야베 긴고(宮部金吾, 1860-1951), 유명한 토목공학자 히로이 이사미(廣井勇, 1862-1928) 등이다.

여기서 우리가 주목해야 할 사실은 미우라 아야코는 삿포로 밴드에 속하는 지역 출신으로서 기독교인이 되었다는 사실과, 그녀의 기독교 신앙이 독특한 모습을 보인다는 사실이다. 일본인의 기본적인 심성은 말할 것도 없고, 소위 크리스천이라 자처하는 평신도들이나 삿포로 밴드 출신의 신앙인들과도 명확하게 다른 지점이 존재한다.

소위 가톨릭 작가로 알려진 엔도를 다룰 때 다시 한번 자세히 얘기하겠지만, 엔도는 서구 기독교가 마치 양복을 입은 것처럼 일본인의 몸에 맞지 않다고 보고 가톨릭 신앙이 아닌 아시아적 범신성으로 돌아갔다. 일본의 대표적 신학자로 알려진 우치무라도 성서적(복음적) 신앙에서 벗어나 무사 집안(사무라이) 출신답게 '일본적 기독교'를 수립했다.

우치무라는 일본을 구원할 기독교 복음은 일본인의 심성 안에서 체득된 것이어야 한다고 했다. 따라서 '일본혼'(日本魂)이 전능자의 숨결에 접촉된 바로 그곳에 일본적 기독교가 있다고 보았다. 그가 말하는 '일본혼'은 일본 문화와 전통에 의해 배양되고 형성된 일본인 심성의 이상성(理想性)으로서, 구체적으로는 '무사도'(武士道)를 의미한다.

여기서 문제가 되는 것은 사무라이적 멘탈리티에 입각한 일본인의 심성과 예수의 멘탈리티에 기초한 성서적 기독교는 양립할 수 없는 이질적인 것이라는 사실이다. 이러한 사실을 무시한 채 일본적 심성(무사도)과 성서적 기독교라는 양자가 결합된 '일본적 기독교'(사무라이 기독교)를 제창한 일은 그의 기독교가 예수적이고 성서적인 신앙관에서 빗나간 모습을 보여 준다.

기독교는 본디 사랑과 평화의 복음, 곧 '십자가의 종교'다. 이와 달리 '사무라이 기독교'는 힘(폭력과 전쟁)을 드러내고자 하는 중세 '십자군의 종교'와 같은 모습이다. 이는 예수적이고 성서적인 기독교에 대한 변용이요, 변질이다. 브니엘의 신앙 체험을 하고도 야곱은 여전히 야곱이었던 것처럼(창 32-33장), 우치무라는 속죄 신앙을 통해 회심을 경험했다고 하지만 사무라이 무사도 기질과 단절하지 못한 한계를 여실히 보여 주었다.

우치무라의 동료였던 니토베 이나조는 미국 유학생 출신으로 근대 일본을 대표하는 교육자이자 당대 일본 최고의 지식인이었다.

그는 제일고등학교 교장과 국제연맹사무국 차장을 역임한 독실한 기독교 신자였지만, 제국주의 사상을 기반으로 한 식민지 정책학의 일인자로 일본 지식인 사회의 식민지 조선관에 막대한 영향을 끼친 인물이기도 하다.

니토베는 우치무라, 우에무라, 에비나 등과 함께 초기 일본 개신교의 대표적인 지도자 중 하나였다. 그는 여성을 위한 교육 기관들을 많이 설립하여 일본 근대 여성 교육의 선구자가 되었을 뿐 아니라 '일본 자유주의의 아버지'라고 불리기도 하는 사람이다. 니토베가 일본 5,000엔 지폐의 인물이 되기도 했던 것에서 그가 일본 사회에서 차지하는 위상과 영향력을 짐작할 수 있다.

니토베 이나조의 다양한 경력 중 특히 주목을 끄는 것은 그가 일본 식민지 정책학의 창시자라는 점과 독실한 퀘이커 신도였다는 점이다. 이러한 니토베의 풍모에서 일견 이해할 수 없는 점은 바로 식민지 정책 학자로서의 면모와 퀘이커 신도로서의 면모가 어떤 내면적 구조로 공존할 수 있었을까 하는 점이다.

결국 그는 제국주의적 식민 지배와 기독교 신앙이라는 근본적으로 양립하기 어려운 두 개의 가치를 병존시킴으로써 자가당착에 빠지게 되었다. 니토베는 정체된 야만 사회인 조선을 식민지화하는 것은 궁극적으로 조선에 시혜를 베푸는 도덕적 인도주의라고 인식했다.

니토베는 청일전쟁의 승리로 일본에 대한 서구 열강들의 관심이 집중되던 1899년에 『Bushido』(무사도)를 출간했다. 이 책은 먼저 영어로 써서 미국에서 출판되었다가 일본어로 번역되어 역수입되었다. 이 책이 일본에서 출판되자 한때 '무사도 붐'이 일기도 했다. 니토베는 이 책 속에서 무사도와 서양의 기사도를 비교해 무사도가 일본인의 윤리와 사상의 핵심이라고 설명했다.

일본 기독교의 선각자라고 일컫는 우치무라와 니토베의 '무사도 정신' 강조는 기독교를 '십자가의 종교'가 아닌 '십자군의 종교'로 인식하는 전형을 보여 준다. 기독교 선각자들이 이러했으니 일본 기독교인들의 모습은 어땠을까. 그래서 청일전쟁과 러일전쟁에서의 승리를 일반 불신자들과 똑같이 기뻐했고, 한국의 식민 지배를 하나님의 뜻이라 생각했으며, 일제 말기 일본 정부가 군국주의로 치달을 때 전쟁을 옹호하며 동조하는, '십자가의 기독교'와는 거리가 먼 과오를 범했던 것이다.

아래에서 다시 자세히 다루겠지만 이러한 빗나간 기독교와 달리 미우라 문학은 철저히 복음적이고 성서적인 기독교를 견지하고 있었다. 그리하여 전통적으로 신도(神道)와 불교가 지배하는 일본 땅에서, 그리고 군국주의 시절 천황을 신격화하는 상황 속에서, 가톨릭 신자인 엔도와 달리 개신교도인 아야코는 철저히 유일신교적이고 삼위일체의 기독교 신앙을 견지했다.

3. 미우라 문학에 흐르는 저음(低音)

우리는 앞에서 미우라 문학을 배태한 삶의 자리로서의 세 가지 마이너리티를 살펴보았다. 이 같은 세 가지 부정적이고 불리한 조건에도 불구하고, 오히려 이를 반전시켜 영적 세계(지성소)를 추구하는 '하늘의 문학'을 하게 된 중요한 두 가지 체험이 있었다.

하나는 오랜 질병 생활 속에서도 주변 사람들로부터 많은 사랑을 받고 기독교 신자가 된 하나님의 은혜 체험(Grace Experience)이다. 다른 하나는 크리스천 교사로서 군국주의 시절 아이들에게 잘못된 황민화 교육을 시킨 것에 대한 철저한 반성과 그것으로부터 돌아서는 회개 체험(Metanoia Experience)이다.

1) 주변인들의 사랑과 하나님의 은혜 체험

엔도나 가와바타도 가정적인 문제로, 또는 육체적 질병으로 고통을 당했고, 그것들이 그들의 문학에 큰 영향을 미친 것이 사실이지만 미우라 아야코의 경우는 더욱 심각한 상황에 직면해 있었다. 그녀는 무려 13년간이나 병상에서 식물인간처럼 지내야 했다. 즉 기나긴 질병이라는 이 특별한 케이스는 그녀로서는 하나님의 은혜 없이는 살아갈 수 없다는 깨달음(신앙의 경지)에 이르게 한 동인이라고 말할 수 있다. 이는 그녀의 문학을 이루는 기저 심리에 심대한 영향을 미쳤다.

이 세상에서 아야코만큼 기나긴 세월 동안 온갖 질병을 안고 살다 간 사람은 거의 없을 것이다. 그녀는 1946년부터 1958년까지 무려 13년 동안을 온갖 질병으로 투병 생활을 하였다. 폐결핵을 시작으로 척추결핵, 이어서 중증 대상포진, 직장암, 혈소판 감소증, 파킨슨병 등으로 30킬로그램밖에 안 나갈 정도로 일생을 온갖 질병 속에 살았다.

이러한 고난과 역경을 이겨낼 수 있었던 데에는 주변인들의 각별한 사랑의 도움과 하나님이 함께하신 은혜, 즉 임마누엘의 역사가 있음으로 가능했다. 그래서 그녀는 하나님이 자신에게 주신 질병을 "자신을 편애하기 때문이다"라고 여기면서 감사를 잊지 않았다. "병중의 삶은 마치 보석이 박혀 있는 산과 같다"고 했다. 하나님의 은혜로 질그릇 같은 그릇에 예수 그리스도라는 보배(고후 4:7)를 담자 찬란하게 빛나는 보석 단지가 된 것이다.

오랜 세월 동안 병상에 누워 있고 질병으로 일생을 고생하는 아야코의 곁에는 그녀를 진정으로 사랑한 많은 사람들이 있었다. "장병에 효자 없다"는 말이 있지만, 의사만이 아니라 그의 부모나 형제들도 아야코를 정성을 다해 간호하였다.

또한 아야코는 외할머니의 사랑을 많이 받았다. 아야코가 아플 때마다 외할머니는 달려왔고 옛날이야기와 할머니의 어릴 적 이야기도 많이 들려주었다. 이런 이야기들로 인해 아야코의 상상력은 풍부해졌다.

또한 오빠 셋과 언니가 있었는데, 독서를 좋아했던 세 살 많은 언니 유리코로부터도 많은 영향을 받았다. 아야코는 외할머니와 언니 유리코로부터 문학적 영향을 받았으며, 다량의 독서를 통해 소설가로 준비되어 갔다.

이렇듯 아야코는 대가족들로부터 사랑과 영향을 많이 받았을 뿐 아니라 그녀 곁에는 다수의 사랑하는 친구들과 연인들이 있었다. 이는 어릴 적부터 천애 고아가 되어 살아야 했던 가와바타와는 전혀 다른 배경을 이룬다. 또한 소년 시절 부모의 불화에 따른 이혼을 경험한 엔도의 경우와도 다르다.

이 같은 대조적 배경은 미우라의 문학 세계가 다른 두 작가의 문학 세계와 다르게 전개되는 결정적 동인으로 작용했다. 특히 아야코가 오랜 투병생활로 인한 고통과 허무로부터 일어나, 크리스천 작가가 된 데에는 아래의 세 사람과의 만남이 결정적으로 기여했다.

(1) '마에카와 다다시'(前川正)로부터 받은 사랑

<미우라 아야코 기념문학관> 초대 관장 다카노 도시미(高野斗志美)는 아야코와 마에카와의 재회를 다음과 같이 설명했다. "어릴 적 친구 마에카와 다다시와의 재회는, 홋타 아야코에게 있어서 인생의 방향을 크게 바꾸는 사건이 되었다. 그와의 해후는 홋타 아야코의 삶의 방식을 서서히 변화시켜, 절망에서 일어나 마침내 기독교로 향하게 했다."

패전 후의 공허감과 절망감, 그리고 교단을 떠나온 허전함이 하루가 다르게 아야코의 몸 깊은 곳으로부터 퍼져 갔다. 폐결핵의 발병, 그런 와중에서 니시나카 이치로와의 약혼은 파기되지 않은 채 3년이나 이어졌다. 1949년 6월, 니시나카와 약혼을 파기한 후 주변 사람들에게 상처와 피해만 주는 아무 짝에도 쓸모없는 자신은 차라리 죽는 것이 낫다고 생각했고, 오호츠크(オホーツク海) 해안에서 어두운 바다를 향해 걸어 들어갔다. 그러나 자살은 미수로 그쳤다.

그때 옆집에 살다가 이사를 간 마에카와 다다시를 18년만에 다시 만나게 되었다. 이때 마에카와는 독실한 기독교인으로 홋카이도대학 의학부 학생이었다. 그도 폐결핵에 걸려 휴학 중이었다. 그런데 다다시의 헌신적인 노력으로 아야코는 허무주의에서 벗어났다. 또 그의 희생적인 사랑으로 기독교 신앙이 자라게 되었다.

그렇게 된 결정적 사건의 발생 장소가 바로 슌코다이(春光台) 공원이다. 아사히카와역에서 북쪽으로 10분 정도 자동차로 달리면 슌코다이 공원이 나온다. 거기에는 2014년에 건립된 『길은 여기에』 문학비가 서 있다. 아야코의 자전 소설인 『길은 여기에』에 보면 이런 장면이 나온다.

"어느 날 그(마에카와 다다시)는 나를 슌코다이 언덕으로 데리고 갔다. 싸리 꽃이 많은 그 언덕은 싸리 언덕이라고도 불렸다. 6월도 다 지나 녹음은 뚝뚝 흐르듯 아름답고, 두 사람이 걸어가는 길 앞에 다람쥐가 퍼뜩 굵은 꼬리를 보였다. 뻐꾸기가 멀리서 가까이서 울고 있는 그 언덕은 전에 군대 훈련장이기도 했다. (중략) 내 말에 그는 잠시 아무 말이 없었다. 뻐꾸기가 명랑하게 울고 있었고 하늘은 맑기만 했다. 말없이 마주하고 있는 둘 앞에 개미가 무심히 움직이고 있었다. "이 개미들에게는 목적이 있다". 나는 문득 쓸쓸해졌다. '아야 짱의 말은 잘 알겠어요. 하지만 그렇다고 아야 짱의 지금 같은 삶의 태도를 나는 좋아하지 않아요. 지금의 아야 짱이 사는 방식은 너무 비참해요. 자기를 좀 더 소중히 여기는 삶의 방식을 찾지 않고서는…' 그는 거기까지 말하고 더 이상 말을 잇지 못했다. 그는 울고 있었다. 굵은 눈물이 그의 눈에서 방울방울 떨어졌다. 나는 그것을 빈정대는 눈초리로 바라보며 담배에 불을 붙였다. '아야 짱, 안 돼! 당신 그런 식으로 살다가는 정말 죽고 말아!' 그는 외치듯 말했다. 깊은 한숨이 그의 입에서 새어 나왔다. 그리고 무엇을 생각했는지 곁에 있는 작은 돌멩이를 줍더니 갑자기 자기 발을 내려찍기 시작했다. 나는 깜짝 놀라 그것을 말리려고 하자 그는 내 손을 꽉 붙잡고 말했다. '아야 짱, 나는 지금까지 아야 짱이 용기를 내어 살아 주기를 얼마나 간절히 기도해 왔는지 몰라요. 아야 짱을 살리기 위해서라면 내 목숨도 아깝지 않다고 생각했을 정도예요. 하지만 믿음이 약한 나로서는 당신을 구할 만한 힘이 없다는 것을 알았어요. 그래서 힘없는 나를 벌주기 위해 나에게 채찍질하고 있는 거예요."

생각지도 못한 그의 이런 행동은 단순한 남녀의 감정에서 나온 것이 아님을 아야코는 확실히 알았다. 그의 마음은 그녀를 소중한 한 인간으로서 사랑하고 강하게 살아 주기를 바라는 한결같은 마음이었다. 다다시가 자기의 발을 내리찍는 모습을 보고, 그 등 뒤에서 아야코는 한 줄기 빛을 보았다. 그 신비로운 빛은 어쩌면 그가 믿는 그리스도의 빛인 것일까... 지금까지 반발만 해왔던 그녀는 문득 그가 믿는 그리스도에 대해 알고 싶은 생각이 처음으로 들었다. 그때부터 진심으로 살아가기 시작한 아야코에게 다다시는 무엇과도 바꿀 수 없는 존재가 되었다.

교회에 다니면서도 하나님을 믿지 않았던 아야코를 그는 따뜻하게 받아 주고 지켜 주었다. 그리고 그녀의 방탕했던 삶에 비난의 화살을 던지는 사람들로부터 방패막이가 되어 주었다. 이렇게 해서 혼돈 속으로부터 아야코는 조금씩 살아가는 의미를 느끼기 시작했다. 그로부터 2년 후인 1954년 5월 2일, 마에카와 다다시는 생을 마감했다. 만 34세의 짧은 생이었다.

무엇보다도 하나님 앞에서 성실하게 살아가며 아야코에게 삶의 의미를 가르쳐 준 누구보다도 소중한 사람, 그 다다시는 아야코가 희망을 두고 살아가는 사람으로 변하는 것을 보며, 마치 자신의 역할을 다 마친 듯이 천국으로 돌아갔다. 아야코는 다다시가 유언과도 같이 남긴 "어떤 일이 있어도 살아야 한다"는 말을 붙잡고 살아가지 않으면 안 되었다. 아니, 그의 뜻을 받들어 죽은 그의 몫까지 살 수 있는 한 살아가자고 결심했다.

(2) '니시무라 규조'(西村久藏)로부터 받은 사랑

아야코는 1952년 2월 척추카리에스 의심이 커지면서 삿포로의 과대학 부속병원에 입원했는데, 이때 마에카와 다다시가 니시무라 규조에게 엽서를 보냈다. 니시무라는 당시 400-500명 정도 모이는 삿포로기타이치조교회(札幌北一条敎會, 1890년 4월 19일 개척)의 장로였고, 몇백 명의 사원을 거느린 제빵회사 사장으로, 삿포로역 앞에 제과점과 다방과 식당을 경영하고 있었다. 바쁜 스케줄 가운데 금요일과 토요일은 요양소와 병원을 방문해 환자들을 위문하고 병실에서 성경 강연을 하였다.

1952년 3월, 마에카와의 엽서를 받은 니시무라는 아야코를 문병했고 아야코는 5월에 척추카리에스 진단을 받았다. 니시무라는 아야코를 방문하고 위로하면서 성경을 가르쳤다. 1952년 7월 5일 삿포로의과대학 부속병원 입원실에서 아야코는 병상 세례를 받게 되는데, 이때 니시무라는 세례 물 그릇을 들고 입회했다. 병상 세례는 니시무라의 입회 하에 삿포로기타이치조교회 오노무라 린조(小野村林藏) 목사의 집례로 거행되었다. "훗타 아야코, 성부와 성자와 성령의 이름으로 세례를 주노라. 아멘." 아야코는 오노무라 목사의 기도에 울었고 니시무라도 기뻐서 감격의 눈물을 흘렸다.

그런데 1953년 7월, 니시무라는 아야코에게 세례 1주년 축하 엽서를 보낸 며칠 후인 7월 12일, 갑자기 급서했다. 이 소식을 접한 아야코는 어린아이처럼 큰 소리로 울었다. 아야코는 병실에서 장례식 상황을 전해 들었다. 조문객이 800여 명이었고 누구 하나 울지 않는 사람이 없었다.

아야코는 『길은 여기에』에서 니시무라 장로님이 얼마나 사람들에게 존경받는 기독교인이었는가를 새삼스레 생각했다고 술회하고 있다. 니시무라는 말로만 그리스도를 전하고 말로만 사랑하지 않았다. 그는 그리스도의 사랑을 삶으로 실천했다. 그 사랑은 많은 사람의 가슴속에 뿌려져 싹이 나고 자라 결실을 맺었다. 아야코는 니시무라의 생애 중 어느 곳을 잘라도 사랑이라는 글자가 떠오른다고 했다.

(3) '미우라 미쓰요'(三浦光世)로부터 받은 사랑

아야코는 세례를 받은 후 니시무라의 갑작스런 죽음, 그리고 사랑하는 친우 마에카와 다다시의 죽음으로 절망적인 시간을 보내고 있었다. 이때 다다시와 많이 닮은 미우라 미쓰요(1924년생, 도쿄 출신)가 나타났다. 당시 홋카이도에는 기독교인들의 교우지(交友誌)인 <무화과>가 있었다. 전국의 결핵 요양 환자, 사형수, 목사 등이 감상문을 기고하고 소식을 주고받는 역할을 하였는데. 아야코도 그 회원이었다. 1955년 2월경에 아사히카와에 사는 미우라 미쓰요라는 사람의 편지가 <무화과>에 실렸다.

처음에 아야코는 이 사람도 사형수 가운데 한 사람이라고 생각하면서 미쓰요(光世)라는 그의 이름을 보고 참으로 좋은 이름이라고 느꼈다. <무화과>를 직접 편집하고 등사판을 긁어 제작하던 스가와라 유타카(菅原豐)는 미쓰요에게 아야코의 문병을 엽서로 부탁했다. 스가와라는 '미쓰요'라는 이름을 여성으로 지레짐작해 아야코의 문병을 부탁했던 것이다. 미쓰요는 3주간 망설이다가 1955년 6월 18일, 아야코의 자댁 병실을 방문했다.

미쓰요를 처음 만난 아야코는 1년 전에 죽은 마에카와와 너무 닮아 깜짝 놀랐다. 조용한 말투나 표정, 성실한 크리스천인 것, 취미까지 닮아 있었다. 미쓰요는 태어나면서부터 몸이 약해 임파선 결핵을 앓았으며, 신장 결핵으로 한쪽 신장을 적출하였고, 게다가 방광 결핵에 걸려 죽음을 넘나들며 살아온 경력의 소유자였다. 아픈 사람의 심정을 누구보다도 잘 아는 사람이었다. 이렇게 미쓰요와 아야코의 만남은 시작되었고, 세 번째 문병 때 다음과 같은 일이 발생했다.

"내가 세 번째 문병을 갔던 1955년 8월 24일, 이날 그녀는 나에게 '미안하지만, 나를 위해서 기도해 주시겠어요?'라고 말했다. 그녀에게는 무엇이든 남에게 솔직하게 요청하는 것이 있었다. 나는 바로 그 요청에 응해 소리 내어 기도했다. '전능하신 하나님, 당신의 뜻이라면 그 능력으로 이 홋타 씨의 병을 고쳐주시고 병상에서 일어나게 해 주십시오. 만약 필요하시다면 저의 생명을 거두셔서 이 홋타 씨에게 주신다 해도 좋습니다.'"

아야코는 이 기도에 크게 감동했다. 이어서 아야코가 좋아하는 성경 구절을 읽어달라고 하자 요한복음 14장 1-3절을 읽어 주었다. 그리고 계속해서 찬송가를 불러달라고 해서 미쓰요는 미성으로 노래했다. "내 주를 가까이 하게 함은 십자가 짐 같은 고생이나 / 내 일생 소원은 늘 찬송하면서 주께 더 나가기 원합니다." 아야코는 천국에 대한 확실한 소망으로 삶을 걸어가고 있는 미쓰요의 신앙에 감동했다. 각자 생사의 갈림길을 체험하고 언제 죽음을 맞을지 알 수 없는 두 사람은 어딘가 통하는 데가 있었다.

이후 미쓰요는 한 달에 두세 번 아야코를 방문하고 편지를 주고

받다가 교제하게 된다. 아야코는 미쓰요와의 만남과 교제 4년여 만에 점점 병세가 호전되고 기적적으로 완치되었다. 1959년 1월 25일 약혼식을 하며 성경을 교환했다. 5월 24일, 나카지마 마사아키 목사의 주례로 아사히카와로쿠조교회당에서 결혼식을 올렸다. 그래서 홋타 아야코는 '미우라 아야코'가 되었다.

아야코가 미쓰요를 알기 전에 그녀에게는 두 명의 약혼자(니시나카 이치로와 T)가 있었다. T는 약혼한 지 2년 후에 결핵으로 죽었다. 니시나카와는 1949년 6월에 약혼을 파기했다. 두 약혼자와의 결혼은 불발로 끝나고 미쓰요와 만나 사랑하고 결혼(1959년, 37세)에 이른 것은 하나님의 깊은 섭리가 아닐 수 없다.

병상에 누워 있는 연상의 환자를 4년 동안 아무 조건 없이 사랑하고 결혼에 이를 때까지 미쓰요가 보여 준 모습은 그야말로 감동적인 순애보(殉愛譜)가 아닐 수 없다. 나아가 죽을 때까지 허약한 몸으로 문학의 길을 가는 아내를 위해 자신을 버리고 헌신적으로 간호하고 속기사로 일했던 미쓰요의 삶은 진정한 사랑을 온몸으로 보여 주었다.

2) 크리스천 작가로서의 분명한 자기 정체성

여기서 한 가지 주목해야 할 사실은, 같은 기독교 작가지만 가톨릭 작가 엔도 슈사쿠와 개신교 작가 미우라 아야코의 모습은 상당히 달랐다는 점이다.

엔도는 11살 때 자기 의사와 관계없이 어머니의 권유에 의해 세례를 받았고, 일생을 자기 몸에 맞지 않는 서구 기독교의 옷을 입었다는 것으로 인해 고뇌하며 살았다. 그러면서도 어머니의 뜻을 저버릴 수 없어서 가톨릭에 남아 있었다. 그러면서 그는 성서에 나오는 하나님 아버지의 사랑을 느끼지 못하고 무의식적으로 하나님을 강압적인 아버지의 모습으로 생각했다.

그리하여 마리아를 숭배하는 가톨릭처럼 기독교를 '어머니의 종교'로 대체했다. 이는 성서가 말하는 '아버지의 종교', 즉 탕자를 사랑하여 기다리는 아버지, 주기도문과 고별 설교에서 아버지께 기도하시며, '아버지와 아들은 하나'(요 10:30)라고 하신 예수의 모습과는 상당히 거리가 있는 모습이다. 가톨릭 작가라고 하지만 엔도는 성서적, 복음적 기독교와는 상당히 거리가 먼 빗나간 모습을 보여주고 있다. 즉 성경을 자기가 읽고 싶은 대로 읽었지, 성경이 본래 말하고자 하는 바를 겸허하게 듣고 순종하지 않았다.

이와 달리 아야코는 오랜 기간 병상에 있었지만 여러 신앙의 남자들로부터 분에 넘치는 사랑을 받으며 기독교에 입문했고, 세례를 받았고, 많은 교인들의 축복을 받으며 결혼했다. 그러면서 하나님의 사랑과 은혜를 철저히 체험했다. 그리하여 그녀는 철저히 성서적이고 복음적인 기독교 작가로 흔들림 없이 일생을 경주했다. 또한 아야코는 『구약성서 입문(舊約聖書入門)』(1974), 『신약성서 입문(新約聖書入門)』(1977)을 집필할 정도로 성경에 깊은 관심이 있던 기독교 작가였다. 이에 대해 출판사 <광문사 문고>는 이렇게 말한다.

"영원한 베스트셀러라고 일컬어지는 성서이지만 이것은 기독교의 교전(教典)으로 문학이나 역사책과는 다르다. 그래서 공부하는 것과 같이 객관적으로 읽는 방법보다는 크리스천은 어떻게 성서를 읽고 어떻게 믿을

까를 물어보는 것이 빠르고 정확하다고 생각한다. 자신의 사는 모습을 손에 들고 읽는다고 하는 미우라 아야코의 성서 안내서는 그런 의미에서 권할 만한 책이다. 말하자면 성서는 미우라의 문학적 소재가 되는 책인 이유로 미우라적 흥미를 통해서 보면 성서가 이렇게 재미있구나 하고 느낄 수 있는 것이다. (중략) 어떤 사람이라도 일생에 한 번이나 두 번 정도 신음하는 슬픔이나 괴로움을 만나게 될 것이다. 만약 성서를 알고 있다면, 그 괴로움이나 슬픔은 그 사람에게 있어서 단순한 괴로움이나 슬픔에 그치지 않고 새로운 의미로 변모할지도 모른다. 성서는 이천 년간, 쇠퇴하는 일 없이 계속 읽혀져 왔다. 이것은 역시 놀랄 만한 일이다. 그 책이 도대체 무엇을 말해 왔는지 겸허하게 읽어 두면 결코 손해는 없을 것이라는 생각이 든다."

(1) 패전에 따른 충격과 회개 체험

크리스천 작가로서의 분명한 자기 정체성을 형성하는 데 중요한 계기가 된 것은 1945년 8월에 있었던 태평양전쟁에서의 일본의 패망이었다. 그 시절 아야코는 평생의 천직으로 여기며 아이들을 좋아했던 초등학교 교사였다. 그런 그녀에게 패전 소식은 사상과 신념에 대한 일대 혼돈을 가져다주었다. 그리하여 그녀는 교사직을 자진 사퇴하였다.

자전 소설인 『길은 여기에』에 이어 또 하나의 자전 소설인 『돌멩이의 노래』는 고등여학교에 입학한 쇼와(昭和) 10년(1935)부터 초등학교 교사로서 패전을 맞아, 결핵이 발생하기까지의 13년간의 이야기를 담고 있다. 『돌멩이의 노래』는 한마디로 자기 단죄의 글이다. 젊은 시절의 잘못을 고백하지 않고서는 견딜 수 없는 사명감이 행간으로부터 우러나온다. 거기에는 그녀가 살아온 시대가 생생하게 전해져 온다.

"나중에 어른이 되면 여러분들도 나라를 위해 죽는 거예요." 홋타 아야코는 사랑하는 학생들에게 전쟁에서 죽으라고 말하는 것에 어떤 모순도 느끼지 않는다. "천황 폐하께 도움이 되는 국민을 키운다"라고 하는 사명감과 자부심으로 마음이 불타고 있었기 때문이다. 그러나 패전 후, 7년의 교사 생활에서 가르쳐 왔던 '진실'은 돌연 뒤집혔다. 어리석고 경박하고 외골수였던 청년 시절을 반성하고 자신이 경험한 군국주의 시대의 실상과 참상을 알리기 위해 『돌멩이의 노래』를 집필했다. 그 책의 한 부분을 소개해 보자.

"문득 내가 길가의 작은 돌멩이처럼 여겨졌다. 아니 그것은 나뿐만 아니다. 동시대에 살았던 많은 사람들의 모습이다. 돌멩이는 밟히고 차여도 아무도 돌아보지 않는다. 아무리 한마음으로 살려고 해도 결국은 길가의 돌에 불과하다. 나는 내가 차여서 하수구 안에 빠진 작은 돌멩이라고 생각했다. 돌멩이인 내 청춘은 얼마나 어리석고 경박하고 외곬길과 같았던가. 나는 지금도 돌멩이임에는 변함이 없다. 하지만 다행히 나는 성경을 알았다. 그리고 성경 안의 다음 성구를 알게 되었다. '만일 이 사람들이 침묵하면 돌들이 소리 지르리라 하시니라'(눅 19:40). 제자의 입을 막으려고 했던 사람들에게 그리스도가 대답한 말씀이다. 그래서 나는 이 책을 썼다. 하찮은 돌멩이 또한 노래하는 존재임을 사람들에게 알리고 싶어서. 그리고 모든 돌멩이를 눌러 부수는 불도저 같은 권력의 비정함을 알리고 싶어서."

『돌멩이의 노래』는 당시의 일본 정세를 이렇게 언급하고 있다.

"내가 여학교 3학년인 1937년은 6월에 제1차 고노에 내각(近衛內閣)이 성립되고 7월에 루거우차오(盧溝橋) 사건으로 중일전쟁이 일어나 난징(南京) 점령이 있었던 해였다. 세계를 떨게 한 난징 대학살조차 종전(終戰)할 때까지 대부분의 일본인이 모르는 일이었고 전쟁은 정말 먼 나라에서 일어나고 있는 사건에 지나지 않았다. 당시 『국체의 본의(國體の本義)』(1937)라는 책이 국민 교육의 책으로 폭넓게 읽혔다. 천황이 현저하게 신격화되어 그 천황에게 목숨을 바치는 것을 영광으로 하는 교육이 이뤄지는 것을 우리는 아무런 저항도 없이 받아들였다."

여기서 '국체'(國體)는 곧 '천황제'를 말한다. 단지 '천황'이 존재하는 제도가 아니라 그 천황은 '만세일계(萬世一系)의 천황'이며 '살아 있는 신'으로, 그런 천황이 일본을 세세 대대로 통치한다는 사상이다. '일본은 천황의 국가'라는 것을 명백히 하고 그에 따른 철저한 국민 정신을 창출하려는 목적으로 편찬된 책이 『국체의 본의』다.

당시 교육은 천황을 신격화하고 천황을 위해 목숨을 바치도록 하는 것이 주된 목적이었다. 아야코는 열일곱 살에 소학교 교사가 되었다. 일본은 전쟁 중으로 한결같이 군국주의에 물들어 가던 시기였다. 전쟁은 성전(聖戰), 천황을 현인신(現人神), 즉 살아 있는 신으로 믿고 있었다. 아무리 전쟁이 불리해도 반드시 가미카제(神風)가 불어서 적을 일소할 것으로, 또 "너희들은 나라를 위해 목숨을 바쳐야 하는 거야. 특히 남자는 커서 천황 폐하를 위해 죽어야 해"라고 아야코는 학생들에게 가르쳤다.

아야코는 그동안 신봉하여 지도했던 군국주의 교육의 잘못을 깨달았다. 사랑하는 아이들에게 잘못 가르쳤다는 죄책감에 시달려 1946년 3월에 교사를 사직했다. 사직을 결심한 결정적인 이유는 바로 '교과서 먹칠 사건' 때문이었다. 이 사건은 1945년 9월 패전 직후 교사의 지도에 따라 학생들에게 교과서에 있는 군국주의나 국가주의를 찬양하는 문장 혹은 민주적이지 않다고 판단되는 문장을 검게 칠하게 한 일을 말한다.

(2) 일본인의 종교 의식과 천황교(천황제 이데올로기)

일본과 한국의 차이점을 이해하는 열쇠는 '힘(力)과 도(道)에 있다'고 말할 수 있다. 여기서 힘은 '강함과 약함의 문제'이고, 도는 '옳고 그름의 문제'이다. 선비의 나라 한국은 붓의 나라이기에 명분이 중요하다. 강자라 하더라도 옳지 않으면 따를 수 없다. 그래서 분파가 생기고 분열하고 싸우는 것이다. 조선시대의 당쟁도 이와 무관하지 않다. 그리고 종교에 있어서도 계속 무수히 많은 교파로 분열하는 것도 한국인이 지닌 이 같은 도에 기초하고 있기 때문이다.

이와 달리 사무라이(侍)의 나라 일본은 칼의 나라이기에 힘을 가진 강자가 모든 것을 좌우한다. 그래서 살아남기 위해서는 철저히 강자 편에 서야 한다. 약자 편에 서는 것은 곧 죽음을 자초하는 짓이다. 무조건 강자 편에 서야 한다는 인식에서 비롯된 것이 일본의 집단주의(획일주의)로 나타나는 것이다. 그래서 자민당 정권이 쉽게 바뀌지 않는 까닭도 힘을 가진 강자로 존재하기 때문이다. 이는 종교에 있어서도 그대로 해당한다.

일본은 기본적으로 전통 종교인 신도(神道)와 불교가 지배하는 나라이다. 여기에 서구 기독교(이방 외래 종교)라는 가톨릭이 일본에 전해졌다. 처음에는 일본 위정자들이 서구의 앞선 기술 문명을 필요로 해서 전교를 허용했다. 하지만 가톨릭이 급속하게 성장하자 이것이 정권의 위협이 된다고 생각한 위정자들은 가톨릭 탄압에 들어갔다. 그리하여 숨은 그리스도인(가쿠레 기리시탄)이 있기는 하지만 일본 땅에서 기독교는 에도 막부까지 자취를 감추고 말았다.

그러다가 19세기 말엽 서양 세력이 물밀 듯 밀려오자 개방을 하지 않을 수 없었고 결국 기독교 금지령을 해제하면서 가톨릭만이 아니라 프로테스탄트가 일본에 들어오게 되었다. 그런 상황에서 서구 기독교가 일본 정신을 대체할 것이라는 정체성의 위기를 느낀 위정자들은 기독교의 대응물로써 민족적 규모의 의식 통합이 필요하다고 느꼈다. 그리하여 나온 것이 전통 종교인 신도(神道)에 일본인의 정신적 지주인 천황을 결합시켜 '천황제 이데올로기'(천황교)를 만들어냈다.

그리고 메이지 정부는 '메이지 헌법'(대일본제국헌법)을 1889년 제정 반포하면서 덴노(천황)가 국민에게 하사하는 형식으로 공포하였다. 메이지 헌법은 권력분립을 채택했지만 "덴노는 신성하여 범할 수 없다"고 규정함으로써 신권적 절대성을 지닌 전제적인 성격을 보였고, 입헌군주제임에도 불구하고 덴노는 신격화되었다. 이제 덴노의 의사만으로 전쟁 개시와 국회 해산이 언제든지 가능할 정도로 덴노만 내세우면 무엇이든 가능하게 되었다.

메이지 유신(1868) 이후 천황교(天皇敎)의 확립은 일본을 일사불란한 단결과 결속력을 지닌 국민국가를 형성하였지만 이것이 군국주의(제국주의)가 되면서 천황에 의해 모든 것이 결정되는 가장 위험한 국가로 전개되었다.

이런 상황에서 마이너리티에 속한 기독교의 길은 일본 사회에서 엔도도 말했지만 옥토밭이 아니라 진흙밭의 길이 아닐 수 없었다. 일본에는 8백만의 신(神)이 있다는 말이 있듯이, 자신들이 믿는 신에다가 예수 하나 더 믿는 식의 혼합주의 신앙은 일본에서 그리 문제가 되지 않는다.

더욱이 일제 말기 제국주의 일본은 중일전쟁(1937)과 태평양전쟁을 일으키면서 천황에 대한 숭배를 더욱 강요하였다. 기독교회조차도 삼위일체적(혹은 유일신교적) 기독교가 아니라 천황과 함께 예수를 믿는 혼합주의 종교로 변형되어 간 것은 자연스러운 일이었다. 그러니까 천황 중심의 일본이라는 나라에서 오직 예수께만 충성하고 영광을 돌리며, 그분만을 예배하는 온전한 그리스도인으로 살아간다는 것은 그야말로 고난을 자처하는 길일 수밖에 없었다.

메이지 유신 이후 많은 일본인들이 서구로 유학을 가서 기독교를 접했고, 일본에 들어온 기독교에 대해 많은 문인들이 관심을 표했다. 그런데 다수의 문인들은 얼마 후 기독교를 버리고 일본인의 심성으로 돌아갔다. 엔도도 그 중의 한 사람이다.

그런데 일본인의 일반적인 종교심과 달리 아야코는 참다운 성서적이고 복음적인 삼위일체적(유일신교적) 독실한 기독교 신자로 살아갔고, 문학을 통로로 하여 이를 증거하는 데 일생을 바쳤다는 사실은 하나님의 크신 은혜였다.

(3) 천황교에 대한 저항과 고발의 문학

일본이라는 삶의 자리에서 영성의 문제는 곧 천황의 문제와 직결된다. 천황이라는 현인신(現人神)에 대해 어떤 자세를 취하느냐 할 때 이는 이 문제를 놓고 철저한 씨름을 할 정도로 고뇌하느냐 하는 문제이다.

미우라 문학을 '그리스도 복음 증거의 문학'이라고 할 때 이를 역으로 말하면 '천황교에 대한 고발과 저항의 문학'이라고 말할 수 있다. 엔도나 가와바타와 결을 달리 하면서 영적 세계를 추구해 간 미우라 문학의 진수가 여기에 있다.

패전 이후 일본인 저변에 깔려 있던 자포자기나 절망하는 분위기를 넘어 해결책의 근본 문제에 대해 성역을 두지 않고 처절하게 맞서는 자세가 작가들 가운데 얼마나 있었는가. '쇼와 시대'(1926.12.25-1989.1.7)라는 동시대를 살았던 작가 3인 가운데 가와바타와 엔도는 천황 문제에 대해 일체 언급을 하지 않았다. 이에 반해 아야코는 천황 문제를 철저히 다루고 있다는 점에서 그가 '영에 속한 사람'임을 간접적으로 알 수 있다.

미우라 문학의 마지막 작품인 장편 소설(원고지 1,600매) 『총구』(1994)는 미우라의 작품 중 최고이자 최후의 걸작품이라고 할 수 있다. 쇼와 시대를 배경으로 군국주의 체제 하에서 벌어진 사건을 다룬 작품으로 쇼와 시대를 살아온 모든 사람들에게 삶을 재정립하고 반성하는 계기를 바라며 집필한 책이다.

파킨슨병을 앓는 가운데 마지막 생을 불태우며 집필한 이 책의 목적은 우상의 나라에 복음을 심어 주고 물질의 풍요로 뒤틀린 현대인에게 인간 삶의 참된 가치와 진실함을 보여 주고자 하는 데에 있었다.

이 책은 전시 상황에서 평범한 일상이 파괴되는 것은 물론이거니와, 학교 교육이 비정상적으로 왜곡되고, 천황(봉안전)에 대한 참배, 국가총동원법에 의한 언론의 통제(사상 통제), 많은 젊은이들이 천황에 충성해야 한다는 명목으로 만주를 비롯한 동남아 전선에서 비참하게 죽어 간 이야기를 기술한다.

그리고 패전을 전후로 한 집단 자살극이나 원자폭탄 투하에 의해 무수히 많은 이들이 죽어가고, 식량난으로 고통을 겪었던 이야기들이 생생하게 그려지고 있다. 아야코가 이 책을 통해 말하고자 하는 핵심은 모든 문제가 천황으로 인해 빚어진 일이기에 천황을 어떻게 볼 것인가 하는 데 있다. <소화관 문고>는 소설 『총구』에 대해 이렇게 말한다.

다이쇼(大正) 천황이 서거하여(1926), 쇼와 시대로 변해가는 일본, 10세 소년 기타모리 류타(北森龍太)는 천황의 '장례식'을 쓴 작문이 슬픔이 느껴지지 않는다는 이유로 선생님으로부터 매를 맞는다. 당시 천황은 외경스러운 존재로서, 천황을 최고로 여기는 마인드 컨트롤은 어린 학생들에게까지 영향을 미쳤다. 그러던 중, 류타는 자유롭고 인간미 넘치는 담임 사카베(坂部) 선생을 만나, 마음으로부터 그를 존경하며 교사가 되기를 꿈꾼다. 군국주의가 휘몰아치는 초등학교에서 교사가 된 류타는, 아이들의 동심에 물들어 그들에게 성실하고자 애쓴다. 그러던 그가 어느 날 돌연히 사상범이라는 의혹을 사게 돼 투옥된다. 이것이 '홋카이도 작문 교육 연맹 사건'으로 50명이 넘는 교사가 치안 유지법 위반 혐의로 일제히 검거된 사건이다. 류타의 모델이 된 사람들 또한 사상범으로 지목되어, 교단에서 쫓겨난다. 석방 후, 겨우 다시 일어선 류타에게 날아온 빨간 종이. 결혼을 눈앞에 두고 이번에는 전장으로 보내진다. 만주에서 종전을 맞은 그는 도망 중, 항일 조선인 그룹에 붙잡혀 총구가 겨눠진다. 특고의 고문과 전장에서의 병사의 만행은 구토를 일으킬 정도로 쇼킹한 일이었다. 그러나 그것 이상으로, 개인을 지켜야 할 권력이 개인을 유린하고 이용하고 죽인거나 마찬가지라는 사실에 말할 수 없는 공포를 느낀다. 류타는 성실하게 살아왔고, 소박하게 미래를 믿었다. 그런데 돌연 그 모든 것을 잃었다. 인간은 시대 앞에서 이 정도로 무력한 것일까. "류타, 너는 어리지만 인간으로서 살아가는 거야." 고문을 참아내는 사카베 선생의 말이었다. 일본 역사 중 쇼와사는 항상 수업에서 빠져 있었다. 학년말에 공부하기 싫은 때 나오거나 테스트에는 별로 나오지 않는다. 자신이 태어난 이 시대를 다 알지 않으면 안 된다. 『총구』를 읽고 더욱 그렇게 생각했다. 필자인 나는 이 책을 통해 아야코가 하고자 하는 마지막 말은 이것이라고 생각한다. "요시코, 결국 천황은 국민들 앞에, 그리고 전 세계의 사람들 앞에서 자신은 인간이지 신은 아니라고 분명히 말한 셈이야."

『해령(海嶺)』(상·하)은 아야코가 병약한 몸으로 여러 국내외 취재 여행을 하면서 집필한 역사 소설이다. 1977년 4월 홍콩과 마카오를 비롯한 국내 여행, 1978년 5월에 2차 취재 여행에서는 프랑스, 영국, 캐나다, 미국을 여행했다. 이 소설은 지리적으로 세계 일주에 해당하고, 시대적으로는 덴포(天保) 시대(1830-1844)를 다룬다.

또 내용적으로는 선원들의 생활과 선박 구조와 표류 등을 다루는데, 이는 집필하기 매우 어려운 작업을 요했다. 1981년 4월에 『해령(海嶺)』을 아사히신문사에서 간행했다. 이 책에 이런 말이 나온다. "진짜라고 하는 것은 하나다. 이것도 저것도 된다고 하는 것은 진짜 신앙이라고 말할 수 없다고 생각한다."

한편, 일생을 병마와 싸우며 문학의 길에 정진한 미우라 아야코에게 있어서 기독교는 어떤 의미를 지닐까. 그녀의 기념문학관 안 벽면에 <원죄(原罪)>라는 제목의 글 아래에 미우라 아야코가 남긴 글이 있다. 한글로 옮기면 이렇다. "내가 절망하지 않고 살아올 수 있었던 것은 '그래도 내일은 온다'라고 하는 희망이 있었기 때문이다. 그것이 어떤 내일 일지는 모른다 할지라도 어쨌든 하나님께서 내게 주시는 내일일 것이다. 그렇게 생각하니 용기가 났다." 그녀에게 있어서 기독교는 '살아갈 희망과 용기'였다.

그녀를 일약 신데렐라로 떠오르게 한 작품 『빙점』은 형식상으로는 로맨스 소설이지만, 이면에는 인간의 원죄에 대한 구원을 깔고 있다는 점에서 기독교 문학에 속한다. 특히 이 소설은 심리묘사가 정밀하고, 플롯 전개가 자연스러우며 끝까지 긴장감을 갖게 하는 소설이다.

이 소설은 모든 등장인물들이 용서, 즉 "너는 원수를 사랑하라"라는 9글자로 된 예수님의 말씀을 제대로 실천하지 못하는 데서 오는 갈등과 비극을 그리고 있다. 그런 점에서 나는 이 소설을 '원죄 소설'이라고 말하고 싶다. 주인공 요코가 유서를 통해 한 마지막 말을 여기에 옮겨 본다.

"지금까지 성실하게 살아온 요코의 마음에도 '빙점'이 있었다는 것을! 제 마음은 얼어 버렸습니다. 유감스럽게도 저는 살아갈 힘이 없어졌습니다. 얼어 버렸습니다. 아버지, 어머니, 모쪼록 루리코(ルリ子) 언니를 죽인 제 친아버지를 용서해 주세요. 지금 이 글을 쓰는 순간 '용서'라는 말에 섬뜩함을 느꼈습니다. 저는 지금까지 이토록 남에게 용서를 빌어야겠다

고 생각한 적은 없었습니다. 그렇지만 지금 '용서'를 빌고 싶습니다. 아버지 어머니께, 모든 세상 사람들에게 저의 핏속에 흐르고 있는 죄를 분명히 '용서한다'고 말해주는 권위 있는 존재가 있었으면 좋겠습니다."

결국 이 소설은 모든 인간은 죄인이며, 하나님의 용서 없이는 구원받을 수 없는 존재라는 것을 처절하게 증언하는 소설이자 미우라 아야코가 내뱉는 '절규의 문학'이라고 말할 수 있을 것이다.

4. 예수 그리스도는 지성소(영적 세계)로 가는 길

<미우라 아야코 기념문학관>에 들어가 보면 "빛과 사랑과 생명"(ひかりと愛といのち)이라는 글자가 새겨진 액자를 볼 수 있다. 또한 미우라 아야코의 자전 소설인 『길은 여기에』 첫 페이지에 "예수께서 이르시되 내가 곧 길이요 진리요 생명이니"(요 14:6)라는 말씀이 쓰여 있다. 이는 아야코가 요한복음에 깊이 경도된 모습을 시사한다. 아야코가 제목으로 삼은 '길'은 자신이 가야 할 올바른 길이 바로 길 되신 예수께 있음을 간파한 놀라운 신앙고백이 담겨 있다고 할 수 있다.

『길은 여기에』의 그 제목은 신약성서 요한복음 14장 6절의 '나는 길이요, 진리요, 생명이다'라는 말씀에서 따온 것이다. 그녀의 저서 「태양은 다시 지지 않고」가 구약성서 이사야서 60장 20절에서 따온 것임과 아울러 생각하면 흥미롭다.

저자는 구약성서를 맨 처음 읽던 때의 놀라움을 "혼이 빠져나가는 것 같았다"고 회상하고 있다. 병상에서 허무주의에 빠진 '나'에게 마에카와가 구약성서의 전도서를 읽어 보라고 권하는 장면이다. 그때 이래 구약성서는 미우라 문학을 배양해 준 중요한 토양이 되었다.

『빙점』이 매일 밤 부군과 더불어 구약성서를 계속 읽어 내려가면서 쓰인 작품임을 안다면 이 말이 수긍이 갈 것이다. 그것이 『길은 여기에』에 이르러서는 신약성서로 옮겨지는데, 이것 역시 사실은 마에카와가 그녀에게 한 말에 유래하고 있다.

"아야코 씨, 인간에겐 한 사람 한 사람에게 주어진 길이 있는 법이에요." 어조는 차분하지만 이 차분한 어조로 한 말이 『길은 여기에』의 주제가 되고 있다. 그것은 작품 구석구석까지 조용히 스며들어 있어서 한 사람 한 사람의 생애가 아무리 힘겹고 견디기 어려운 것이라 할지라도 그 가운데에 '길'은 있는 법이라고, 작가 자신의 가혹한 생애를 예로 들어가면서 우리 독자들에게 드러내 주고 있다.

아야코는 오랫동안 병상에 누워 위(하늘)를 바라보면서 빛이 하늘에서 내려온다는 사실과 그 빛을 선물로 주신 하나님의 사랑을 알게 되었고, 그 빛과 사랑 속에 생명이 깃들어 있음을 깨달았다. 아야코는 '빛과 사랑과 생명'의 복음서인 요한복음을 몸으로 체득하게 된 것이다. 요한복음 1장 4-9절에는 '빛'이라는 말이 일곱 차례나 나타나는데, 1장 4절에는 "그 안에 생명이 있었으니 이 생명은 사람들의 빛이라"고 말씀하고 있다.

요한복음 1장 1-3절은 태초에 말씀(로고스)이 계셨는데, 이 말씀은 하나님이시며, 이 말씀은 만물이 지음을 받을 때 하나님과 함께 계신 '창조주 하나님'이라고 언급하고 있다. 요한복음 1장 14절은 이 말씀이 육신이 되어 우리 가운데 거하신 분으로, 이는 곧 성 육신하신 독생자 예수 그리스도를 일컫는다.

또한 '복음 중의 복음'인 요한복음 3장 16절은 하나님 아버지께서 이 세상을 사랑하사 독생자 예수 그리스도를 이 세상에 보내셨는데, 그를 믿는 자마다 영생을 얻게 해 주신다고 말씀하고 있다. 그러니까 예수 그리스도는 '구속주 하나님'이 되신다는 것이다.

또한 요한복음 14장 6절은 예수 그리스도가 길이요 진리요 생명이 되시기에 이를 모르면 아버지 하나님께로 올 자, 즉 구원을 얻은 참 신앙인(영에 속한 사람)이 될 수 없다고 말씀하고 있다. 그러니까 아버지 하나님께 갈 수 있는 유일한 길은 오직 참 진리(참 생명)이신 예수 그리스도를 통해서다.

예수께서 이 세상을 창조하신 하나님(창조주)이자 이 세상을 구원하신 하나님(구속주)이 되시고, 길과 진리와 생명이심을 알려면 영에 속한 사람, 즉 성령으로 거듭난 체험(성령 체험)이 있어야 한다. 이를 잘 말해주는 대목이 '니고데모 이야기'(요 3:1-15)다. 이에 대해서는 엔도 슈사쿠의 문학 세계를 다룰 때 자세히 살펴보기로 하고, 여기서는 왜 예수 그리스도가 '참 진리' 되시는 분인가를 살펴보기로 하자.

사도 요한은 이 세상의 궁극적 싸움은 '진리 싸움'이며, 따라서 참 진리가 예수 그리스도께 있다는 사실을 증언하기 위해 전 생애를 걸고 요한복음을 썼다. '진리'(ἀλήθεια)라는 용어를 다른 신약 문서들과 비교해 보면 요한이 얼마나 진리에 깊은 관심을 가졌는지를 알 수 있다(마 1회, 막 3회, 눅 3회, 요 25회, 행 3회, 롬 8회, 계시록에는 안 나

옴). 요한복음은 예수 그리스도가 신구약성경만이 아니라 이 세상의 모든 진리에 피날레를 장식하는 참 진리 되신다는 사실을 가장 완벽하게 진술하고 있다. 이를 자세히 살펴보자.

예수 그리스도는 혼적 세계인 성소에서 영적 세계인 지성소로 가는 길이다. 그 까닭은 성소와 지성소 사이에 휘장이 있는데, 이 휘장을 예수께서 십자가에 달리심으로 휘장을 찢고(막 15:38; 마 27:51; 눅 23:45) 성소에서 지성소로 갈 수 있는 새 길(히 10:20)이 열렸기 때문이다. 이 일은 예수께서 참 진리(참 생명)이기 때문에 가능한 것이다.

예수만이 참 진리인 것은 3차원의 땅의 진리를 넘어선 4차원의 하늘의 진리이기 때문이다. 그리고 예수께서 참 생명이신 까닭은 3차원의 땅의 생명을 넘어선 4차원의 하늘의 생명(부활 생명)이기 때문이다. 이를 부연 설명해 보자.

요한복음 3장 13절에 이런 말씀이 나온다. "하늘에서 내려온 자 곧 인자 외에는 하늘로 올라간 자가 없느니라". 여기서 자신을 인자(人子)라고 하신 예수는 자신을 '하늘에서 내려온 자'라고 소개하고 있다. 이는 예수께서 하늘에서 땅으로 성육신하신 분이라는 말이다. 그러니까 예수의 기원(고향, 뿌리)은 하늘이다.

또한 예수는 자신을 '인자 외에는 하늘에 올라간 자가 없다'라고 소개하고 있다. 이는 예수 외에는 부활 승천하여 하늘에 올라간 사람이 없다는 말이다. 하늘에 속한 예수만이 유일하게 부활 승천하여 자신의 고향인 하늘, 곧 아버지 하나님 품으로(요 1:18) 돌아가실 분이라는 것이다.

그래서 이 지상(세상)을 떠나기 전 마지막으로 행한 고별 설교에서 예수는 제자들에게 이렇게 말씀하고 있다. "내가 아버지에게서 나와 세상에 왔고 다시 세상을 떠나 아버지께로 가노라"(요 16:28).

복음 중의 복음을 담고 있는 요한복음 3장에는 이런 말씀이 있다. "위로부터 오시는 이는 만물 위에 계시고 땅에서 난 이는 땅에 속하여 땅에 속한 것을 말하느니라 하늘로부터 오시는 이는 만물 위에 계시나니"(요 3:31). 이 말씀을 풀어보면 다음과 같다.

"위로부터 오시는 이", 즉 '하늘로부터 오시는 이'는 '만물 위에 계시는 분'으로 소개하고 있다. 이어지는 34절을 보자. "하나님이 보내신 이는 하나님의 말씀을 하나니 이는 하나님이 성령을 한량없이 주심이니라". 여기서 "하나님이 보내신 이"는 앞에서 언급한 "위(하늘)로부터 오신 이"와 동일한 분이다. 그리고 그는 '하나님의 말씀을 하는 자'라고 언급하고 있다. 그가 '하나님의 말씀을 하는 자'인 까닭은 하나님이 그에게 하나님의 영인 성령을 한량없이 주셨기 때문이다.

그러니까 땅에서 난 자는 땅이라는 3차원(시간時間, 공간空間, 인간人間)에 속한 자이고 그가 하는 말은 땅에 속한 3차원의 진리를 말하는 자이다. 반면에 만물 위에 거하는 분이신 하늘에 속한 자는 3차원을 넘어 4차원(시간-時間, 공간-空間, 인간-人間에다가 신-神이 3차원에 개입하는 신간-神間이 더해짐)의 진리를 말하는 자이다. 그래서 그것은 인간(땅)의 말인 3차원의 진리와는 차원이 다른 하나님(하늘)의 말씀인 4차원의 진리이다.

따라서 3차원의 땅의 생명과 달리 4차원의 하늘의 생명(참 생명이자 영원한 생명)을 보여 주신 분이 예수 그리스도다. 즉 4차원의 진리가 되시는 그리스도 예수가 이 세상에 오심으로 3차원의 진리는 모두 자동 폐기된 것이다. 즉 3차원을 기준으로 한 이 세상(땅)의 모든 기준들을 4차원의 진리가 되시는 예수께서 다 폐하심으로 예수 그리스도만이 참 진리요 참 생명을 주시는 구주가 되신다. 따라서 그를 믿는 자는 하나님(하늘)으로부터 난 하나님의 자녀가 되고(요 1:12-13), 영생과 구원을 얻는 자가 되는 것이다(요 3:16-17).

요한복음 6장에는 예수께서 요단 동편에서 보리떡 다섯 개와 물고기 두 마리로 5천 명을 먹이신 오병이어 표적이 나온다. 이 사건이 있은 후 예수는 사람들의 눈을 피해 갈릴리 바다를 건너 요단 서편 가버나움으로 가셨다. 거기서 예수께서 그 유명한 '생명의 떡 강화'(요 6:22-71) 말씀을 하셨다. 여기서 예수는 자신을 가리켜 '하늘에서 내려온 떡'이라는 말을 무려 10회나 사용하고 있다. 이는 이미 언급했듯이 예수의 기원(뿌리, 고향)이 하늘임을 말해주는 중요한 언표이다.

그러니까 하늘에 기원을 둔 예수는 하늘 이야기, 즉 하나님 나라의 이야기를 들려주고자 이 세상에 왔고, 이를 표적들을 통해 보여 주셨다. 그런데 떡을 먹고 배부른 백성들은 예수께서 행하신 생명의 떡 강화를 알아듣지 못했다. 그 까닭은 그들의 관심은 오직 땅 이야기, 즉 땅에 속한 세상 나라 이야기에만 관심이 있었기 때문이다. 그리하여 "이 말씀은 어렵도다 누가 들을 수 있느냐"(요 6:60)라고 하면서 예수를 떠나갔다.

이제 남은 열둘 제자를 향해 예수께서 "너희도 가려느냐"(요 6:67)라고 물으셨다. 시몬 베드로가 이렇게 말했다. "주여 영생의 말씀이 주께 있사오니 우리가 누구에게로 가오리이까"(요 6:68). 지금 베드로는 예수를 주님이라고 호칭하면서 '영생의 말씀'을 하시는 분으로 고백하고 있다.

그러자 예수께서 이런 말씀을 하셨다. "내가 너희 열둘을 택하지 아니하였느냐 그러나 너희 중의 한 사람은 마귀니라"(요 6:70). 이 말씀을 두고 요한은 보충 설명을 한다. "이 말씀은 가룟 시몬의 아들 유다를 가리키심이라 그는 열둘 중의 하나로 예수를 팔 자러라"(요 6:71).

그러니까 가룟 유다는 마귀가 되어 앞으로 예수를 팔 자가 될 것임을 예고하고 있다. 왜 가룟 유다는 예수를 팔게 되었는가? 그것은 예수께서 '하늘에서 내려오신 분'이라는 것, 그래서 '하늘 이야기', '하나님 나라 이야기'를 하시는 분이심을 전혀 이해하지 못했기 때문이다.

가룟 유다의 관심은 오로지 땅에 속한 땅의 이야기, 이 세상 나라 이야기에만 관심이 있었다. 그래서 예수의 말씀을 전혀 이해하지 못하고 떠나간 군중처럼, 땅에 속한 것을 얻고자 모든 것을 걸고 예수를 따라 나섰지만 자신의 바람이 빗나가자 예수의 제자가 된 것을 후회하며 결국 예수를 파는 마귀의 일을 수행했던 것이다.

5. 영적 세계를 추구해 간 '지성소의 사람': "예수가 길이다"

언제부터인지 아야코는 아침에 눈을 뜨면 '오늘이 내 생명이 다하는 날일지 모른다'고 생각하였다. 그리고 '죽음은 신으로부터 받은 최후의 사명이다'라고 받아들였다. 그러기에 더욱 지금 살아가고 있는 '생'(生)을 충실하게 다하고 싶다고 기도하였다. 1999년 10월 12일, 그 기도와 소망을 다한 것처럼 '죽음'이라고 하는 사명을 훌륭하게 마치고 아야코는 천국으로 돌아갔다.

아야코의 생애는 하나님의 사랑을 알리기 위해서 쓴다고 하는 명확한 목적과 의지로 일관해 온 생애였다. 1994년의 『총구』까지 94편의 작품을 저술한 아야코는 자신이 깊고 깊은 절망과 좌절 속에서 그리스도의 사랑으로 구원되어, 희망을 안고 살아갈 수 있게 되었기 때문에 그런 그리스도의 사랑을 전하고 싶다는 생각으로 최후까지 글쓰기를 멈추지 않았다.

또한 그녀는 젊은 시절 13년간이나 병들어 있었기 때문에 오히려 많은 사람들에게 감동을 주는 글을 쓸 수 있었다는 사실에 감사했다. 긴 고난의 세월이 모두 은혜로 뒤바뀐 것을 항상 기뻐했다. 그래서 한 사람이라도 더 많은 사람이 살아가는 희망을 얻었으면 하는 바람으로 집필에 몰두했다. 미우라 문학이 많은 사람들에게 감동과 살아갈 용기를 준 이유는 그녀의 글과 삶의 방식이 하나가 되었기 때문이다.

아야코의 남편 미우라 미쓰요는 아내 아야코가 떠난 뒤 이런 소망을 피력했다. "저도 이제부터 몇 년을 하나님이 살게 해 주실지 모르지만 최후까지 아야코가 전하고 싶었던 그리스도의 구원을 알리며 살고 싶습니다. 이후에도 아야코의 책을 통하여 많은 분들이 희망을 얻어 살아가고 또 거기서 구원의 빛을 발견하신다면 그것으로 만족할 따름입니다."

"지혜 있는 자는 궁창의 빛과 같이 빛날 것이요 많은 사람을 옳은 데로 돌아오게 한 자는 별과 같이 영원토록 빛나리라"(단 12:3). 많은 사람을 옳은 데로 돌아오게 하고자 한국에는 별처럼 영원토록 빛날 시인 윤동주가 있었다면, 일본에는 궁창의 빛처럼 영원토록 빛날 소설가 미우라 아야코가 있었다.

아야코의 생애는 기독교가 뿌리내리기 힘든 척박한 땅에서 많은 사람을 그리스도의 복음 안으로 돌아오게 하고자 필사적으로 싸웠던 복음 증언의 한 생애였다. 마르틴 부버(M. Buber, 1878-1965)의 표현을 빌리면 아야코에게 있어서 예수 그리스도는 모든 것을 걸고 사랑해야 할 '영원한 너'(Eternal Thou)였다.

아야코는 하나님의 은혜로 영적 세계인 지성소에 들어가 하나님을 만나는 체험을 하고, 그 구원의 감격을 전하기 위해 일생을 신음하며 경주하였다. 하나님이 주신 특별한 문학적 은사(달란트)로 생이 다하는 그날까지 선한 싸움을 싸우고 달려갈 길을 다 달려 하나님의 상인 '의의 면류관'을 받았을 것이다.

그녀는 인간적·세상적으로는 가난하고 병약하고 미천한 존재였지만 영적·신앙적으로는 부요하고 강건하고 존엄한 존재였다. 진실로 평생을 영적 세계를 추구해 간 아야코는 문학을 통해 자신에게 주어진 사명을 다하고 갔다. 그렇기에 그녀는 일본에서 가장 선교를 많이 한 사람으로, 그녀의 생애는 하나님께 영광이 되는 지성소의 사람으로 기억될 것이다.

"내 진정 소원이 내 구주 예수를 더욱 사랑 더욱 사랑"

제 II 부

엔도 슈사쿠(遠藤周作)의 문학 세계
혼적 세계(혼적 인간)를 추구한 '바다의 문학'(성소)

『침묵』(1966)의 배경이 된 소토메(外海)의 바다 풍경 ©park(2023)

1. 엔도 슈사쿠의 생애와 작품

1) 엔도 슈사쿠의 생애와 작품

 엔도 슈사쿠는 1923년 3월 27일 일본 도쿄(東京)에서 아버지 엔도 쓰네히사(遠藤常久)와 어머니 이쿠(郁) 사이의 차남으로 태어났다. 그의 형 쇼스케(正介)는 2년 전에 태어났다. 당시 부친은 도쿄대학 법과 출신으로 은행원이었고, 모친은 도쿄 우에노(上野)에 위치한 음악대학에서 바이올린을 전공한 학생이었다. 이 같은 엔도의 출신 배경은 그가 엘리트 집안 출신임을 말해 주고 있다.

 엔도가 3세 때인 1926년 부친의 전근에 따라 가족이 모두 만주 랴오닝성(遼寧省) 다롄(大連)으로 이사한다. 1929년 다롄시의 대광장(大廣場)소학교에 입학한다. 3,4학년 때 담임 교사 구제 소이치(久世宗一)가 권해서 시와 작문을 시작한다. 1932년 <다롄신문>에 엔도의 「미꾸라지(どじょう)」가 게재되는 등 작문의 재능을 찾아낸 교사 소이치와의 만남은 작가 엔도의 출발점이라 할 수 있다.

 1933년 부모의 불화로 인해 엔도는 모친을 따라 형과 함께 일본 고베(神戶)로 돌아왔다. 고베로 돌아온 엔도는 롯코(六甲)소학교로 전학했다. 1935년 모친에 이어 형과 함께 가톨릭 세례를 받았다(세례명은 바울). 1935년 4월, 사립 나다(灘) 중학교에 입학해서 1940년에 졸업했다. 수재였던 형과 비교하면 성적은 저조했지만 어머니만은 늘 그를 격려해 주었다.

1941년 조치(上智)대학에 입학해 1년을 다니고 중퇴하였다. 1943년 부친은 의학부 지원을 명했으나, 4월 게이오(慶應)대학 문학부 예과에 입학했다. 1945년 4월, 게이오대학 문학부 프랑스 문학과에 진학했다. 징병검사를 받고 늑막염 때문에 소집이 연기되었다가 입대 직전에 패전을 맞이했다. 이때 프랑수아 모리아크(F. Mauriac, 1885-1970), 조르주 베르나노스(G. Bernanos, 1888-1948) 등 프랑스의 현대 가톨릭 문학에 관심이 깊어졌다.

1947년 평론 「신들과 신(神々と神と)」과 「가톨릭 작가의 문제(カトリック作家の問題)」를 잡지 『미타 문학(三田文學)』에 발표하였고, 이후 평론을 쓰기 시작하였다. 1948년 평론 「호리 다쓰오 각서(堀辰雄覺書)」를 발표하였다. 1948년 3월, 게이오대학 프랑스 문학과를 졸업하였다. 1950년 「생일 밤의 회상(誕生日の夜の回想)」을 발표하였다. 6월 5일, 전후(戰後) 일본 최초의 유학생으로 프랑스 리옹으로 유학을 떠났다. 요코하마(横浜)항을 떠나 7월 5일, 마르세유(Marseille)에 도착했고, 10월에 리옹(Lyon)대학교에 입학했다.

1951년 8월, 모리아크의 소설 『테레즈 데케이루』(1927)의 무대인 랑드(Landes) 지방을 도보로 여행했다. 1953년 2월, 결핵으로 인해 부득이 유학 생활을 중단하고 귀국했다. 1954년 최초의 평론집 『가톨릭 작가의 문제』를 간행했다. 11월, 첫 소설 「아덴까지(アデンまで)」를 『미타 문학』을 통해 발표하였다. 이 해 어머니가 뇌출혈로 쓰러져 58세를 일기로 세상을 떠났는데, 종교적으로나 삶의 여러 부분에서 어머니께 큰 영향을 받은 만큼 아픔이 깊었다.

1955년 7월, 『하얀 사람(白い人)』으로 제33회 아쿠타가와(芥川)상을 수상하였고, 9월, 대학 후배 오카다 준코(岡田順子)와 결혼했다. 12월, 첫 단편집 『하얀 사람·노란 사람(白い人·黃色い人)』(1955)이 고단샤(講談社)에서 간행되었다. 1956년 4월, 조치대학 문학부 시간강사로 1년간 근무했다. 6월, 장남이 탄생했다. 9월에는, 「유색인종과 백색인종(有色人種と白色人種)」을 발표하였고 1957년에 발표한 「바다와 독약(海と毒藥)」은 문학적으로 높은 평가를 얻어 문단에서 지위를 확립했다.

1958년 『바다와 독약』이 문예춘추신사(文藝春秋新社)에서 간행되었는데, 이 작품으로 제5회 신초샤(新潮社) 문학상과 제12회 마이니치(每日)출판 문화상을 수상했다. 타슈켄트(Tashkent)에서 열린 아시아 아프리카 작가회의에 참석했다.

1959년 9월, 「종군사제(從軍司祭)」를 발표하였다. 3월, 『위대한 바보(おバカさん)』를 <아사히신문>에 연재하였다. 프랑스 소설가 사드(D.A.F. de Sade) 연구를 위해 부인과 프랑스로 가서 유럽과 예루살렘을 순례했다. 1960년 폐결핵 재발로 도쿄대학 전염병연구소 부속병원에 입원했다. 12월, 『성서 속의 여성들(聖書のなかの女性たち)』을 발행하였다.

1961년 첫 번째 폐 수술 2주 후에 두 번째 수술을 받았으나 실패했다. 세 번째 대수술이 성공했다. 1963년 건강 회복 후에 첫 장편 소설 『내가 버린 여자(わたしが·棄てた·女)』를 잡지 『주부의 벗(主婦の友)』에 연재했다. 새 거주지를 고리안(狐狸庵)이라 부르고 자신에게 '고리안산인'(狐狸庵山人)이라는 아호를 붙이고 유머에 관련

된 글을 쓰기 시작했다. 1965년 4월, 장편 소설 취재를 위해 나가사키(長崎), 시마바라(島原), 히라도(平戶)를 방문했다. 이후 여러 차례 나가사키를 여행하면서 나가사키는 '마음의 고향'으로 자리 잡았다.

1966년 3월, 장편 소설 『침묵(沈默)』이 신초샤(新潮社)에서 간행되었다. 이 작품으로 제2회 다니자키 준이치로(谷崎潤一郞)상을 수상했다. 1967년 일본문예가협회 이사가 되었다. 8월, 포르투갈 대사의 초대로 포르투갈에서 기사 훈장을 받았다. 10월, 어머니와 헤르초크 신부를 제재로 한 작품 『나의 그림자(私の影法師)』를 간행하였다.

1967년 『고리안한담(狐狸庵閑話)』을 출판하였고, 1968년 아마추어 극단 '수좌'(樹座)를 만들어 『로미오와 줄리엣』을 공연했다. 1970년 모리아크의 『사랑의 사막』을 번역하였다. 1971년 영화 『침묵(沈默 SILENCE)』이 일본에서 개봉되었다. 갠지스 강, 이스탄불, 스톡홀름, 파리 등지를 돌아보았다. 로마 교황청으로부터 기사 훈장을 받았다. 11월에는 『엔도 슈사쿠 시나리오집(遠藤周作シナリオ集)』을 간행하였다.

1972년 『목가(牧歌)』를 간행하였다. 로마를 방문해 로마 교황 바오로 6세를 알현했다. 일본문예가협회 상임 이사로 선출되었다. 1973년 3월, 런던, 파리, 밀라노, 스페인 안달루시아 지방을 둘러보았다. 10월에는 『예수의 생애(イエスの生涯)』를 간행하였다. 1974년 10월, 단편집 『마지막 순교자(最後の殉敎者)』를 간행하였다.

1975년 『엔도 슈사쿠 문학전집(遠藤周作文學全集)』(전 11권)이 신초샤에서 간행되었다.

1976년 『나의 예수(私のイエス)』를 발표하였고, 재팬 소사이어티(Japan Society)의 초대로 미국 뉴욕에서 강연했다. 12월에는 『침묵』으로 폴란드의 피에츠작(Pietrzak)상을 수상했고, 아우슈비츠(Auschwitz) 수용소를 방문했다. 1977년 『슬픔의 노래(悲しみの歌)』를 간행하였다. 1978년 『인간 속의 X(人間のなかのX)』를 발표하였고, 6월에는 『예수의 생애』(이탈리아 판)로 국제 다그 함마르셸드(Dag Hammarskjöld)상을 수상했다.

1979년 『총과 십자가(銃と十字架)』, 『철의 칼(鐵の首枷)』, 『11개의 색유리(十一の色硝子)』를 발표하였고, 『그리스도의 탄생(キリストの誕生)』으로 요미우리(讀賣) 문학상을 수상했다. 3월에는 일본예술원(日本芸術院)상을 수상했다. 1980년 『사무라이』를 발표하였고, 제33회 노마(野間) 문예상을 수상했다. 1981년 12월, 『명화·예수 순례(名畫·イエス巡禮)』를 간행하였고, 일본예술원 회원이 되었다. 고혈압과 당뇨병 등으로 건강이 악화되어 이후 투병 생활이 이어졌다.

1982년 『여자의 일생(女の一生)』, 『겨울의 상냥함(冬の優しさ)』이 간행되었다. 1983년 6월, 『나에게 있어서 신은(私にとって神とは)』, 11월, 『예수를 만난 여자들(イエスに邂った女たち)』를 간행하였다. 1985년 6월, 일본펜클럽 제10대 회장에 선임되었다. 미국 산타 클라라(Santa Clara)대학교에서 명예박사 학위를 받았다. 10월, 『진정한 나를 찾아서(ほんとうの私を求めて)』가 신초샤(新潮社)에서 간행되었다. 1986년 『마음의 야상곡(心の夜想曲)』과 『스캔들(スキャンダル)』을 간행하였다. 1월, 영화 『바다와 독약』이 개봉되었다. 대만 푸런(輔仁)대학 초대로 강연했다.

1987년 미국 조지타운(Georgetown)대학교에서 명예박사 학위를 받았다. 10월, 한국문화원의 초대로 한국을 방문했다. 『죽음에 대하여 생각한다(死について考える)』가 간행되었다. 11월, 소설 『침묵』의 무대인 나가사키현 소토메(外海)에 '침묵의 비(碑)'가 세워졌다. 1988년 국제펜클럽 서울대회에 일본펜클럽 회장으로 참석하였다. 1989년 일본펜클럽 회장을 퇴임했다. 7월, 『낙제생의 이력서(落第坊主の履歴書)』가 간행되었다.

1990년 장편 소설 취재를 위해 인도로 건너갔다. 미국의 캄피온상을 수상했다. 1991년 미국 클리블랜드의 존 캐롤(John Carroll)대학교에서 열린 엔도 문학 연구 학회에 참석했다. 이 대학에서 명예박사 학위를 받았다. 10월, 『남자의 일생(男の一生)』(상·하)를 간행하였다. 12월, 대만 푸런(輔仁)대학에서 명예박사 학위를 받았다.

1992년 『깊은 강(深い河)』 초고를 완성했다. 『침묵의 소리(沈黙の聲)』를 간행했다. 1993년 5월, 신장병으로 복막 투석 수술을 받았다. 이후 3년 반 동안 입원과 퇴원을 반복하며 투병 생활이 이어졌다. 6월, 마지막 장편 소설 『깊은 강』을 간행했다.
1994년 『깊은 강』으로 제35회 마이니치 예술상을 수상했다. 영국에서 영역 『깊은 강(Deep River)』이 간행되는 등 해외에서도 높은 평가를 받았다. 1995년 영화 『깊은 강』이 개봉되었다. 뇌내

출혈을 일으켜 긴급 입원했다. 11월, 문화훈장을 받았다. 1996년 신장병 치료를 위해 게이오대학 병원에 입원했다.

그리고 1996년 9월 29일, 엔도 슈사쿠는 폐렴에 의한 호흡부전으로 타계한다. 작가 생전의 뜻을 따라 소설 『침묵』과 『깊은 강』, 두 책이 관 속에 넣어졌다. 유골은 도쿄 후추(府中)시의 가톨릭 묘지에 있는 어머니와 형의 유골 사이에 함께 안장되었다. 1997년 작가 사후에 발견된 『깊은 강 창작 일기(深い河創作日記)』가 간행되었다.

1999년 4월, 『엔도 슈사쿠 문학 전집』(전 15권) 신초샤에서 간행을 시작하였다. 2000년 5월 13일, 나가사키 소토메 '석양의 언덕'에 <엔도 슈사쿠 문학관>(遠藤周作文學館)이 건립되었다. 이 해에 15권으로 된 『엔도 슈사쿠 문학 전집』이 완간되었다.

2) 엔도 슈사쿠의 작품 분류

엔도는 일생 동안 참으로 많은 작품을 남겼다. 그 작품들을 장르별로 구분해 보자.

첫째, '순문학'이다. '순문학'은 엔도가 평생에 걸쳐서 추구한 인간의 본성이나 신앙의 세계, 또는 일본에서 기독교 신앙의 가능성이라는 주제를 다룬 작품으로 『하얀 사람(白い人)』(백색인), 『노란 사람(黃色い人)』(황색인), 『바다와 독약』, 『침묵』, 『사무라이』, 『깊은 강』 등을 들 수 있다.

둘째, '중간 소설'이다. 위와 같은 순수 문학적인 주제가 일상 속에 용해되어 익명의 모습을 한 채 배어 나오도록 한 작품들로 『위대한 바보』, 『내가 버린 여자』, 『낙천대장(樂天大將)』(1969), 『슬픔의 노래』 등을 들 수 있다.

셋째, '역사 소설'이다. 역사상 특정한 인물의 삶을 묘사하는 가운데 엔도 자신의 주제를 드러낸 작품들이다. 엔도는 특히 박해를 받던 기리시탄 시대의 기록물들을 바탕으로 작가로서의 상상력을 발휘해 역사적 인물들을 현재화시켰다. '순문학'으로 분류되는 『침묵』이나 『사무라이』가 기리시탄 박해가 자행되던 센고쿠(戰國) 시대와 에도(江戶) 시대를 배경으로 한 '역사 소설'로도 분류된다.

넷째, '순문학'에 포함되는 작품들을 '역사 소설'로도 분류할 수 있듯이, '중간 문학'에 포함되는 작품들 중에서도 특히 인간의 내면적 심리나 어떤 행동의 내적 동기를 예리하게 분석한 일련의 작품들을 '심리 소설'(psychological novel), 또는 '심리 스릴러'(psychological thriller)로 분류할 수 있다. 『어둠이 부르는 소리(闇のよぶ聲)』(1966), 『대낮의 악마(真昼の惡魔)』(1980), 『스캔들』, 『악령의 오후(惡靈の午後)』(1983), 『요부처럼(妖女のごとく)』(1987)을 들 수 있다.

또한 엔도는 이른바 '괴기 소설'을 여러 편 써서 단편집으로 묶었는데, 이들도 심리 스릴러에 속하는 작품들이다. 모두 소설 속 인물들의 이상(異常) 심리가 지니는 섬뜩함과 의외성을 다루면서 인간의 본질을 묻고 있다. 이 작품들은 엔도가 프랑스에 유학할 당시부터 생각한 주제, 곧 인간 심리에 숨어 있으며, 생각지도 못한 방식으로 얼굴을 내미는 '악'이라는 주제를 추구하고 있다.

그가 평생에 걸쳐서 "내가 사랑했던 소설"이라고 불렀으며, 직접 일본어로 번역한 모리아크의 『테레즈 데케이루』나 특히 만년에 큰 관심을 보인 카를 구스타프 융(Carl Gustav Jung, 1875-1961)의 분석심리학에 영향을 받으면서 인간의 어두운 내면세계를 파헤친 작품들이다. 덧붙여 말하면 이들 작품에는 모리아크가 큰 영향을 받은 도스토옙스키의 흔적도 나타난다. 『악령의 오후』가 도스토옙스키의 『악령』과 제목이 유사하고, 『스캔들』도 도스토옙스키의 『분신(分身)』과 닮아 있다.

다섯째, '유머 소설'로 불리는 장르이다. 『엔도 슈사쿠 문고』는 모두 51권으로 이루어져 있다. 이를 장르별로 분류하면, 순문학(12권), 평론·번역·희곡(6권), 중간 소설(24권), 에세이·기행(9권)으로 분류해 엔도의 여러 장르의 작품을 망라하고 있다. 권수로도 알 수 있듯이, 중간 소설에 해당하는 작품이 가장 많은데, '유머 소설'은 중간 소설 군에 포함되어 있다. 특히 세 권으로 편집된 『유머 소설집』이 이에 해당한다.

이와 같이 엔도는 무수히 많은 작품을 썼다. 그 가운데 특히 주목할 만한 작품은 역사 소설이다. 엔도의 역사 소설은 역사적 인물들에 대한 그의 지대한 관심과 연구를 통해 이루어졌다. 그 중에서도 1563년 일본에 온 후 30년 이상 일본에 체류하면서 당시의 교회와 정치 상황을 상세한 문헌으로 남긴 포르투갈 출신 예수회

선교사 루이스 프로이스(Luis Frois, 1532-1597)의 『일본사(Historia de Japam)』는 엔도가 역사 소설을 집필할 때 가장 많이 참조한 자료다.

또한 엔도의 역사 연구는 조치대학 교수이자 예수회 사제였던 후베르트 치스리크(Hubert Cieslik, 1914-1998)에게 사사를 받으면서 시작되었다. 거의 비슷한 시기에 엔도는 일본 남만학(南蠻學)의 태두로 존경받는 마쓰다 기이치(松田毅一, 1921-1997) 교수를 만나게 된다. 조치대학 문학부 출신의 마쓰다는 센고쿠 시대와 에도 시대의 일본과 포르투갈, 스페인 교섭사를 전공한 역사학자로, 이 방면에 대해 방대한 양의 연구서를 낸 학자다.

엔도는 마쓰다를 자신의 '기리시탄 공부의 스승'이라고 불렀으며, 마쓰다는 프로이스의 『일본사』 12권을 번역, 출판하면서 그 서문에 '일본의 지성을 대표하는 분'인 엔도로부터 많은 격려를 받았음을 감사한다고 쓸 만큼 두 사람의 관계는 친밀했다. 마쓰다 교수와의 만남이야말로 엔도의 '역사 소설'이 태동하게 된 근원이었다고 할 수 있다.

2. 엔도 문학 전체를 결정지은 두 충격적 사건

사람은 누구나 한평생을 살면서 수많은 사건을 경험한다. 그 가운데 그의 영혼에 지워지지 않는 충격적 사건이 있다. 작가의 경우 그 충격적 사건은 무의식 속에 저장되어 그 자신이 의식하든 의식하지 않든 그림자처럼 그를 평생 따라다니며 그의 문학 전반에 영향을 미친다. 작가 엔도의 경우 그의 문학 전체의 주요음(主要音)으로 작용한 두 충격적 사건이 있다.

하나는 1933년 10세 때에 만주의 다롄에서 아버지 쓰네히사(常久)에게 열여섯 살 연하의 젊은 정부(情婦)가 생기면서 이혼을 결심한 모친을 따라 형과 함께 일본 고베로 돌아온 사건이다. 이 이혼 사건은 엔도에게 일생을 두고 커다란 마음의 상처를 남겼고, 특히 아버지에 대한 무의식적 거부감이 드는 계기가 되었다. 이는 약자에 대한 관심이나 타인의 고통에 대한 연대, 특히 기본적으로 '아버지의 종교'인 기독교를 '어머니의 종교'로 변형시키는 모습으로 나타난다.

여기서 잠시 엔도가 어린 시절과 청소년기를 보낸 만주의 다롄과 일본 고베가 엔도의 무의식에 얼마나 중요한 기재로 작용했는가를 짚고 넘어가고자 한다. 엔도가 만 3세(1926)부터 10세(1933)까지 자란 다롄은 랴오닝성(遼寧省) 끝자락 발해만(渤海灣)에 접하고 있는 항구도시다. 그리고 고베는 엔도가 10세(1933)부터 20세(1943)까지 청소년기를 보낸 지역이기도 하다.

고베 시는 오사카만 서쪽, 롯코산(六甲山) 남쪽 비탈에 위치한 항구도시이다. 세계에서 여섯 번째로 큰 고베 항은 일본에서 가장 많은 물류를 취급한다. 예부터 교역지였던 고베는 일본 개항장의 하나가 되면서 외부 세계에 널리 알려졌다. 고베는 많은 외국인과 세계주의를 수용했고 이런 분위기는 오늘날까지도 남아 있다. 게다가 고베 시는 일본 문명의 요람이라고 할 수 있는 교토(京都)와 나라(奈良)가 멀지 않은 곳에 자리 잡은 도시다.

그러니까 엔도 슈사쿠는 어린 시절부터 청소년기까지 바다와 함께 자란 사람이다. 그런 의미에서 바다는 그에게 어머니의 품이나 마찬가지였다. 그의 최후 작품인 『깊은 강』은 엔도가 무의식 속에 일생 동안 간직한 어머니의 품인 바다로 돌아가는 귀거래사(歸去來辭)를 보여 준다.

또 하나는 1935년 12세 때에 모친에 이어 형과 함께 가톨릭 세례를 받은 사건이었다. 자신의 의사와 관계없이 받은 이 세례 사건은 '자신의 몸에 맞지 않은 옷을 입었다는 불편함'으로 인해 일생을 두고 그를 고뇌케 한, 지워지지 않는 영혼의 흔적으로 남았다. 이는 서구 기독교와 일본적 영성 간의 거리감으로 나타났고, 평생을 가면을 쓰고 속마음을 숨긴 이중생활자로 살아가야 했다.

여기서 짚고 넘어가야 할 사실은 엔도가 일본의 전통 종교와 더불어 성장한 사람이라는 사실이다. 고베 시와 멀지 않은 곳에 위치한 교토는 간사이(關西) 지방의 중심 도시로 에도 시대까지 천황이 머문 곳이자 일본에서 가장 중요한 '절의 도시'이다. 또한 가까이에 위치한 나라(奈良)는 교토보다 더 오래된 도시로, 일본 전통 종교인 신도와 불교가 흥한 지역이다.

또한 고베 시에서 한두 시간 거리에 동쪽으로 이세신궁(伊勢神宮)과 서쪽으로 일본에서 가장 아름다운 성으로 알려진 히메지(姬路)성이 있다. 이러한 사실은 엔도가 얼마나 일본 전통 속에서 성장했는가를 단적으로 보여 준다. 그렇기에 서양 종교인 가톨릭의 세례를 받았을 때 그가 느꼈을 정신적 혼란을 쉽게 짐작할 수 있다.

1) 부모의 이혼 사건과 약자(어머니)에 대한 관심

엔도의 작품 가운데 『악령의 오후』는 모리아크가 큰 영향을 받은 도스토옙스키의 소설 『악령』의 흔적이 엿보이는데 <서문>

에 이런 말이 있다. "나는 이 소설을 융의 그림자라는 문제로부터 자극받아 썼다는 것을 솔직하게 고백하겠다. 우리의 마음 깊은 곳에는 세상에 내보이는 우리의 얼굴과는 다른 별도의 비밀스러운 얼굴이 있다. 그것에 대해서 당사자는 알아채지 못할 때도 있다. 그 비밀스러운 얼굴은 무의식에 억압되어 있고, 어떤 의미에서는 본래의 얼굴이지만, 그것을 표면에 드러낸다면 우리는 사회적으로 살아갈 수 없는 경우도 있다. 융은 그것을 '그림자'라고 불렀다."

이렇듯, 엔도는 『악령의 오후』가 융의 그림자에 대한 이해로부터 영향을 받았다고 밝히고 있다. 그는 일본의 융 심리학자인 가와이 하야오(河合隼雄, 1928-2007)를 통해서 융의 사상에 접했다. 엔도는 가와이가 저술한 『그림자의 현상학(影の現象學)』(1976)에 장문의 <해설>을 썼는데, 이 글은 엔도를 이해하는 데 크게 도움을 준다고 여겨 그 일부를 옮겨 본다.

"나처럼 소년 시절부터 옛 형태의 기독교 교육을 받고 자란 사람에게는 다른 이들에게는 말할 수 없는 고민이 늘 따라다녔다. 그 고민이란 크게 본다면 자신은 이중인격자가 아닌가 하는 고민이었다. 아니, 이중인격자가 아니라 삼중인격자인 것은 아닌가 하는 기분에 언제나 휩싸여 있었다. 당시 내가 받은 기독교 교육에서는 겉과 속을 나눠서 사용하는 젊은이들을 교활한 사람이라고 여겼고, 당시의 일본 사회에서도 무언가 속을 지닌 인간은 위험하고, 남자답지 못하며, 비겁한 남자라고 여겨지곤 했다. (중략) 아마도 이 무렵의 청년들은 누구라도 다 그랬겠지만, 나는 '생활'을 위해 가면을 쓰고 있었다. 주위 사람들을 슬프게 하지 않기 위해서 교회를 열심히 다니고, 주위 사람들의 이미지에 맞추려고 한 나머지, 때로는 자기 착각을 할 때도 있어서 신부가 되려고 생각한 적도 있다. 그러면서도 그처럼 모든 이로부터 사랑을 받는 자신이 가면을 쓰고 있는 위선자라는 통렬한 자기혐오에 늘 휩싸여 있었다. 그것이 가면인 이상 본래의 얼굴이 있음에 틀림없을 것이다. 그것이 밖으로 드러난 나의 얼굴인 이상, 속에 있는 나의 얼굴이 틀림없이 있다는 말이다. 속 얼굴이란 세상에서 말하는 것처럼 자기 집에서만 내보이는 얼굴이 아니다. 사람들은 보통 가정에서도 처나 자식에 대해서 가면을 쓰고 있다. 진짜 속 얼굴은 마사무네 하쿠초(正宗白鳥)의 '다른 그 누구에게 알려지느니 차라리 죽는 것이 낫다고 여기게 되는 얼굴이 있다'라는 말이 여기에 해당한다."

다른 사람에게는 드러내 보일 수 없으나 자신만은 틀림없이 알고 있는 자신의 '속 얼굴'에 대한 엔도의 관심은, 그의 신앙의 역정 측면에서도 조명해 볼 수 있다. 즉, 기독교 신앙이 자신의 '몸'에 맞지 않는 '양복'임을 자각하면서부터 시작된 그의 번민이라는 측면에서 이해할 수 있다.

엔도는 어머니를 기쁘게 해 드리기 위해서 신부가 되기로 결심하고 매일 새벽 미사에 참석한 적도 있다. 곧, 만일 그가 기독교 신앙을 '가면'이라고 부를 수 있다면, 작가로서 엔도의 글쓰기는 그런 '가면' 밑에 숨겨져 있는 자신의 '속 얼굴'을 찾기 위한 몸짓이었다고 말할 수 있겠다.

'가면'과 '속 얼굴'은 우리가 편의상 부르는 이름으로, 원래 이 둘은 둘이 아니다. 이런 사실은 기독교 신앙이 엔도에게는 '가면'이었음과 동시에 다른 상황에서는 그의 '속 얼굴'이 되기도 한다. 제2차 세계대전 당시 기독교인이었던 엔도는 일본과 싸우는 서양의 종교

(적성 종교)를 신봉하는 사람으로 분류되어 때로는 시련을 겪기도 했다. 그런 상황에 처해 있었기 때문에 엔도는 기독교 신앙이 박해를 받던 시기에 겉으로는 신앙을 버렸노라고 하면서 속으로만 신앙을 유지하던 가쿠레 기리시탄(隱れキリシタン)과 자신을 동일시하게 된 것이다.

엔도가 고니시 유키나가(小西行長)에게 큰 관심을 보이면서 그를 다룬 작품 『철의 칼』이나 『숙적(宿敵)』(1985)을 쓴 이유가 여기에 있었다. 그가 『철의 칼』을 집필하게 된 배경을 밝힌 글을 여기에 옮겨 보자.

"몇 년 전 나는 고니시 유키나가라는 무장의 전기를 썼다. 도요토미 히데요시 휘하에 있던 다이묘 가운데 이시다 미쓰나리(石田三成)나 가토 기요마사(加藤淸正)와는 달리, 그에 대해서 쓴 자료도 적고 연구도 거의 이루어지지 않은 이 무장에 대해서 관심을 둔 것은, 그의 외면적 행동과 내면의 마음 사이에 있던 큰 차이, 권력자인 히데요시에 대한 면종복배(面從腹背)의 자세, 즉 이중생활자로서의 그 삶의 방식에 흥미를 느꼈기 때문이었다. 실제로 나는 유키나가 속에서 때때로 나 자신의 그림자를 발견해내고, 나의 분신을 발견했다."

이렇게 볼 때 '가면'과 '속 얼굴'이라는 주제는 융의 학설이라는 문제 영역을 뛰어 넘어 기독교 신앙을 선택한 자의 삶의 모습과, 나아가 인간의 본래적 존재 양식에 대한 문제로 확대된다. 엔도가 인간의 무의식에 눈을 뜬 것은 그의 유학 체험에서 일어난 일이라고 보면, 그가 유학 중에 남긴 『작가의 일기 1950.6-1952.8』는 엔도의 작품 세계가 맹아(萌芽)의 형태로 저장되어 있는 보고(寶庫)인 셈이다.

"일본의 그레이엄 그린"으로 불리는 엔도는 『작가의 일기』에서 영국의 소설가 그레이엄 그린(Graham Greene, 1904-1991)이 지닌 "탐정소설의 기법"을 자신의 글쓰기 방식으로 채택하겠다는 선언을 하고 있다. 엔도의 글쓰기가 신의 '흔적'을 추구하는 것이라면, 본질적으로 작가로서의 자의식은 그 누군가가 현장에 남긴 '흔적'을 좇아 그 주체를 찾아가는 탐정의 자의식과 다르지 않을 것이다.

엔도의 작품들은 탐정 소설적인 긴장감을 유지하면서도 결국 주안점은 누가 범인인가를 밝혀내는 지적 호기심이 아니라 주인공의 내면 심리를 드러내는 데 있다. 엔도의 『침묵』이 해외에서 '종교적 스릴러'라는 장르로 소개되는 것도 이와 무관하지 않다.

『침묵』에서 배교했다는 페레이라(Ferreira)의 '흔적'을 좇아서 그 일의 본말을 캐내기 위해 일본에 온 로드리고(Rodrigo)가 겪는 일련의 신체적, 심리적 사건을 긴장감 넘치게 기술한 것이라면, 탐정으로서의 로드리고가 페레이라의 '흔적'을 좇아가면서 결국 페레이라에게 감정을 이입하게 되는 탐정소설로서 읽기에 충분할 것이다.

'무의식과 그림자'와 관련하여 융이 말하는 '가면'이 '그림자'라는 점을 엔도는 다음과 같이 쓰고 있다. "그것(가면)을 융 학자인 가와이 선생은 그림자(shadow)라는 말로 표현하고 있다. 솔직히 그림자라는 말은 '본래의 몸'(本身)과 비교해 볼 때 '가짜 몸'(假身)이라는 느낌이 들지만, 이 책을 읽어 보면 그림자 쪽이 본래의 몸이고 우리가 흔히 말하는 본래의 몸이 그림자일지도 모른다고 생각하게 될 것이다."

내가 속 얼굴이라고 한 것에도 두 종류가 있다. 다른 사람 그 누구도 모르고 나 자신만이 아는 자신의 얼굴, 또 하나는 다른 사람들은 물론이고 나 자신도 알아채지 못하는 자신의 또 하나의 얼굴. 그림자는 잠시 있다가 사라지는 것이 아니다. 그림자야말로 본래 얼굴이라는 자각, 그리고 그 그림자는 다른 사람은 몰라도 나만은 아는 얼굴일 뿐만 아니라, 심지어 나 자신도 알지 못하는 얼굴이며 나 자신에게도 감추어져 있다는 사실, 이는 결국 나 자신도 알지 못하는 것을 알고 있는 신이라는 문제와 연결된다. 결국 그림자의 가면은 신(神)을 나타내는 음화(陰畫)다.

2) 세례 사건: 서구 기독교와 일본의 영성 간의 거리감

엔도 사상의 뿌리는 근대 일본 문학을 대표하는 아쿠타가와 류노스케(芥川龍之介, 1892-1927)에 기인한다. 아쿠타가와는 『서방 사람』(西方の人)』이라는 작품을 통해 역사적 사실이나 지리적 사실을 뛰어넘어 "나의 그리스도"를 형상화하려는 시도를 보여 주고 있다. 그는 이 책에서 이렇게 말한다.

"일본에서 태어난 '나의 그리스도'(わたしのクリスト)는 반드시 갈릴리 호수를 바라보지 않는다. 빨간 열매를 맺는 감나무 아래서 나가사키 해안의 후미진 곳도 바라보고 있다. 그래서 나는 역사적 사실이나 지리적 사실을 돌아보지 않는다. (중략) 그리고 나는 그리스도의 말이나 행동 하나하나를 충실하게 소개할 여유도 없다. 나는 단지 내가 느낀 대로 '나의 그리스도'를 기술하고자 한다."

'일본에서 태어난 나의 그리스도'를 문학적으로 형상화하고자 했던 아쿠타가와의 위와 같은 관심과 물음은 일본 기독교 역사의 저류에 흐르고 있다. 그 물음은 예수(Jesus)와 일본(Japan)이라는 '두 개의 J'를 관련시키면서 기독교 사상을 수용하였던 메이지 시대의 기독교 사상가 우치무라 간조에서 시작하여 자기 몸에 맞지 않는 서구의 기독교라는 양복을 자기 몸에 맞는 옷으로 변형시키는 것을 평생의 주제로 삼았던 엔도 슈사쿠에 이르기까지 변함없이 일본 기독교사를 흐르는 고집저음(固執低音, basso ostinato)이었다.

엔도는 소설가로서 평생의 주제에 대해서 다음과 같이 고백하였다. 여기서 우리는 아쿠타가와나 우치무라를 사로잡았던 '나의 그리스도'라는 주제가 반복되는 것을 쉽게 발견할 수 있다.

"나는 소년 시대에 어머니의 말을 듣고서 세례를 받았다. 이른바 나에게 있어서 기독교는 성장기와 함께 어머니로부터 입혀진 양복(洋服)인 셈이었다(이에 대해서 오늘날 나는 오히려 어머니에게 감사드린다). 그러나 청년 시대부터 이 양복이 나의 키에는 맞지 않아서 힘들었다. 나의 몸에 이 양복은, 양복이었지 일본 옷(和服)은 아니었다. 혹은 소매는 길고, 바지는 짧은 경우도 있었다. 몇 번이고 나는 이 양복을 벗어 버리려 하였다. 그리고 나의 키에 맞는 옷을 입고자 하였다. 그럼에도 불구하고 나는 이 옷을 벗어 버릴 수 없었다. 벗어 버릴 수 없었던 이유는, 달리 입을 옷이 내게는 없었기 때문이었다. 또 한 가지는 어머니에 대한 애정과 어머니가 입혀 주신 기독교의 힘이었다."

엔도가 품었던 이와 같은 갈등은 그로 하여금 어머니가 입혀 준 양복을 일본인인 자기 몸에 맞는 일본 옷으로 바꾸려는 시도의 출발점이자 원동력이 되었음은 물론이다. '일본에서 태어난 나의 그리스도'라는 아쿠타가와의 주제는 근대 이후 서구의 기독교 사상을 수용하였던 일본의 지식인에게는 운명처럼 달라붙어 있는 주문(呪文)과도 같은 것이었다. 그렇다면 '일본에서 태어난 나의 그리스도'를 묻지 않으면 안 되도록 만들었던 일본의 전통은 어떤 것이었을까?

엔도는 "나쓰메 소세키(夏目漱石), 나가이 가후(永井荷風), 다니자키 준이치로(谷崎潤一郎), 호리 다츠오(堀辰雄)에 이르기까지 청년 시절에는 서구 문학의 영향 아래서 작품을 썼지만, 어떤 나이가 지나게 되면 반드시 일본적 감성의 세계로 귀향한다는 상식적인 사실을 언제나 깊이 생각하게 된다"면서 자신의 문학 세계가 이들과 상통함을 암시하고 있다. 엔도는 일본적 감성의 세계로 회귀하는 이유를 이렇게 밝히고 있다.

"언제부터인지 우리는 거기에 일본적 범신성(汎神性), 범신성이라는 말이 너무 거창하다면 그 바닥을 알 수 없는 일본적 감성의 마력을 느끼며, 또 그것에 위협도 느끼기 시작한다." 이미 언급했듯이 엔도가 청소년기를 보낸 고베 시는 항구도시이자 일본 전통 종교가 강한 일본적 범신성을 간직한 곳이라는 점에서 엔도는 일생을 그 마력에서 벗어나지 못했다는 사실이다.

엔도가 1950년 프랑스 유학길을 떠나면서 출사표처럼 썼던 「생일 밤의 회상」이라는 에세이에서 우리는 이러한 사실을 확인할 수 있다. "일본적 감성은 범신적(汎神的) 풍토라는 전통을 모태로 하면서 태어난 것이기 때문에 범신성의 두 가지 성격이 있다. 첫째, 그 것은 일체의 능동적 자세를 잃어버리고 있다. 둘째, 그것이 동경하는 바는 오직 흡수되는 일이다."

훗날 엔도는 『침묵』에서 일본의 정신 풍토를 외래의 것을 흡수해 버리는 '진흙밭'(泥沼)에 비유하고 있다. 이는 그가 일본의 정신 풍토를 '일체의 능동적 자세'를 빼앗고 '오직 흡수되기만을' 동경케 하는 '범신적 풍토'로 규정한 것의 연장선상에서만 이해될 수 있다. 이를 다케다 기요코(武田淸子)의 책 『土着と背敎』(1967)를 빌려 말한다면, '일본과 기독교'라는 주제는 기독교가 일본에 '토착'(土着)화 되는 계기가 되었음과 동시에 기독교 신앙으로부터 멀어지는 '배교'(背敎)의 동기도 되었다는 말이다.

또 한 사람, 일본 자연주의 문학의 개척자로 평가받는 마사무네 하쿠초는 1896년(메이지 29년) 도쿄전문학교(훗날의 와세다대학)에 입학하여 우치무라 간조와 우에무라 마사히사의 영향을 받아 기독교 세례를 받았다.

그는 세례를 받은 지 4-5년 후에 교회로부터 멀어졌다가 1962년 세상을 떠났다. 만년에 '죽음에 대한 공포'로 인하여 기독교로 돌아오기는 했지만, 그가 진리로 인도한다고 믿었던 '우상 파괴주의'는 하쿠초와 기독교 사이에 큰 거리를 만들어 놓았다.

전후 일본을 대표하는 양심적 지식인으로 존경받아 온 평론가로서 2008년에 89세로 작고한 가토 슈이치(加藤周一)는 『日本人の死生觀』에서 하쿠초를 포함한 일본의 문학자들이 기독교를 만나고 헤어진 사정을 비교적 상세히 보고하고 있다.

"19세기 말부터 20세기 초에 이르기까지 많은 작가들이 하쿠초와 동일한 기독교와의 만남을 경험하였다. 하쿠초는 18세에 세례를 받았으나 4-5년 후에는 교회로부터 멀어졌다. 메이지 초기 '낭만주의' 기수(旗手)의 한 사람이었던 기타무라 도코쿠(北村透谷)는 1882년 20세의 나이에 세례를 받았지만 6년 후에 자살하였다. 구니키다 돗포(國木田獨步)는 20세에 세례를 받은 지 5-6년 후에 교회를 떠났다. '자연주의 리얼리즘'에 속하는 다른 두 사람의 작가, 시마자키 도손(島崎藤村)과 이와노 호메이(岩野泡鳴)는 각각 15세와 16세에 세례를 받았지만, 그들이 교회에 머물렀던 깃은 5년에 불과했다. 몇몇 저명한 작가들이 기독교인이었던 기간은 이보다 길었다. 도쿠토미 로카(德富蘆花, 17세에 세례를 받음), 기노시타 나오에(木下尙江, 24세에 세례를 받음), 아리시마 다케오(有島武郎, 22세에 세례를 받음)가 그들이다. 1882년부터 1900년 사이에 훗날 문학자로서 이름을 떨치게 된 이들 8명의 청년이 프로테스탄트 교인이 되었다. 이 8명 가운데 하쿠초를 포함한 5명이 4년에서 6년 사이에 교회로부터 멀어졌다."

하쿠초가 기독교로부터 구했던 것은 "심판 없는 용서, 전면적인 수용과 의지(依支)"였다. 그러나 기독교가 이러한 전면적인 지지의 감각을 주지 못했을 뿐 아니라 자신의 창조력과 결합된 감수성을 제한해 버린다고 느낀 순간 하쿠초는 교회를 떠났다.

메이지 시대에 미국을 경유하여 일본에 전해진 프로테스탄티즘이 지녔던 준열한 윤리관과 문자주의적 성서 이해는 이들 문학 엘리트들이 기독교와 거리를 느끼게 되었던 또 하나의 이유가 되었다. 가토 슈이치는 서구에서 전래된 기독교 신앙과 하쿠초 사이의 갈등 관계를 다음과 같이 정리하고 있다.

"분명히 문제점은 그리스도와 부처 양자택일의 선택이 아니라 그 둘 모두를 그가 필요로 한다는 사실이었다. 하쿠초가 기독교를 변화시키려던 것과는 달리, 기독교는 하쿠초를 변화시키지 못했다고 말할 수 있을지도 모른다. 내가 생각하기에 이것은 일본에 있어서 불교의 역사와도 잘 대응된다고 여겨진다. 그러니까 피안의 신앙 체계로서의 불교는 일본인의 차안적 심성을 변화시키지는 못했다. 반대로 일본인은 불교를 일본화하는 과정 속에서 불교를 차안적인 것으로 만들어 버렸다. 하쿠초는 기독교를 일본화한 뒤에야 비로소 그것을 받아들인다. 이런 의미에서 이는 일본 문화의 공통된 형태를 대표한다."

우리는 '일본 문화에 공통된 형태'를 노정하는 하쿠초의 후예들이 '일본에서 태어난 나의 그리스도'를 어떻게 조형하였으며, 이를 통해서 서구로부터 전래된 기독교를 어떻게 '변형시켰는가'를 엔도를 통해 잘 엿볼 수 있다.

엔도의 평생 주제인 서구와 일본의 거리는 메이지 시대 이후 본격적으로 물밀 듯 들어오는 서구 기독교와 일본 간의 거리감에 의한 '나의 그리스도'로부터 시작된다. 이는 다른 말로 하면 아시아적 범신성에 있는 일원성(합일)과, 서구 기독교의 이원론(분리) 간의 갈등이다. 즉 동양적 일원론에 입각한 합일적 사고는 서구적 이원론의 분리적 사고와 궤를 달리 한다. 결국 맞지 않는 옷이니 벗어 버릴 수밖에 없다는 것이다.

동양 사상에 경도된 도올 김용옥은 동양 사상은 '일원론적 사고'에 기초하고 있는데 반해 서구 기독교는 '이원론적 사고'에 기초하고 있다고 하면서, 서구 기독교의 '이원론적 사고'를 문제시하여 기독교를 싸잡아 비판했다. 그런데 그의 문제점은 '서구 기독교'와 '성서 기독교'는 서로 다름을 몰랐다는 점이다.

서구 기독교는 거룩과 속됨의 이원론처럼, 영과 육, 성직과 세속직, 사제와 평신도, 천국과 지옥, 믿음과 행위 등 이원론적 사고에 기초한다. 하지만 성서적 기독교는 소위 서구 기독교가 말하는 이원론으로 분리된 사고가 아니라 창조주와 피조물이 함께 사랑으로 연합된 일원론의 '관계적 사고'를 보여 준다. 그것을 몸소 보여 준 사건이 하나님(말씀)이 인간(육신)이 되어 이 세상에 오신 성육신 사건이다. 성육신 사건은 창조주와 피조물이 분리되지 않고 사랑으로 연합된 관계적 사고 안에 있다는 사실을 명백히 보여 주는 실례이다.

가령, 동학의 인내천(人乃天) 사상은 인(人)이 곧 천(天)이라는 뜻으로, 인간은 하늘(하나님)과 같이 존귀한 자를 의미한다. 여기서 문제는 천(天)의 의미가 피조물의 하나인 공간으로서의 하늘인지, 아니면 창조주로서의 하나님인지를 분명히 해야 한다.

그런데 일원론적인 합일적 사고에 의하면 천(天)은 피조물인 공간으로서의 하늘인 동시에 창조주 하나님이다. 따라서 이 둘이 구별되지 않고 하나라는 것이다. 이는 처음 의도와 달리 결국 인간도 신격화할 수 있는 빌미를 제공하는 위험한 결과를 초래한다. 그 대표적인 실례가 일본에서 인간 천황이 현인신(現人神)으로 신격화된 사실에서 엿볼 수 있다.

3. 엔도 슈사쿠의 예수 이해의 문제점

엔도가 일생 동안 추구해 온 가장 중요한 문제는 신앙의 문제,

즉 신의 문제이다. 엔도가 초창기에 쓴 평론 「신들과 신」에서 그는 '서구 기독교와 일본적 영성'이라는 두 항(項)을 첨예하게 대립시키는 일이야말로 자신의 문학적 사명이라고 천명한 바 있다. 이러한 문제와 관련하여 엔도는 일생 동안 많은 기독교 관련 소설을 집필했다. 가장 대표적인 작품은 『침묵』과 『사무라이』, 그리고 그의 최후의 작품인 『깊은 강』을 들 수 있다.

그런데 기독교는 본질적으로 성경에 나오는 "예수는 누구인가?"라는 예수의 정체성, 즉 예수 이해가 핵심이요 바탕을 이루는 종교이다. 그 예수는 신성(神性)과 인성(人性)을 지닌 신인합일(神人合一)의 존재이다. 인성이 없는 신성만 강조하면 '가현설'(Docetism, 헬라 영지주의 이단)에 빠지고, 신성이 없는 인성만 강조하면 '에비온주의'(Ebionism, 유대 율법주의 이단)에 빠진다.

또한 예수에게 있어서 하나님은 '사랑과 공의의 아버지'되시는 분이라는 점에서 기독교는 '아버지의 종교'이다. 그런데 엔도는 '아버지의 종교'인 기독교를 '어머니의 종교'로 변형시켰다. 미우라 문학과 엔도 문학의 결정적인 차이는 미우라가 지닌 균형 잡힌 예수 이해가 엔도에게는 결여되어 있다는 점이다. 그러면 엔도의 예수 이해의 문제점을 살펴보자.

1) 신성(神性)이 배제된 인성(人性)만의 예수

엔도는 신성(神性)은 배제되고 인성(人性)만의 예수를 그리고 있다. 예수의 신성이 배제되다 보니 요한복음 14장 6절의 말씀처럼 예수께서 지성소에 계신 하나님(아버지)께로 가는 참 길이요, 참 진리요, 참 생명이 되시는 구주라는 사실이 드러나지 않는다. 또한 아버지와 아들은 하나이며(요 10:30), 하나님의 아들 예수는 아버지 하나님과 더불어 태초부터 함께 계신 분이자(요 1:1,18) 하늘에서 내려오신 분(요 3:13; 6:51; 16:28)이다. 따라서 예수는 예배(요 4:24)를 통해 찬양과 경배를 받기에 합당하신 창조주 하나님(사 43:21; 계 5:12-14)이다.

예수의 신성과 관련하여 예수께서 하늘이고, 영원이라는 사실을 깨달아야 요한복음이 이해된다. 예수가 참 진리인 것은 땅의 진리를 넘어선 하늘의 진리이기 때문이며, 예수가 참 생명인 것은 시간(찰나, 순간)에 속하는 땅의 생명을 넘어선 영원에 속하는 생명(영생)이기 때문이다.

예수의 신성에 속하는 하늘과 영원을 모르는 상태에서 예수의 인성만을 말하는 엔도는 예수를 도덕 선생이나 지혜 교사 또는 사랑 때문에 많은 이들을 치유하고 고치는 능력 많으시고 사랑이 가득한 기적 행위자, 또는 귀신을 쫓아내는 마술사로 전락시켰다.

엔도는 에세이 「나와 기독교(私とキリスト敎)」에서 이렇게 말했다. "기독교 바탕의 사고관이 자리해 있는 서구인들에게는 신이나 교회를 부정한다고 하더라도 그 신이라는 것이 염두에서 떠날 수는 없다. 이는 무신론자를 자처하는 '나'에게도 해당되는 말이라고 했다. 신을 부정하고 혐오하며 교회를 증오했음에도 불구하고 '나'의 마음의 근저에는 신과 기독교로부터 떠날 수 없었다."

그의 작품 『백색인』은 신을 증오하면서도 마음 깊은 곳으로부터는 신을 구하고 있는 주인공의 내면을 묘사함으로써, 황색인인 엔도가 어째서 백색의 기독교에 거리감을 느끼게 되었는지를 말하고 있다. 백인의 기독교 정신에는 하나의 절대 기준에 비춰 모든 선과 악이 해석되므로, 그 기준을 둘러싸고 희극과 비극이 엇갈린다.

그러나 황색인인 일본인 지바에게 '극'(劇)은 처음부터 존재하지 않는다. 거기에는 하나의 뚜렷한 절대 기준이 없으며, 따라서 거기에 비춰 현실을 해석할 수 있는 줄거리나 플롯이 없다. 모든 것은 그저 안개비나 장맛비 속에 서 있는 것처럼 시야가 모호할 뿐이다. 엔도 스스로가 술회하고 있듯이, 서구 기독교와 일본적 영성 사이의 '거리감'으로 말미암아 방황하던 젊은 날, 엔도의 고뇌는 그런 '거리감'의 원인을 대비시켜 객관화한 『백색인』과 『황색인』을 통해서 일단 "마침표를 찍었다."

그렇다면 일본인이 짊어지지 않으면 안 되는, 일본인만의 '정신과 육체라는 십자가'는 과연 어떤 것일까? 서구의 기독교 신앙을 수용함에 있어서 일본인에게 주어진 종교적이고 문화적인 지평은 과연 어떤 것인가? 『바다와 독약』은 이런 물음에 답하려는 엔도의 시도였다.

『바다와 독약』은 제2차 세계대전이 끝나기 직전인 1945년 5-6월, 규슈(九州)대학 의학부에서 미군 포로를 대상으로 자행된 생체해부 사건을 다룬 소설로, 그 일에 아무런 결단이나 적극적 저항도 없이 그저 참여했던 젊은 의사 스구로(勝呂)와 도다(戶田)가 주인공이다.

이 소설은 엔도가 초기부터 추구해 온 '황색인의 죄의식 부재'

라는 주제의 연장선에 자리 잡고 있다. 두 주인공이 나눈 대화는 『바다와 독약』의 중심 주제를 극명하게 드러낸다. 그 대화에 이런 말이 나온다. "나한테는 신이 있어도, 없어도 아무래도 좋아." 이는 신 앞에서 죄를 느끼는 대신 "타인의 눈, 사회의 벌에 대한 공포"만을 의식하고 있는 황색인의 전형적인 태도이다. 여기서 엔도가 말하려는 것은 황색인에게 죄의식이 결여되었다는 비판이 아니라, 죄 자체에 대한 황색인의 감각이 서구적인 죄의식과는 본래 다를 수밖에 없다는 사실이다.

그렇다면 엔도가 보고 있는 황색인의 죄의식은 무엇인가? 도다의 고백을 통해 들어보자. "간통만이 아니다. 죄책감의 결핍만이 아니다. 나는 다른 것에 대해서도 무감각하였다. 분명히 말하자면 나는 타인의 고통과 죽음에 대해서 아무렇지도 않았던 것이다." 타인의 고통과 죽음에 대한 무감각과 무관심이야말로 엔도가 말하는 황색인에게(나아가 백색인에게 있어서도) 죄가 되는 것이다.

도스토옙스키의 『죄와 벌』(1867)에 등장하는 사회 정의의 실현이라는 미명 아래 전당포 노파를 살해했던 '백색인' 라스콜리니코프가 소냐와의 만남을 통해 신 앞에서의 두려움을 경험하고 수형(受刑)과 재생의 길을 걷는 반면, 타인의 고통에 대한 자신의 무관심에 대한 두려움은 '황색인' 도다를 간접적으로 신에게 이끌어주는 신의 음화(陰畫)인 것이다. 자신에게 양심의 가책이 일어나기를 바라는 도다의 마음은, 어째서 황색인에게는 서구적인 의미의 죄의식이 결여되어 있는가 하는 문제로 번민했던 엔도 자신의 고뇌였다.

또한 엔도는 '바다'라는 메타포를 통해 예리한 서구 기독교적 죄의식을 희석시키는 일본적-범신적 풍토를 전면에 부각시킴과 동시에, 그런 '바다'는 서구 기독교의 이질성을 빨아들여 동양화시키는 세계임을 주제화했다. 다케다 도모주(武田友壽)가 말했듯이, 바다는 현실에 존재하는 악과 죄를 아시아적으로 "해독시키는 방법"이었다. 이를 히로이시 렌지(廣石廉二)는 이렇게 말한다.

"그 조용한 바다가 상징하고 있는 것은 범신적인 일본이라는 풍토가 아닐까? 모든 것을 정화한다고 생각되는 바다야말로 자연 속에 넣어 용해하고자 하는 일본인의 정신 풍토를 상징하는 바에 상응하는 것이다. 그것은 바로 자연에 순응해서 신들의 세계에 안주하고, 초월적인 것을 지향하려 하지 않는 일본인의 삶의 방식을 상징하고 있다고 여겨진다. 또 독약이라는 말이 상징하고 있는 것은 악 그 자체다. 그것은 '그만 두려고 한다면 그만 두라'고 했지만 생체 해부에 응하고 말았던 신 없는 일본인의 정신 풍토를 상징하고 있다. 그러므로 바다는 언제든지 독약을 자신 안으로 집어넣어 용해시켜 버린다."

『바다와 독약』를 통해 '작풍의 변화'가 일어났다고 하는데, 그것은 서구 기독교의 신 의식과 일본적 감성의 극한 대립에 대한 추구가 일본적 감성 내에서의 기독교 신앙의 태동 가능성을 묻는 적극적인 질문으로 방향을 전환했음을 의미한다. '바다'는 후에 쓰인 『침묵』에서 말하는 '늪'이나 『깊은 강』의 '강'에 이르는 일련의 아시아적 토양과 정신성이라는 범주에서 해석되어야 한다. 그것은 모두 일체의 대립 구도를 빨아들이는 한없이 부드러운 어머니의 이미지다.

엔도에게 죄의 용서와 이를 통한 종교성 추구라는 '초월성의 계기'는 이와 같이 이항 대립의 초월을 통한 '초논리성의 지향'을 가리킨다. 따라서 악의 반대는 선이 아니라 선악의 너머에 있는 성(聖)이 되지 않으면 안 된다. 그 결과 현실의 일차원적인 논리성의 지향으로서 악의 성화는 선한 사람을 통해 구현되는 것이 아니라, 이항 대립의 논리를 초탈한 '성스러운 존재' 곧 이항 대립 자체를 알지 못하는 '바보'를 통해 육체성을 입게 된다.

『바다와 독약』은 엔도가 초기 평론가 시절부터 일관되게 추구해 온 '존재의 성화'라는 테마를 재차 자각하는 계기이기도 했다. 그는 이제 동과 서의 거리를 객관화하는 작업에 대한 비판을 제기하면서 그런 비판이 "정말로 내가 실감하는 예수를 붙잡고 싶다"는 의식으로 승화되었다.

황색인인 엔도가 백색인의 세계에서 배양된 기독교에서 느꼈던 이질감과 낯섦을 극복하는 시도가 『바다와 독약』 이후에는 동양에 들어온 서양인의 모습 속에서 동양의 얼굴을 찾으려는 시도로 방향을 바꾼다. 중간 소설 『위대한 바보』가 바로 그런 의미를 지닌다. 엔도에게 있어 '존재의 성화'는 일상성 속에서 작용하는 신적 요소가 그 얼굴을 드러냄으로써 이루어졌다. 이런 발상이 결실을 이룬 첫 작품이 <아사히신문>에 연재된 『위대한 바보』다.

『바다와 독약』 이후 "정말로 내가 실감하는 예수"를 추구하기 시작한 엔도는 본격적으로 성서를 연구하기 시작했고, 그런 연구의 성과는 「성서 속의 여성들」 이라는 제목으로 『부인공론(婦人公論)』에 1958년부터 약 1년간 연재되었다. 『성서 속의 여성들』에서 묘사된 그리스도는 모든 인간의 고난과 슬픔을 함께하는 '모성적인 그리스도'다.

엔도는 「이방인의 고뇌(異邦人の苦惱)」에서 종교에는 '아버지의 종교'와 '어머니의 종교' 두 가지가 있다고 말한다. 아버지의 종교는 인간의 악을 재판하고 벌하고 노여워하는 신의 종교인 반면, 어머니의 종교는 어머니가 자식을 대하는 것처럼 신이 인간을 끝없이 용서하고, 인간과 함께 고난을 받는 종교다.

1959년의 『위대한 바보』나 1963년의 『내가 버린 여자』는 이와 같은 '어머니의 종교'를 추구하는 시도의 출발선에 자리 잡고 있다. 즉 '위대한 바보' 가스통(ガストン)과 미쓰(ミツ)에게서 엔도는 "정말로 내가 실감하는 예수"의 그림자를 본 것이다.

『위대한 바보』는 프랑스에서 일본을 찾아온 외국인 바보 가스통의 이야기다. 가스통이 온갖 사람들로부터 이용만 당하고 버림을 받는 예수의 이미지임은 말할 것도 없다. 엔도가 이 작품을 맺으면서 "가스통은 살아 있다. 그는 또 푸른 먼 나라로부터 이 사람의 슬픔을 등에 지기 위해 왔던 것이다"라고 한 것은 바로 일본에 와서 일본에 뿌리내리는 '외국인' 예수의 모습을 일상에서 찾으려는 시도였다.

또 한편, 『위대한 바보』는 "이 세상에서 무조건적으로 아름다운 사람으로서의 예수"를 그리고자 한 도스토옙스키의 『백치』(1868)를 연상시키는 면도 있다. 주인공 므이시킨을 향해 "당신은 유로지비 같군요"라고 어떤 이가 말한다. '유로지비'(yurodivy)란 러시아어로 '어리석다'는 뜻으로, 예부터 동방 교회에서는 세상을 버리고 신을 찾아 나선 사람들을 '유로지비'라고 불렀다.

'유로지비'는 '그리스도를 위해서 바보가 된 사람들' 또는 '신의 친구'라고 불리기도 했다. 엔도가 "영원한 동반자"라고 부르고, 도스토옙스키가 "이 세상에서 무조건적으로 아름다운 사람"이라고 이름 붙였던 예수. 엔도의 『위대한 바보』는 바로 '위대한 바보'로서의 예수를 그려내려는 그의 신앙고백이었던 것이다.

그런데, 엔도가 "정말로 실감하는 예수"는 『위대한 바보』의 속편이라 할 수 있는 『내가 버린 여자』에서 보다 더 선명하게 그 모습이 드러나고 있다. 이 작품은 누구나 매일같이 겪는 '보잘것없는 일상' 속으로 더 깊이 뛰어들 것을 선언한 셈이었고, '일상성'으로 파고들어 평범한 사람들 사이의 '연대감'(타인과의 고통에 대한 연대감)과 이를 통해 전달되는 신의 현실이었다.

그러고 보면, 『위대한 바보』의 주인공이 비범한 '외국인' 가스통인 데에 반해, 『내가 버린 여자』의 주인공은 평범한 일본 여성 미쓰였다. 『내가 버린 여자』는 그런 무명의 그리스도의 탄생을 알리는 서곡이었다.

『내가 버린 여자』의 주인공 '미쓰'는 '죄'(罪)의 일본어 발음인 '쯔미'를 거꾸로 읽은 것이다. 버림받은 미쓰는 그녀를 버린 사람에게 죄의식을 불러일으키는 거울이며, 그래서 비인간화의 낭떠러지에서 마지막으로 그들을 구원해 줄 가능성인 것이다. 『내가 버린 여자』의 보다 직접적인 제목은 '내가 버린 그리스도'라고 엔도 스스로가 말한 적이 있다. 그만큼 엔도에게 일상은 바로 초월에 이르는 창이었다.

여기서 우리는 묻지 않을 수 없다. 엔도는 『백색인』과 『황색인』을 쓰면서 이항 대립의 문제를 인식하고 '백색인'과 '황색인'의 이분법적 대립에서 벗어난 제3의 눈인 삼분법의 눈으로 보아야 함을 자각했다고 한다. 이에 근거해서 그리스도인이 된다는 것은 서양인이 되는 것도, 일본인이 되는 것도 아닌 '그리스도에 속한 사람'이 된다는 것이다.

그런데 그는 죽을 때까지 삼분법의 눈이 아니라 일본인의 시야에 갇혀 그리스도는 서양 것이라는 생각에 함몰되었고, 끝없이 서구와 일본 사이에서 고뇌하다가 결국 그리스도를 버리고 일본적 영성인 범신성의 바다로 돌아갔다. 결국 그리스도인이 되는 것을 포기하고 지성소(영의 사람)가 아니라 성소에 머무르는 '혼의 사람'이 되고 말았다.

또한 엔도는 『위대한 바보』와 『내가 버린 여자』를 통해 예수처럼 살아야 한다고 역설하지만, 보다 근원적으로 "예수는 누구인가?"라는 정체성의 문제에 대해서는 눈을 감았다. 즉 그 예수가 참 진리(요 14:6)요, '만왕의 왕이요 만주의 주'(계 19:16)가 되시는 분으로 찬양과 경배를 받기에 합당한 주님이심(요 4:24; 계 5:12-14)과, 죄악과 불의에 대해 철저히 심판하고자 다시 오실 심판의 주이심(계 20:11-15)을 애써 외면했다. 그는 단지 소설을 쓰기 위해 예수와 성서를 이용했단 말일까. 그에게서 일본인이 지닌 이중적 성격, 즉 혼네(本音)와 다테마에(建前)를 본다.

2) '아버지의 종교'에서 '어머니의 종교'로

　엔도의 대표적 작품 『침묵』은 작가의 일본인으로서의 감성과 기독교의 거리를 메우고자 한 시도였지만 구체적으로 말하면 그것은 기독교를 '어머니의 종교'로써 이해하고자 한 작품이다. 그는 기독교의 하나님을 '엄한 아버지'로서의 이미지가 아니라 '자비로운 어머니'의 모습으로 보고자 했다.

　엔도는 '아버지의 종교, 어머니의 종교'에서, 일본의 문학이 기독교의 신을 심판하고 벌을 주는 신으로만 파악해 온 것을 문제점으로 지적한다. 기독교가 아버지의 종교만이 아니라 일본적-모성적인 신앙이라는 사실, 그리스도는 죄악 깊은 인간을 끝없이 용서하는 어머니와 같은 분이라는 사실을 강조하고자 했다.

　엔도는 "주인공이 마음속에 떠올리는 마치 아버지와 같은 종교의 그리스도가 마치 어머니와 같은 종교의 그리스도로 변하는 것"이야말로 『침묵』의 주제라고 말한다. 「이방인의 고뇌」에서 그는 이렇게 말한다.

　"나 자신 속에 오랫동안 거리를 느껴 오던 기독교, 기독교가 나와 인연이 없었던 이유는, 실로 기독교 중에서 아버지의 종교라는 측면을 유럽에서 강조해 왔기 때문이었다. 기독교 내 어머니의 속성과 닮은 종교의 면이 기리시탄 시대의 선교사들로부터 오늘에 이르기까지 매우 경시되었기 때문에, 우리 일본인에게 인연이 없는 것은 아닌가 하고 생각했다."

　그러기에 주인공 로드리고의 그리스도상이 '아버지와 같은 속성인 종교의 그리스도'에서 '어머니와 같은 속성인 종교의 그리스도'로 전환된 것은 "일본에 있어서 기독교의 토착화라는 어려운 물음에 대한 답"을 의탁한 것이다. 그렇다면 『침묵』은 엔도 자신의 여러 분신(分身)들이 그의 내면에서 일본적 풍토와 서구적 기독교를 둘러싸고 벌어진 하나의 드라마다. 여기서 우리는 엔도가 기독교를 '어머니의 종교'로 받아들이게 된 그의 내면적 동기가 가톨릭과 관련되어 있다는 점에서 이 문제로부터 시작해 보자.

엔도 문학의 가장 중요한 주제라 할 수 있는 '인간의 연약함과 비겁함에 대한 끝없는 연민'은 엔도 자신의 삶의 체험이나 신앙 역정과 떼어놓고는 결코 이해할 수 없다. 독자들을 사로잡는 엔도의 매력은 그 자신의 구체적인 삶과 신앙의 반영이다. 즉, 가톨릭 작가로서 그의 체험과 사상의 궤적에서 비롯된 매력이다.

엔도의 소설은 가톨릭과 깊은 관련이 있다. 그렇다면 그것은 언제 시작되었고, 어떻게 전개되었을까. 그것은 아버지와 이혼을 결심한 어머니가 엔도를 데리고 고베로 돌아온 1933년, 가톨릭 신자였던 언니의 권유로 니시노미야(西宮)에 있는 슈쿠가와(夙川) 가톨릭교회에 출석하면서부터이다. 이혼한 어머니는 가톨릭 신앙에 귀의함으로써 필사적으로 삶의 의미를 발견하고자 하였다.

서양 음악을 전공한 관계로 기독교에 대한 이미지가 이미 형성되어 있었던 어머니와 달리, 엔도 형제는 교회나 십자가가 몹시 낯설었다. 엔도는 여러 지면에서 사람들이 왜 일주일에 한 번 교회에 모여서 예배를 드리는지, 그 이유를 알 수 없었다고 썼다. 『어머니 되시는 분(母なるもの)』(1971)에서 밝혔듯이, 그는 그저 형식적으로

어머니를 따라서 교회에 출석했을 뿐이다.

1935년 6월, 엔도는 한 달 전 세례를 받은 어머니의 뒤를 따라 형과 함께 세례를 받았다. 세례명은 '바울'이었다. 엔도는 세례식에서 "하느님을 믿습니까?"라는 물음에 아무런 자각도 없이 "네, 믿습니다"라고 대답했다.

이 '비자발적인 세례'는 시간이 흐를수록 자신 속에 있는 거리감(서양 기독교와 일본적 풍토 사이의 거리감)에 대한 통절한 의식으로 심화되어 갔다. 이것은 미우라 아야코가 남자 친구인 마에카와가 보여 준 진정한 사랑을 체험한 후 기독교 신앙에 입문하였고, 니시무라 장로의 지극한 정성에 감동받아 세례를 받게 된 것과는 상당히 다른 상황이다. 그의 목소리를 직접 들어 보자.

"사실 나는 왜 어머니가 이런 것을 믿게 되셨는지 알 수 없었다. 신부의 이야기도, 성서의 사건도, 십자가도, 나 자신과는 상관없었고, 따라서 아무런 실감도 나지 않는 옛날 사진에 불과하다는 생각이 들었다. 일요일이면 모두 여기에 모여서 기침을 한다든지 아이들을 꾸짖으면서까지 두 손을 모으고자 하는 그 마음이 심히 의심스러웠다. 나는 때때로 그러한 자신에 대한 후회와 어머니에 대한 미안함을 느꼈고, 만일 정말 신이 존재한다면 나에게도 신앙심을 주십사 하고 기도를 해보았지만, 그것으로 생각이 변할 리가 없었다."

여기서 우리는 신앙이란, 하늘에서 주시는 은혜가 아니면 생겨날 수 없는 것임을 절감하게 된다. 쉽게 말해 아무리 기를 쓰고 믿어 보고자 한다고 해서, 성경 공부를 하고, 세상 지식을 많이 쌓는다고 해서 믿음이 생기는 게 아니라는 사실이다.

이처럼 스스로 사상적 번민을 거쳐 자발적으로 세례를 받기로 선택한 게 아니라는 사실은 평생 신앙과 삶의 의미에 대한 물음을 던지는 진원지가 되었다. 훗날 엔도는 자신이 몇 번이고 가톨릭 신앙을 버리려고도 했지만 버릴 수는 없었다고 술회했다.

그런데 중요한 건 그가 가톨릭 신앙에 머물게 된 연유가 그 세례가 어머니로부터 물려받은 유산이었기 때문이라는 사실이다. 이것은 엔도의 신앙이 앞으로 어떻게 전개될 것인가를 예견해 주는 중요한 대목이다. 이를 잘 말해 주는 「나와 소설(わが小說)」의 한 대목을 옮겨 본다.

"나의 세례를 예를 들어서 말한다면, 나는 어머니로부터 기성복을 받은 셈이었다. 이 양복을 입어보면, 이것은 어디까지나 양복이기 때문에, 일본인인 나의 몸에는 맞지 않았다. 어떤 곳은 짧고 어떤 곳은 길었다. 몇 번이고 몇 번이고 벗어 버렸지만, 그렇게 되면 벌거벗을 수밖에 없었다. 달리 입을 만한 것이 없기 때문이었다. 어머니가 평생에 걸쳐서 의지하시면서 살아온 것을 어린아이였던 내가 버리게 되면 어머니가 불쌍하다는 생각이 들었다. 나는 어머니에 대한 애착이 유달리 강한 사내였기 때문이다. 나의 양복을 나에게 맞추고자 하는 노력이, 나의 소설이 되어야 한다는 생각이 들었다. 즉 어머니가 주신 양복을 일본인인 나의 몸에 맞는 일본 옷으로 바꾸려는 결심을 하게 된 것이다."

당시 학교 안에 상주하던 군인들로부터 "천황인가, 그리스도인가?"라는 "일종의 후미에(踏畵, '밟는 그림'이라는 뜻)와 같은 체험"을 강요당하던 상황에서 엔도가 신앙을 지킬 수 있었던 것은 "어머니를 배신할 수 없고, 어머니가 목숨을 바쳐서 중요하게 해 온 것을 버리는 일은 있을 수 없다고 하는, 어머니에 대한 깊은 애정 때문"이었다. 엔도의 인생과 문학에서 그의 어머니는 불가결의 존재였던 것이다.

그런데 예수께서 이같이 말씀하셨다. "사람의 원수가 자기 집안 식구리라 아버지나 어머니를 나보다 더 사랑하는 자는 내게 합당하지 아니하고 아들이나 딸을 나보다 사랑하는 자도 내게 합당하지 아니하며 또 자기 십자가를 지고 나를 따르지 않는 자도 내게 합당하지 아니하니라 자기 목숨을 얻는 자는 잃을 것이요 나를 위하여 자기 목숨을 잃는 자는 얻으리라"(마 10:36-39).

예수의 참 제자가 되려면 예수보다 더 사랑하는 대상이 있어서는 안 된다. 예수를 위하여 자기 목숨을 잃을 각오가 되어 있지 않은 자도 예수의 제자로 합당하지 않다. 그런 의미에서 엔도에게 있어서 불쌍한 그의 어머니는 일생 동안 그의 신앙의 족쇄로 작용했다. 엔도의 신앙이 어머니에 대한 애정과 깊이 연관되어 있다는 사실은 어머니를 기쁘게 해 드리기 위해서 신부가 되려고 결심했다는 일화에서도 드러난다.

엔도는 1943년 20세에 게이오대학 문학부 예과에 입학하기 전 1941년 4월, 18세에 예수회가 설립한 조치대학 예과 갑류(甲類, 독일어반)에 입학하여 이듬해 2월 9일에 퇴학당했다. 이러한 사실은 엔도가 세상을 떠난 후 조치대학 도서관에 '예1B엔도 슈사쿠(豫1B遠藤周作)'라고 서명된 논문 <형이상적 신, 종교적 신(形而上的神, 宗敎的神)>이 제출되었고, 이것이 교우회 잡지인 <조치> 1호(1941.12)에 게재된 것으로 인해 확인되었다.

　엔도가 예수회가 설립한 조치대학에 입학한 것은 아들이 신부가 되기를 원했던 어머니의 희망과 무관하지 않다. 실제로 당시 어머니의 정신적 지도자였던 독일인 신부 페트루스 헤르초크(Petrus Herzog, 1905-1996)가 조치대학 문학부 교수였다는 사실로 미루어 보더라도 짐작할 수 있다.

　조치대학에 적을 둔 것은 고작 1년도 안 되는 짧은 기간이었지만, 20대 젊은 날의 설익은 열정이 엿보이는 그의 논문에서 엔도는, 신은 "우리의 정신적 내부의 실재감(sense of reality)"을 담은 존재로서 의의가 있다고 썼다.

　비자발적 세례와 비자발적 입학은 단순히 형식만이 아니었고, 그의 영혼에 지워지지 않는 '흔적'을 남겼다. 이 흔적은 그의 내면에서 심화되어, 형식적 기독교를 벗어나 그만이 "느낄 수 있는" 기독교 신앙을 추구하는 원동력이 되었다.

　엔도의 가톨릭과의 관계성은 여기서 멈추지 않는다. 1945년 게이오대학 문학부 프랑스 문학과에 진학하면서 모리아크, 베르나노스 등 프랑스의 현대 가톨릭 문학에 깊은 관심을 가졌다. 그리하여 1947년 「가톨릭 작가의 문제」를 월간지 『미타 문학』에 발표하였다.

　그리고 1950년 일본 전후 최초의 유학생으로 프랑스 리옹대학교에 입학했다. 여기서 그는 가톨릭 작가인 모리아크를 연구하게 되었고, 모리아크의 소설 『테레즈 데케이루』의 무대인 랑드 지방을 도보로 여행했다. 이 여행 중에 그는 여러 가톨릭 수도원을 방문하기도 했다.

그러나 결핵으로 인해 1953년 2월에 유학 생활을 중단하고 귀국하였다. 그해 12월 그가 그토록 의지했던 어머니가 뇌일혈로 쓰러져 58세를 일기로 세상을 떠나게 되었다. 이는 엔도에게 큰 충격이 아닐 수 없었다. 엔도는 가톨릭 국가인 프랑스로 유학 가서, 가톨릭 문학을 공부하면서 어떤 생각을 했던 걸까. 여기서 우리는 엔도가 1947년, 평론가로서 첫발을 내디디면서 쓴 데뷔작 「신들과 신」의 처음과 끝을 장식한 문장을 다시 살펴볼 필요가 있다.

"나는 지금 가톨릭 문학을 읽을 때, 가장 중요한 일의 하나는 이들 이질적인 작품들이 우리에게 당연히 느끼게 하는 '거리감'을 결코 경원시하지 않는 일, 오히려 반대로 그것을 의식하고 그것에 저항하는 일에서부터 시작해야 한다고 쓰는 것이다. 이 거리감은 우리가 본능적으로 추구하는 범신적 혈액을 끝없이 가톨릭 문학의 일신적 혈액에 반항시키고 싸움을 하게 한다고 말하는 의미이다."

여기서 우리는 엔도 문학의 원점이 '거리감에 대한 문제의식'에서 비롯되었다는 것을 알 수 있다. 즉 기독교적 일신성과 일본적 범신성의 문제이다. 엔도는 "소설의 경우도 나에게는 거의 이 하나의 주제가 날실을 이루고 있다"고 말하고 있다. 이때 그가 말하는 '이 하나의 주제'란 바로 '서구와 일본의 거리'였다.

「나의 문학(私の文學)」에서 "나의 테마는 이미 그때부터, 즉 「신들과 신」을 쓸 때부터 시작되었다"고 말한 그대로다. 이러한 진술은 엔도 자신의 운명을 예언하는 진술이 되었다. 젊은 날의 엔도는 어쩌면 나쓰메 소세키(夏目漱石, 1867-1916) 이래 지속되어 온 일본과

서구의 대결을 통한 '일본으로의 회귀'라고 하는 운명과 같은 징후가 면면히 흐르고 있었음을 직감했을 수 있다.

서구와 일본의 거리로 고심한 엔도는 서구(가톨릭)의 끈을 끊지 못하고 무엇에 홀리기라도 한 듯 가톨릭을 계속 좇아갔다. 엔도의 대표작인 『침묵』은 1966년에 발표되었다. 이 소설이 나오게 된 배경은 이렇다. 『침묵』이 발표되기 2년 전 그는 병원에 입원하여 매일 병원 침대 신세를 지면서 여러 가지 생각을 했다. 그러다가 어머니의 권유로 세례를 받은 것을 생각하면서, 자신이 서양의 종교를 믿었던 일본인들을 조상으로 둔 한 사람이라는 생각에 미쳤다.

이 조상들은 센고쿠 시대 때 박해를 당했던 기리시탄(キリシタン)들이라는 생각에 미치자 기리시탄 관계의 책들을 구해서 공부하게 되었다. 이것이 계기가 되어 병에서 회복되자 기리시탄 박해지였던 나가사키로 관광 여행을 가게 되었다.

어느 초여름 날 저녁, <오우라 천주당>(大浦天主堂)을 방문하다가 동판에 새겨진 후미에와 만나게 되었다. '후미에'란 기독교 신자를 배교시키거나 그러한 배교를 확인하기 위해서 사용된 동판에 새겨진 그림이다. 그 후미에는 피에타(pieta), 십자가에서 내려진 그리스도를 끌어안은 듯한 '슬픔의 성모'(mater dolorosa)상을 동판으로 만들어 널빤지에 고정시켜 놓은 후미에였다. 후미에를 밟았던 사람들의 발가락 자국의 검은 흔적이 도쿄로 돌아와서도 마음속에 계속 남아 있었다.

처음엔 나가사키에 가벼운 마음으로 갔는데, 이 여행 이후 엔도는 1965년 4월, 장편 소설 취재를 위해 나가사키, 시마바라, 히라도를 방문했다. 이후 여러 차례 나가사키를 여행하면서 나가사키는 그의 '마음의 고향'으로 자리 잡았다. 마침내 1966년 3월, 장편소설 『침묵』을 발표했다.

본래 이 책의 제목은 『양지(陽地)의 냄새(日向の匂い)』였는데, 출판사의 강력한 권유로 『침묵』을 제목으로 정했다는 것이다. 그런데 저자의 의도는 "신은 침묵하고 있는 것이 아니라 말씀하고 있다"는 것이었다. 즉 '침묵의 소리'라는 의미가 포함된 '침묵'이라고 생각하고 있었는데, 소설의 제목이 오독의 원인이 되고 말았다. 그래서 26년이 지난 1992년, 『침묵의 소리』을 쓰게 되었다고 한다.

필자는 2023년 2월 1일 아자브(AJAB) 회원 5인과 나가사키-소토메-시마바라 아마쿠사(天草)로 이어지는 지역을 여행하였다. 특히 탄생 100주년을 맞은 엔도 슈사쿠와 만나기 위해 <엔도 슈사쿠 문학관>을 방문하였다.

나가사키 근교 소토메 마을에 가면 2000년에 건립된 <엔도 슈사쿠 문학관>이 있다. 그곳에 엔도가 작품을 구상한 <사색 공간>이라는 장소가 있는데, 참으로 아름다운 바다 풍광을 볼 수 있는 장소다. 또한 문학관 앞에는 두 개의 바위가 있다. 하나는 <침묵의 비(碑)>이고, 다른 하나는 엔도의 말이 새겨져 있는 바위이다. 거기에 이런 말이 적혀 있다. "사람이 이다지 슬픈데도 주여, 바다는 너무나도 푸릅니다."

엔도가 소설을 구상하면서 나가사키를 여러 차례 취재하러 간 목적은 사실을 모으기 위한 것이 아니라고 한다. 이미 사실에 대해서는 충분히 조사해 두었기에 모두 머릿속에 들어가 있다는 것이다. 그가 찾으려고 했던 것은 "나의 주인공들이 일찍이 거기서 맡았던 공기의 냄새, 귀로 들었던 바람 소리, 눈으로 보았던 태양 빛과 풍경이었다"고 말하고 있다. 그러면서 엔도는 나가사키를 방문하고 침묵을 쓴 자신의 의도를 다음과 같이 피력하였다.

"후미에를 밟았던 사람들의 이야기는 결코 먼 나라의 이야기가 아니었다. 그것은 오히려 나에게 매우 절실한 문제였다. '신앙'이라고 하면 '그것은 나와는 별로 관계없는 이야기'라고 생각하실 독자가 있다면 '신앙'이라는 말 대신에 '자신의 삶의 방식이나 사상, 신념을 폭력에 의해서 굽힐 수밖에 없었던 사람들의 기분'이라고 하면 어떨까? 이것은 그 누구라도 뼈아프게 느낄 만한 문제일 것이다. 후미에의 발가락 자국은 결코 남의 일이 아니었다."

이것이 엔도로 하여금 소설을 쓰도록 했던 것이다. 엔도가 생각했던 것은 사람들을 강자와 약자로 나눈다면 나 자신은 어느 쪽에 속할까 하는 것이었다. 전쟁 중에 있던 일을 되짚어 보아도, 자기 주위에 살고 있던 사람들 대부분은 후자, 즉 약자였다. 주변에는 끝까지 강자로 남을 수 있었던 일본인이 단 한 명도 없었다. 그것이 그가 이 소설의 주인공으로서 '약자'를 선택하게 된 이유였다.

여기서 필자가 하고 싶은 말은 이것이다. "누가 강자고 누가 약자인가?" 후미에를 밟은 사람은 약자이고, 후미에를 거부하고 순교한 사람들은 강자인가? 그래서 그 강자들이 살아남았다는 것인가? 그들도 약자이기에 강자들의 폭력에 의해 죽어 간 사람들이 아닌가. 항상 그렇지만 엔도는 본질(진리와 진실)을 벗어난 주변을 맴돌고 있다.

그토록 아름다운 풍경을 지닌 나가사키(소토메) 풍경에서 엔도는 정말 볼 것을 보고 들을 것을 들었는가? 그곳이 어떤 곳인가? <일

본 26 성인 기념비>가 있는 곳이 아닌가. 그들은 모두 십자가에 달린 모습처럼 두 발이 땅 위에 들려 있는 모습을 하고 있다. 그리고 작은 어린아이 셋이 보이고, 신부는 손과 얼굴을 아래로 향하고 있는데, 다른 모든 이들은 두 손을 합장한 채 얼굴을 들고 눈을 하늘로 향한 모습을 하고 있다.

순교를 선택한 이들은 땅에 속한 것을 버리고, 하늘에 속한 영원과 영생을 바라봐야 한다는 메시지를 전하고 있다. 반면에 땅을 향해 손을 펴며 아래를 내려다보고 있는 신부는 자신들의 생명을 앗아가는 이 세상과 중생들을 불쌍히 여기며 축복을 비는 모습을 보인다.

자신의 신앙을 지키기 위해 후미에를 밟지 않고 순교한 약자들의 이야기가 나가사키가 말하고자 하는 진정한 메시지가 아닌가. 엔도는 끊임없이 진리와 진실의 주변만 맴도는 모습, 즉 볼 것을 제대로 못 보고, 들을 것을 제대로 못 듣는 '영적 소경'이자 '영적 귀머거리'였다.

기리시탄 이야기와 관련된 엔도의 또 하나의 작품이 『사무라이』다. 1980년에 발표된 이 작품으로 엔도는 일본에서 가장 중요한 문학상 중 하나인 노마(野間) 문예상을 받았다. 이 작품에서 화자인 사무라이(그의 이름은 '하세쿠라 로쿠에몬')는 엔도 자신의 모습을 담았다는 점에서 이 작품은 자전 소설로 해석될 여지가 충분하다. 이 책이 발표될 때, 엔도는 어떤 대담 자리에서 이렇게 말했다.

"이 소설은 저의 사소설 같은 것입니다. 저는 전후 최초의 유학생으로 전쟁 후 처음으로 유럽에 갔습니다. 35일간의 상당히 힘든 배 여행으로요. 바다 묘사는 역시 그때의 체험을 반영했고 아까부터 이야기하는 현재 저의 심경은 하세쿠라의 삶의 태도, 죽는 방식에 투영되어 있고요."

이 책의 내용은 이러하다. 센다이번(仙台藩)의 영주였던 다테 마사무네(伊達政宗)의 명을 받아 1613년(게이초慶長 18년) '유럽파견사절단'(慶長遺歐使節)의 일원으로 태평양을 횡단해 유럽까지 갔다가 돌아온 사무라이 하세쿠라 쓰네나가(支倉常長, 1571-1622)의 일생을 모델로 한 소설이다.

이 책의 주인공 사무라이는 하급 무사에 불과한 자로서 그가 살던 일본 동북부 지방은 '골짜기'라고 불릴 정도로 가난한 지역이다. 그가 멕시코와의 통상 거래(그 외에 대형 선박 건조 기술, 태평양 횡단 기술 및 그 항로를 알기 위한 다른 목적이 숨어 있었음)라는 중대한 센다이번의 명을 받고 백 명이 넘는 상인들(광부, 장인 등)과 통역을 위해 벨라스코(Belasco)라는 바울회(프란치스코회를 말함) 소속 신부와 함께 배에 탑승했다.

태평양을 건너 긴 항해 끝에 멕시코에 도달하지만 거기서 뜻한 바를 이루지 못한다. 그러자 다시 대서양을 건너 스페인에 도착한다. 그러나 거기서도 뜻한 바를 이루지 못하자 로마로 가서 마침내 교황을 알현한다. 하지만 목적한 바를 이루지 못한 채 귀국 길에 오른다. 온갖 고난을 무릅쓰고 마침내 일본에 도착하지만 그와 동료 무사들은 기독교 금지령 시대에 배에서 통상 목적을 위해 형식적으로 세례를 받은 것(기리시탄이라는 이유)이 문제가 되어 결국은 죽음에 이른다.

이 책은 긴 여행을 하는 동안 배 안에서와 멕시코 및 유럽에서 선교사 벨라스코가 성경과 기리시탄 이야기를 들려주면서, 이에 대한 일본인들의 반응을 생생하게 묘사하고 있다. "나는 이 세상에 불을 지르러 왔다"는 주님의 말씀처럼 선교사 벨라스코는 일본 땅에 불을 던지러 왔고, 이를 위해 순교를 마다하지 않는 하나님의 사람이었다. 그러나 사무라이는 왜 앙상하게 뼈만 남은 가엾은 십자가상의 예수를 구주로 믿는지 선교사 벨라스코나 기리시탄들을 도저히 이해할 수가 없었다.

이 소설은 작가의 말대로 사소설(자전 소설)이다. 그런 의미에서 이 책은 구도(求道)의 여정, 즉 신앙으로 향한 그의 여행 이야기다. 이 책의 주인공 사무라이(하세쿠라)는 기나긴 여행을 하는 동안 선교사가 전하는 예수에 대해 끝없는 고뇌를 하다가 마침내 형식적이나마 세례를 받고, 고국으로 돌아와 기리시탄이라는 이유로 죽임을 당한다.

그렇다면 이 죽음은 과연 어떤 죽음인가? 주인공 하세쿠라의 죽음은 예수 그리스도가 참 진리요 구주가 되시는 분으로 고백한 죽음이 아니다. 이는 늘 진리(예수)를 향한 도상에 있는 엔도의 모습이며, 이는 그 이후의 엔도의 행보를 통해서도 그대로 드러난다.

『침묵』(1966)을 발표한 이후 엔도는 여러 차례 이스라엘을 방문하였다. 그 결과물이 『사해의 언저리(死海のほとり)』(1973)와 『예수의 생애』(1973)였다. 이 방문을 통해 엔도가 깊이 느낀 것은 사해 주변의 유대 광야와 갈릴리 호반과의 대조적 모습이었다. 그러면서 광야의 소리인 세례 요한이 아버지와 같은 심판의 메시지를 전한 자라면, 갈릴리 나사렛 출신인 예수는 어머니와 같은 부드러움과 사랑의 메시지를 전한 자라는 생각을 하게 되었다.

그리하여 엔도는 사막의 종교와 같은 기독교가 아니라 숲과 농경지와 같은 종교로서의 기독교를 외치고 싶었다. 예수가 선포한 하나님은 '사막의 하나님', '이것이냐 저것이냐' 양자택일을 요구하고 잘못 선택한 자를 벌하시는 아버지 같은 하나님이 아니라 '이것도 저것도' 다 받아들이고 "모든 것이 다 잘될 터이니, 걱정 말고 편안히 쉬어라"라고 하는 어머니와 같은 사랑과 포용의 하나님이라는 것이다.

이런 어머니에 대한 본능적인 친근함은 엔도로 하여금 <누가복음>에 등장하는 유명한 탕자의 비유조차 다르게 해석하도록 이끌었다. 예수가 고향 나사렛에 돌아갔을 때 그의 모든 친척은 냉대했지만 어머니 마리아만은 그를 따뜻하게 맞아 주었다.
따라서 돌아온 탕자를 보고 "달려가 목을 안고 입맞춤"(눅 15:20)한 것은 아버지가 아니라 어머니였다고 엔도는 고쳐 읽는다. 즉 돌아온 탕자를 반갑게 맞아 준 것은 아버지 하나님이 아니라 어머니 하나님에게 더 잘 어울린다는 것이다.
여기서 흥미로운 것은 엔도는 "어째서 예수는 신의 노여움이나 벌에 대해서는 조금도 언급하지 않았을까?" 자문하고는, 유대 광야와 갈릴리 호반이라는 상반된 풍토를 들어 대답하고 있다는 점이다. 예수의 기독교는 사막의 종교가 아니라 호반의 종교, 숲의 문화 속 종교라고 보는 것이다. 이것이야말로 엔도가 얼마나 성서를 자의적으로 해석하고 있는가를 여실히 보여 주는 증거다.

예수의 생애는 갈릴리를 배경으로 하는 모습도 보이지만 메시아적 사역을 시작하면서 성령에 이끌려 광야 사막에서 40일을 금식하며 마귀로부터 시험을 받으시고 이기시며 공생애를 준비하는 모습도 드러난다(마 4:1-11; 눅 4:13). 또한 '사랑의 복음서'(요 3:16; 13:34)로 정평이 나 있는 요한복음에서 예수는 '사랑의 하나님'만이 아니라 공의를 행하시는 '심판의 하나님'이심을 분명하게 보여 주고 있다.

"아버지께서 자기 속에 생명이 있음 같이 아들에게도 생명을 주어 그 속에 있게 하셨고/ 또 인자됨으로 말미암아 심판하는 권한을 주셨느니라/ 이를 놀랍게 여기지 말라 무덤 속에 있는 자가 다 그의 음성을 들을 때가 오나니/ 선한 일을 행한 자는 생명의 부활로, 악한 일을 행한 자는 심판의 부활로 나오리라"(요 5:26-29) 하는 말씀이 대표적일 것이다.

인자(人子) 예수에게 있어 '아버지 하나님'은 탕자의 비유가 말해 주듯이 '사랑의 하나님'이자 악한 일을 행한 자에게 심판을 행하시는 '공의의 하나님'이심을 극명하게 보여 주고 있다. 예수에게 있어서 '어머니 하나님'은 없다. 피조물이자 죄인인 '어머니 마리아'가 있을 뿐이다. 성서를 자기가 읽고 싶은 대로 읽고 자의적으로 해석하는 것은 신앙인의 바른 태도가 아니다. 소설가라고 예외일 수 없다. 그것은 불경을 저지르는 행위이다.

여기서 한 가지를 더 첨부한다면 엔도는 『예수의 생애』를 집필하면서 독일의 성서 학자인 에델베르트 슈타우퍼(Ethelbert Stauffer, 1902-1979)에게 큰 영향을 받았다고 한다. 엄한 아버지와 같은 신으로부터 상냥한 어머니와 같은 신으로의 변용은 엔도 문학의 특징으로 회자되지만, 이것은 <요한복음>에 대한 엔도의 각별한 관심에 의해 이루어졌다는 것이다.

엔도는 '사실의 예수'(공관복음)와 '진실의 예수'(요한복음)를 구분하면서도 '사실성'으로부터 가장 멀리 떨어진 요한복음을 예수 이해의 전거로 이용했는데, 그 이유는 무엇일까? 그것은 일본에서의 <요한복음> 수용사(受容史)와도 겹치는 부분으로, <요한복음>은 '사랑'을 강조하는 서적으로 읽히기 때문이라는 것이다.

그런데 위에서 언급했지만 요한복음은 '사랑'만이 아닌 '공의'을 확실하게 말하는 복음서일 뿐만 아니라 더욱 중요한 것은 역사적 예수, 즉 땅에 속한 '인간 예수'를 그리고자 한 엔도에게 요한복음은 '신앙의 그리스도', 즉 하늘과 영원에 속한 '하나님 예수'를 그리고 있다는 점에서 엔도는 번지수를 잘못 찾은 것이다. 그런 의미에서 엔도는 <요한복음>을 몰라도 너무 모르고 있다는 것이 심히 안타까울 뿐이다.

4. 엔도 슈사쿠 문학의 주요 문제들

엔도의 문학은 성전(성막)에 빗대자면 성소, 즉 혼적 세계를 추구한 문학이라고 말할 수 있다. 그는 일생을 원하든 원치 않든 가톨릭이라는 종교에 몸담고 살았다. 그런 그였지만 그에게는 당연히 있어야 할 세 가지가 없었다. 첫째, 천황 숭배에 대한 고심의 문제가 없다. 둘째, 개신교와의 관계성이 없다. 셋째, 성령과의 관계성을 맺지 않았고 무심했다. 이는 크리스천 작가 미우라 문학을 이해하는 열쇠로서의 세 가지 '마이너리티'가 있는 것과는 대조적인 모습이다.

엔도는 일생을 종교와 신앙의 문제를 다루면서 '서구와 일본 간의 거리'로 고뇌했다. 그런 엔도였지만 가톨릭과 천황의 거리, 가톨릭과 개신교의 거리, 가톨릭과 성령의 거리에 대한 문제의식은 없었다. 즉 엔도는 평생을 기독교의 본질과 핵심에서 벗어나 비본질적인 주변만 맴돌았다. 가톨릭 신자로서 변죽만 울린 엔도는 기독교적 영성의 세계와는 거리가 먼 '혼의 사람'이었을 뿐이다.

1) 그 시대의 중심 문제: 천황의 문제

엔도는 그 시대의 중심 문제였던 천황에 대해 일절 언급하지 않았다. 그가 세례를 받은 1935년(12세)부터 일제가 패망한 1945년(22세)은 그의 인생에서 '진리와 정의 문제'로 가장 예민해야 했던 청소년 시절이었다.

바로 그 시절은 현인신(現人神)으로 불리는 천황 숭배(신사참배) 및 군국주의로 인한 침략으로 전쟁의 광기와 만행이 온 세상을 뒤덮은 시절이었다. 이로 인해 주변 약소 민족들이 당해야 했던 고통과 함께 태평양전쟁의 패배로 인한 자국민인 일본인들의 고통 또한 이루 말할 수 없었다.

그런데 놀라운 사실은 엔도가 이에 대해 아무 말도 하지 않고 침묵으로 일관했다는 사실이다. 이 같은 엔도의 모습은 영적 세계를 사는 참된 기독교 신자의 모습이 아니다. 그는 '가톨릭과 천황의 거리'의 문제를 애써 기피했다. 이는 동시대를 살았던 미우라 아야코와 대조되는 모습이다. 미우라는 "진짜는 하나"라고 하면서 천황을 신격화(숭배)하는 군국주의 시대와 맞서 유일신적 신앙을 지키고자 고난을 감수했다.

크리스천 작가 미우라는 그 시절에 있었던 일들에 대해 누구에게 충성하며 예배를 드려야 하는가라는 문제를 놓고 심각하게 고민하고, 교사로서 잘못 가르친 것에 대해 철저히 반성했다. 그러나 엔도 문학은 이 문제를 전혀 다루지 않고 있다. 미우라 문학과 엔도 문학의 결정적 차이가 여기에 있다.

이 문제가 중요한 까닭은 기독교 신앙의 배타성, 즉 제자도와 관련된 '그리스도 중심주의'의 문제이기 때문이다. 엔도는 고니시 유키나가의 삶을 다룬 소설 『숙적』과 관련해 나눈 인터뷰에서 이런 말을 했다.

"저는 전쟁 중에 살았던 사람이기 때문에 탄압에 대해서 신자들이 어떻게 반응하는가에 대해 처음부터 흥미가 있었습니다. 그런 상황 속에서도 떳떳하게 사는 '강자'들은 의연한 자세로 순교도 할 수 있었습니다만, '약자'는 어떻게 살았을까? 『침묵』 이후 줄곧 그것을 생각해 왔습니다. 성서에 나오는 그리스도의 제자들도 약자들인지라 스승이 살해되었을 때는 뿔뿔이 흩어져 도망갔지만, 나중에 강자로 변하지요. 무엇이 그들을 변하게 만들었을까? 이것은 제가 성서를 읽을 때 해석해야 할 숙제로 여긴 부분이기도 했습니다."

김승철 박사는 엔도 문학을 일컬어 '흔적과 아픔의 문학'이라고 명명했다. 약자에 대한 배려와 관심, 그리고 일상의 작은 일들에 대해서는 그렇게 흔적과 아픔의 상처가 있다는 엔도였는데, 세상을 전쟁의 광풍으로 몰아가고, 천황 숭배로 온 나라와 주변 국가들을 귀신과 악령에 사로잡히게 하던 그 시절, 그 엄청난 죄악과 고통의 현실을 마주하던 영혼에는 아무런 흔적이나 아픔이 새겨지지 않았다는 것인가. 그래서 일관되게 침묵하고 있는 것인가.

엔도를 비롯한 종교다원주의자들은 기독교의 배타성, 즉 '그리스도 중심주의'를 극복되어야 할 부정적인 것으로 본다. 그런데 과연 그러한가. 아니다! 결론부터 말한다면 기독교는 철저히 배타적인 종교이고, 배타적이어야 할 종교다. 그리고 기독교의 정체성은 '진리의 배타성'에 있다.

따라서 기독교는 타종교와 통합할 수 있는 성질의 종교가 아니며, 그리스도 중심주의의 배타성은 극복해야 할 그 무엇이 아니라 오히려 온 인류가 굳게 붙들어야 할 진리의 마지막 보루다. 그 까닭은 이러하다.

사람들은 보통 '진리는 보편성을 지닌다'고 말한다. 그러면서 진리에는 자연스레 '배타성'이 있을 수밖에 없다는 사실을 간과한다. 진리에는 보편성과 배타성이 함께 있어야 그것이 온전한 진리다. 이 둘 중에 하나만 있으면 그것은 부분적 진리일 뿐 전체적 의미의 참 진리라고 말할 수 없다.

진리가 보편성을 띤다는 말은 인간 세계가 보편적으로 추구하는 가치인 사랑, 자유, 정의, 평화, 생명과 같은 것을 표방할 때 하는 말이다. 그리고 진리가 배타성을 띤다는 말은 그 하나만이 참이고 다른 것은 참이 아닌 거짓이나 오류를 일컬을 때 하는 말이다. 이를 연애와 결혼을 비유로 말해 보자.

연애도 결혼도 인간이라면 누구나 하는 '사랑'이라는 점에서 보편성이 있다. 그런데 이 둘의 결정적인 차이는 이렇다. 연애는 만인을 선택하여 사랑할 수 있다(과정[process]이자 多의 의미). 그런데 결혼은 연애의 마침표를 찍는 것이다. 정상적인 결혼은 한 남자와 한 여자가 하는 것이다.

그러기에 한 남자(한 여자)를 선택했다면 나머지 남자(여자)는 모두 포기해야 한다(一者와 完成의 의미). 그렇지 않고서 결혼은 성립되지 않는다. 이는 결혼이란 그 자체가 철저히 배타성을 띠고 있다는 것을 말한다. 이러한 결혼의 배타성을 두고 그것은 아집이고 독선이며, 따라서 '극복해야 할 나쁜 제도다'라고 말할 수 있는가.

하나님이 창조하신 결혼은 한편으로는 배타성을 띠기도 하지만, 다른 한편으로는 그 동안 혼자 살던 사람이 결혼하여 남녀가 함께 살면서 '나' 밖에 있는 성(性)이 다른 남을 사랑하는 것을 배우고, 자녀를 낳고 기르면서 만인을 사랑하는 방향으로 나아가게 한다. 이를 예수와 타종교의 성인들에 비유해서 말해 보자.

예수 이전의 타종교의 성현들은 예수라는 일자(一者)가 올 때까지 초등 교사(몽학 선생, 갈 3:24-25) 역할을 한 과정에 있는 존재들이다. 이를 요한복음은 세례 요한의 말, 즉 신랑 되신 예수는 복음 시대를 연 결혼의 주인공이고, 자신을 비롯한 구약의 성현들은 율법 시대에 속한 자들로서 신랑 되신 예수의 결혼을 축하하기 위해 들러리를 선 자의 기쁨으로 비유하고 있다(요 3:29-30).

예를 들어 보자. 수학에서 2+2=4이다. 이것은 수(數)의 진리이고 배타적 진리이다. 그 누군가가 2+2=4가 아니라 3도 될 수 있고 5도 될 수 있다고 하면 그것은 수학적 진리가 아니다. 이 공식을 두고 1명이 4라고 말하고, 99명이 3이라고 말했다 하자. 그럴 경우 보편적인 대다수가 말한 3이 진리가 아니라 단 한 사람이 말했다 할지라도 4라고 말한 그 사람이 진리이다. 4만이 옳다고 주장한다고 그것이 아집과 독선인가. 수학적 진리는 철저히 배타적이며, 이 같은 배타적 진리를 잘못되었다고 말하는 사람이 있다면 그는 정상적인 사람이 아닌 이상한 사람이다.

계약 법전(출 20:22-23:33)의 전체 포인트가 유일한 참 하나님이신 야웨와의 배타적 관계에 들어가는 것이듯이, 요한복음의 전체 포인트는 예수와의 배타적 관계에 들어가는 것이다. 그런데 진리는 수학적 진리만 있는 것이 아니다. 종교적 진리를 비롯하여 수많은 진리가 있다.

그러한 진리를 모두 합쳐 한마디로 '도'(道)라고 하자. 그 도에는 '예수의 도'만이 아니라 '석가의 도', '공자의 도', '노자의 도' 등 기독교 외에 '타종교의 도'가 있다. 그뿐 아니라 '예술가의 도', '군인의 도', '정치가의 도', 상업(상인)의 길인 '상도'(商道)도 있다.

여기서 생각해야 할 것은 그 '도'가 언제 어디서 누구에게서 나온 도인지, 그리고 어떤 도를 말하는 것인지를 철저히 살펴야 한다. 그래야 서로 간에 어떤 점에서 같은 도이고, 어떤 점에서 차이가 나는 도인지가 분명하게 밝혀지는 것이다.

여기서 예수교와 동양의 제 종교가 결정적으로 다른 것은 아래에서 다시 자세히 언급하겠지만 예수는 '위로부터 오시는 이'(4차원)였고, 성인들은 '땅에서 난 이'(3차원)였기 때문이다(요 3:31-34). 이를 다른 말로 하면 예수교는 '하나님(예수 그리스도)이 주어진 종교'(4차원)인 데 반해, 타종교는 '인간(나)이 주어진 종교'(3차원)라는 사실이다.

동양의 제 종교는 하나님이신 독생자 예수 그리스도가 올 때까지 초등 교사 역할을 할 뿐이다. 한편, 많은 기독교인들이 타종교와 평화를 모색하기 위해 기독교의 배타성을 버리거나 극복해야 한다고 말한다. 그러나 이것은 예수(성경)가 원하는 길이 아니다.

누가복음 12장 49-51절에서 예수께서 하신 말씀을 풀어서 말하면 이렇다. 예수는 불을 땅에 던지러 왔다, 즉 이전의 모든 부분 진리를 다 불태우고 절대 진리를 이 세상에 들려주고자 왔다. 그리고 이 진리가 이루어질 때까지 자신이 얼마나 답답할 것이며, 이를 위해 자신이 받아야 할 세례(죽음)가 있다고 하였다. 그러면서 자신은 세상에 화평을 주려고 온 것이 아니라 도리어 분쟁케 하기 위해 오셨다고 하였다.

예수가 참 진리, 즉 진리의 배타성 때문에 이 세상에 분쟁하러 오셨다고 했는데, 어찌 예수를 따르는 크리스천이라고 하면서, 세상과 평화를 이룬다는 명분을 내세워 예수의 말씀을 포기하고 세상과 타협하려고 하는가. 이는 속 좁은 편협성을 추구하자는 뜻이 아니다. 이는 기독교인이 해서는 안 되는, 참 진리를 스스로 허무는 일이기 때문이다. 기독교회가 진리의 배타성을 지켜야 하는 까닭은 정체성을 잃은 종교는 몰락할 수밖에 없기 때문이다.

'하나님의 이름이 거룩히 여김을 받으시옵소서'라는 예수의 주기도는 영원한 진리이다. 필자는 예수의 이름으로 분명히 선언한다. "진리의 배타성으로 인해 실족하지 않는 자에게 복 있을진저(마 11:6)! 그리고 진리의 배타성을 허물어뜨리는 자에게 화 있을진저(눅 6:26)!" 바울이 왜 갈라디아 교인들을 향해 분노했는가? 그리스도의 은혜를 말하는 십자가 복음을 떠나 다른 복음을 따르는 자가 있었기 때문이다.

바울은 행함(율법, 할례)으로 구원을 얻는다고 말하는 유대 거짓 교사들의 주장은 '십자가의 은혜'를 무효화하는 것이기에 목숨을 걸고 항변했다(고전 1:18; 갈 2:21; 6:14). 그리하여 그리스도의 복음 이외에 다른 복음을 전하는 자는 저주를 받을지어다(갈 1:6-9)라고 독설을 퍼부었다. 예수가 말하는 진리의 배타성을 받아들이거나 거부하든지 둘 중 하나(either ~ or)이지, 이것도 저것도(both~and) 다 같은 진리를 말한다는 종교다원주의 사상은 올바른 크리스천의 자세가 아니다.

결혼을 하려면 하나를 선택하고 나머지는 다 포기해야 하듯이, 둘 중 하나를 선택해야 한다. 둘 다를 붙드는 것은 죽도 밥도 안 되고 두 마리 토끼를 잡으려다 다 놓치는 꼴이다. 여기서 말하고자 하는 것은 8백만의 신이 있다는 일본에서 진정한 크리스천이 된다는 것은 일본의 뿌리 깊은 전통, 즉 천황을 비롯한 온갖 '잡신(雜神)과의 투쟁'에서 이기지 않고는 힘들다는 것이다.

2) 개신교(프로테스탄트)와의 관계성 문제

엔도는 일생을 '서구와 일본의 거리' 문제로 고심했다. 그런데 서구 기독교는 로마 가톨릭(천주교)과 프로테스탄트(개신교)로 되어 있는데, 엔도의 서구 기독교는 오직 가톨릭만이고, 개신교는 안중에 없었다. 그는 가톨릭의 나라 프랑스와는 친근했으나 개신교의 나라 독일과는 거리가 멀었다. 그리하여 가톨릭과 개신교의 거리(차이)에 대한 인식을 제대로 하지 못했다.

도올 김용옥 선생은 '서구 기독교'와 '성서 기독교'를 동일한 것으로 보고 싸잡아 비난함으로써 기독교를 왜곡시켰다. 마찬가지로 엔도 또한 가톨릭과 개신교를 동일한 서구 기독교로 보고 극복해야 할 대상으로 보면서 서구 기독교를 왜곡시켰다. 이 문제가 중요한 것은 '아드 폰테스'(Ad fontes, 근원으로 돌아가자)를 모토로 하는 개신교 종교개혁의 핵심 내용인 '오직 성경'(Sola Scriptura), '오직 그리스도'(Solus Christus)에 대한 인식 때문이다.

그러니까 엔도가 '오직 성경'이나 '오직 그리스도'를 말하는 프로테스탄트에 보다 깊이 천착했다면 서구 기독교에 대한 거리감은 이전보다 좁혀졌을 지도 모르겠다. 하지만 일본에서 대표적인 개신교 신앙인인 우치무라도 '성서적 기독교'(약자와 평화의 '십자가 기독교')보다는 '일본적 기독교'(강자와 칼의 '사무라이 기독교')로 회귀한 모습에서 그럴 가능성도 별로 없어 보인다.

더욱이 엔도는 일생 동안 어머니에 대한 애착이 강했고, 그의 유전자 속에는 일본적(아시아적) 영성으로의 회귀를 바라는 마음이 가득했다. 엔도가 제2의 마음의 고향으로 여기는 나가사키와 무의식 속에 잠재되어 있는 인도의 바라나시(Varanasi)를 흐르는 갠지스강(Ganga)에서 느낀 '어머니의 종교'는 '아버지의 종교'인 성서(예수)를 왜곡한 하나의 구체적인 실례에 속한다.

마사무네 하쿠초는 "나는 신이 무서운 신이라고 믿고 있다"고 하면서, 구약의 야웨 하나님에 대한 자신의 견해를 이렇게 피력하였다.

"절대자는 '용서하는 자'나 '사랑하는 자'가 아니라 홀로 그의 비밀을 꿰뚫어 보는 자, 싸늘하게 응시하고 있는 자이다. 그리고 마지막 심판에서 그 비밀을 백일하에 드러내면서 재판하는 자이다. 절대자는 그때 진노하는 신, 처벌하는 신이다. 구약의 야웨는 신약성서가 말하는 사랑의 그리스도가 아니라 무섭고도 가혹한 아버지 하나님이다."

이 같은 생각은 하쿠초만이 아니다. 메이지 이후의 일본 문학자들도 거의 같은 관념으로 기독교의 신을 생각하였다. 대부분의 사람들은 기독교마저도 '사랑의 종교'라기보다는 '자기를 추궁하는 종교'라고 여겼다. 메이지 이후의 일본인이 기독교에 대해서 막연하게나마 생각하던 혐오 속에는, 무엇보다도 먼저 서양 종교의 이

질감, 거리감과 함께 신과 교의에 대해서 지금 말한 것과 같은 일방적인 해석들이 숨어 있다.

하나님에 대한 이 같은 하쿠초의 주장에 대해 엔도는 그것은 지나치게 편파적인 해석이라고 말하면서, 가나의 혼인 잔치에서 어머니 마리아가 등장하여 물로 포도주를 만든 예수의 기적 이야기(요 2:1-11)를 언급하였다. 그러나 엔도의 무의식 속에 잠재된 부모에 대한 이미지는 하쿠초의 주장에 상당히 가깝다. 엔도는 어린 시절 부모의 불화로 인한 이혼, 그리고 이에 따른 불쌍한 어머니에 대한 강한 애착을 지녔다. 그러면서 아버지에 대한 거부감이 그의 일생을 따라다녔다. 이때의 상황을 부연 설명해 보자.

1926년, 엔도의 가족은 은행원이었던 아버지의 전근으로 만주의 다롄으로 이주했다. 이곳에서 보낸 어린 시절의 체험이야말로 엔도 문학의 출발점이 되었다. 몇 년 후 남편에게 나이 어린 정부(情婦)가 생긴 것을 알게 된 어머니는 결국 이혼하기에 이르렀다.

그 사이 가정의 음울한 분위기에서 나날을 보낸 다롄에서의 생활은 소년 엔도의 무의식 속에 깊은 흔적을 남겨 놓았다. 작품집『天使(천사)』(1980)에 실린 단편에서 엔도는 실로 반세기만에 다롄을 다시 찾은 자신의 소회를 다음과 같이 토로했다.

"다롄에 대한 나의 기억은 절반은 밝고, 절반은 어둡고 음울한 것이다. 밝은 기억이란 네 살 때 다롄에 부모님과 함께 와서 소학교 3학년이 될 때까지 계속된다. 그리고 그 소학교 학년이 되었을 무렵 부모님의 불화가 시작되어, 아버지와 이혼하기로 결심한 어머니가 형과 나를 데리고 일본에 돌아오기까지는 어두운 기억밖에 없다. 그 무렵은 집에 돌아가는 것이 싫었다. 어머니의 어두운 얼굴을 보지 않을 수 없었기 때문이었다. 그 무렵 아버지와 어머니는 밤 늦게까지 응접실에서 이야기를 하셨고, 때때로 아버지의 화난 목소리가 잠자리에 누운 나의 귀에 까지도 멀리서부터 들려왔다. 지금까지는 참 행복했는데, 갑자기 눈앞에 나타난 이 사태를 어떻게 하면 좋을지 나는 알 수 없었다. 잠자리에서 나는 손가락으로 귀를 막고 두 분이 싸우는 소리를 듣지 않으려고 애썼다. 그것이 단 하나 내가 빠져나갈 수 있는 유일한 길이었다. 형은 아무 말없이 공부만 하고 있었다. 그래서 교실에서도 선생님의 수업을 듣지 않았다. 선생님이나 친구들도 멍하니 무언가를 보고 있는 내 마음을 몰랐을 것이다. 나는 그런 나의 마음을 감추기 위해서 못된 짓을 한다든지, 얼뜬 행동을 하였다. 자기 가정의 비밀이나 외로움을 단 하나를 제외하고는 그 누구에게도 말하지 않았다. 단 하나란 '쿠로'라는 개였다. 자신의 슬픔을 감추기 위해서 못되고 얼뜬 짓을 하는 그 성격은 지금까지도 내 안에서 계속되고 있다. 오히려 다롄에서 그러한 습관이 형성되었다고 해도 좋을 것이다. 자기 마음속의 비밀을 한 사람을 제외하고는 그 누구에게도 말하지 않았다. 이러한 경향은 지금도 사라지지 않았다. 단 한 사람이란 '나의 예수'이고, 그 옆에는 돌아가신 어머니와 형이 있다. 생각해 보면 지금의 내 성격은 다롄 시대의 어두운 나날 속에서 만들어졌는지도 모른다."

엔도의 불쌍한 어머니에 대한 강한 애착은 어린 시절에 겪었던 부모님의 이혼 속에 내재된 아버지에 대한 강한 거부감에서 비롯되었다고 볼 수 있다. 엔도의 무의식 속에 각인된 어머니 이미지는 아버지로부터 버림을 받은 여인으로서의 어머니였다. 이는 가톨릭의 '슬픔의 성모 마리아'에 대한 이미지와 무의식적 공감대를 이루었는지도 모른다.

엔도는 두 번째 마음의 고향인 나가사키를 여러 차례 방문하였다. 거기서 본 '가쿠레 기리시탄'(숨은 그리스도인)의 '마리아 관음상'은 여성적인 자태의 표정이 새겨져 있다. 그래서 그 앞에서 남몰래 기도를 드렸던 배교자들의 자손도 그 백의(白衣)로부터 성모 마리아가 쓰고 있는 베일을 연상하고, 가슴에 건 영락(瓔珞)을 보면서 로사리오(콘타츠)를 연상하여 이것을 모성 '마리아'라고 여겼을 것이다. 그들은 여기에서 '어머니'의 이미지를 보았다. 그들은 '아버지'가 무서웠기 때문이다.

배교자들인 그들에게는 자신들의 어두운 과거를 알고 있는 데우스(Deus)가 무서웠다. 그래서 엄격한 '아버지' 대신에 자신들을 용서하고, 그 상처를 같이 아파해 줄 존재가 필요했다. 분노의 아버지가 아니라 자상하고 부드러운 어머니를 필요로 했다.

개신교도들에게 성모는 중요한 의미를 지니지 않는다. 그러나 가톨릭 신자에게 있어서는 성모는 중개자로서의 의미가 있다. 여기에서 가쿠레 기리시탄의 기독교는 '아버지의 종교'로부터 '어머니의 종교'로 조금씩 바뀌어 갔다.

여기서 분명히 해 둘 것이 있다. 가톨릭도 기독교에 속하고, 가톨릭 신자도 기독교 신자라면, 기독교 신앙이란 자기가 원하는 것, 자기가 믿고 싶은 것을 믿는 것이 아니다. 성경이 말씀하는 것을 믿는 것이 기독교 신앙이다. 여기서 성경이 말하는 기독교라는 종교는 기본적으로 '아버지의 종교'라는 사실이다.

'아버지의 종교'인 기독교에는 '사랑의 하나님'(모성적 모습)과 더불어 '공의의 하나님'(부성적 모습)이라는 두 요소가 함께 깃들어 있다. 다만 모성적 모습, 즉 부드러운 사랑의 하나님의 모습만이 아니라 부성적 모습, 즉 심판하시는 공의의 하나님이라는 모습이 필요한 것은 공의에 따른 심판이 없을 시 이 세상은 불의에 따른 혼돈의 세상이 되기 때문이다.

그렇기에 성경이 말하는 올바른 하나님에 대한 이해가 절실히 요청된다. 구약의 히브리 종교(Hebraism)에 나타난 일신교적 야웨 신앙이나 신약의 기독교(Christianity)의 삼위일체적 예수 신앙은 '야웨 중심주의'와 '그리스도 중심주의'라는 배타적 진리를 말하고 있다.

이 같은 배타적 진리가 성경이 말하는 참 진리이고, 이 같은 참 진리에서 벗어난 것에 대해 하나님은 무서운 정의의 심판을 내린다. 그러기에 '사랑과 은혜의 하나님'은 또한 '정의와 심판의 하나님'이시다. 게다가 하나님을 '아버지'로 부르는 데에는 가장으로서의 한 가족을 책임진다는 의미를 내포한다.

하나님에 대한 오해는 이러한 하나님의 양면적 모습을 제대로 이해하지 못한 데에서 비롯된다. 따라서 성경의 하나님을 무섭고 폭력적인 공의(심판)의 하나님으로서 남성적 이미지만을 부각시키는 것은 그보다 앞서 있는 사랑과 은혜의 아버지 하나님을 모르는 소행이고, 이는 아버지 하나님에 대한 이해의 결여에서 나온 무지의 소치일 뿐이다.

구약의 예언자들을 예로 들어 보자. 가령 구약의 하나님 야웨가 단지 분노하고 심판하는 무서운 하나님(남성적 모습)이라는 말이 맞다면, 구약의 예언자들의 외침은 빗나간 열정에 불과해진다. 즉 바알과 아세라 여신을 숭배한 이스라엘 백성을 향해 혼합주의 신앙을 버리고 오직 유일신 야웨 하나님(신 6:4)께로 돌아오지 않으면 하나님의 무서운 심판이 임할 것이라고 경고한 예언자들의 외침은 잘못된 것이 되어 버린다.

유일신 야웨 신앙을 떠나 풍요와 다산의 신 바알과 아세라 여신을 섬기던 북 왕국 이스라엘의 아합 시대에 선지자 엘리야는 갈멜산에서 바알의 선지자들과 백성들이 모인 자리에서 이런 말을 했다. "너희가 어느 때까지 둘 사이에서 머뭇머뭇 하려느냐 여호와가 만일 하나님이면 그를 따르고 바알이 만일 하나님이면 그를 따를지니라"(왕상 18:21). 이러한 엘리야의 무서운 경고의 외침이 잘못된 하나님 이해인가.

북 왕국 이스라엘의 예언자 호세아는 이스라엘 사람들이 '바알과 아세라' 부부 관계를 바알 자리에 야웨를 대체하여 '야웨와 아세라'라는 혼합주의 신앙을 섬기는 것에 대해 질타하였다. 엔도는 '성부와 성자'의 관계, 즉 '아버지와 아들'의 관계라는 것을 아버지 대신 어머니로 치환하여 '어머니와 아들'의 관계로 만들어 버렸다. 그리하여 '아버지의 종교'를 '어머니의 종교'로 변용시켰다. 이는 신구약성경에 나타난 아버지 하나님에 대한 왜곡이 아닐 수 없다.

예수의 하나님 상은 기독교가 '아버지의 종교'임을 분명히 하고 있다. 예수는 주기도(마 6:9-13)에서 '하늘에 계신 우리 아버지'라고 부르며 기도한다. 또한 고별 기도(요 17장)에서 예수는 "하늘을 우러러 이르시되 아버지여 때가 이르렀사오니"라고 기도하셨다. 그리고 예수는 "나와 아버지는 하나이니라"(요 10:30)라고 말씀하셨고, 탕자의 비유(눅 15:11-32)에서는 집 나간 아들을 목 빠지게 기다리시는 아버지의 사랑을 말씀하셨다.

그리고 요한복음은 '보내다'라는 두 동사(πέμπω[펨포]와 ἀποστελλω[아포스텔로])를 무려 60회나 사용하여 자신을 '아버지께서 보내신 분'이라고 언급하고 있다. 또한 예수는 겟세마네 동산에서 "아빠 아버지여"(막 15:36; 롬 8:15; 갈 4:6 참조)라고 부르며 간절히 기도하였다. 이렇듯 성서의 예수는 '아버지와 아들'의 관계를 말하고 있다. '어머니와 아들'의 관계를 말하는 대목은 없다. 그 까닭은 '어머니'는 '하나님'의 호칭이 아니기 때문이다.

성모 마리아는 하나님이 아니라 우리가 같은 한낱 피조물이자 죄인에 불과하다. 그래서 성경은 성모 마리아의 이름을 통한 기도에 대해서는 한마디의 언급도 없다. 오직 "지금까지는 너희가 내 이름으로 아무것도 구하지 아니하였으나 구하라 그리하면 받으리니 너희 기쁨이 충만하리라"(요 16:24)라고 말씀하고 있다. 그러기에 '아버지'의 자리에 '어머니'를 넣어서 '어머니와 아들'의 관계를 말하는 것은 야웨 자리에 바알을 넣는 것과 같은 혼합주의 신앙이지 성서적 신앙은 아니다.

엔도는 잠재적인 무의식 속에 가쿠레 기리시탄들이 믿는 '어머니의 종교'에 정신적으로 공감을 하고 있었다. 이를 잘 보여 주는 책이 그의 마지막 작품인 『깊은 강』이다. 이 책은 집필 시기(1992)나 작품의 내용으로 볼 때 '혼의 성소'로서의 그의 작품이 도달한 결정체라고 할 수 있다. 다시 말하면 이 작품은 서구와 일본의 거리감에서 고뇌하던 작가 엔도가 마침내 도달한 '어머니의 종교'로서의 일본적 감성(범신적 영성)의 세계를 유감없이 보여 주었다.

사람은 누구나 인간인 한 '털어놓느니 차라리 죽는 편이 낫겠다'고 여기는 비밀이 어두운 의식 뒤에 숨겨져 있다. 정신의학은 마음의 질병은 고칠 수 있어도 마음보다 안쪽에 있는 세계, 저 영혼의 영역까지 손댈 수는 없다. 만약 사소설이라는 형태로 자기 고백을

함으로써 그 비밀로부터 해방되고, 다른 사람으로부터 용서받기를 바랐다면 그것은 어리석은 짓이다. 그런데 엔도는 자신의 비밀을 털어놓는 어리석은 짓을 감행했다.

엔도는 『침묵』을 다 쓰고 나서도 몇 번이나 나가사키를 다녀왔다. 사람들은 누구나 자기 내면에 가장 적합한 거리나 장소를 어딘가에 품고 있는데, 청년기와 장년기에 나가사키가 그 마음의 큰 부분을 차지하고 있었다고 한다. 나가사키야말로 자기 마음의 고향이라고 했다.

그런 그가 『침묵』이라는 소설을 완성한 뒤에는 '모든 것이 헛될 뿐이다'라는 기분이 된 것은 어쩔 수 없는 일이었다고 한다. 그러면서 지금의 자신에게 있어 마음의 도시는 '인도의 바라나시'(갠지스 강)라고 하였다. 이것이 비밀로 감추고 싶었던 엔도의 진짜 속마음이었다.

엔도는 이미 1972년 월간지 『군조(群像)』에 발표한 「갠지스 강과 유다의 황야」(ガンジス河とユダの荒野)라는 수필에서 '만물의 근원'으로서의 갠지스 강에 대한 관심을 표출하였다. 그는 인도의 갠지스 강과 바라나시에서 받은 인상을 이렇게 쓰고 있다.

"바라나시는 뉴델리로부터 국내선 항공기로 한 시간 정도 걸리는 힌두교도들의 성지다. 힌두교도는 이 거룩한 마을에서 죽기 위해 이리로 온다. 그들이 죽으면 그 시체는 마을 옆을 흐르는 어머니이신 갠지스 강에서 태워지고, 그 재는 강에 흘려보낸다. 나는 힌두교도는 아니다. 난해하고도 심원한 그 교의의 내용은 전혀 모른다. 그럼에도 불구하고 나의 체내에는 어머니이신 갠지스 강과 바라나시의 마을을 보고 싶다는 욕망이

어딘가에 있다. 내가 바라나시에 갔던 이유의 하나는 그 욕망의 이유를 찾아보겠다는 것이었다."

여기서 우리는 1992년에 발표된 『깊은 강』의 주제가 이미 20여 년 전에 발효하고 있었음을 알 수 있는 동시에, 엔도 문학의 기축이 되는 '어머니 되시는 분'에 대한 희구가 '강'이라는 상징에 의탁 되어 천착 되고 있음을 엿보게 된다. 엔도가 '강'을 '무의식'을 상징하는 것으로 이해한 부분은 대단히 흥미롭다.

실제로 엔도는 『깊은 강』을 집필하고 있을 때 영국의 종교다원주의 신학자인 존 힉(John H. Hick, 1922-2012)의 『종교다원주의』를 접하고 큰 충격을 받았다. 이 만남을 그는 "무의식이 추구해오던 것"과의 만남이라고 이해했다. 종교다원주의 사상에 접한 엔도의 '나의 그리스도'는 비가 강을 이루어 굽이굽이 흘러가는 가운데 형상화되었다.
무의식을 상징하는 '강'에서 엔도가 강렬한 인상을 받은 까닭은 그 강(갠지스 강)이 자신의 무의식 속에서 추구한 일본적 영성과 서구적 기독교의 만남 내지는 서구적 기독교의 일본적 변용이라는 주제와 합류되었기 때문이다.

엔도 자신이 말하고 있듯이, 『깊은 강』의 배경이 되는 인도 여행(1990)을 "자신의 무의식 속에서의 여행"이었다고 고백하고 있다. 이 작품에서 작중 인물들이 '물'과 관련된 이름들로 다수 등장하는 것은 흥미롭다. 주인공 '오츠(大津)'를 비롯하여 오츠의 주위를 맴도는 여인 미츠코(美津子), 죽은 아내의 재생을 좇는 이소베(磯邊),

제2차 세계대전 중 전사한 동료들의 넋을 위로하기 위해 인도까지 온 누마타(沼田) 등의 이름 모두 '물'과 관련이 있다.

엔도 문학은 '물'이라는 상징을 매개로 전개되는데, 물의 근원적인 귀결점인 『깊은 강』은 엔도가 태어나고 자라나 다시금 그리로 돌아가지 않을 수 없는 마음의 고향으로서의 귀거래사였다. 엔도가 『어머니 되시는 분』이라는 단편에서 희구(希求)했다시피 그것은 서양의 기독교로부터 아시아의 기독교로 '개종'한 엔도가 돌아갈 구원(救援)의 '어머니 되시는 분'의 품이었고, 영원한 은혜의 강이었다.

이미 언급했듯이 어린 시절과 청소년기를 항구도시인 만주의 다롄과 일본 고베에서 자란 엔도는 '물'에 대해 친숙했고, 바다(강)는 무의식 속에 자리 잡은 모든 것을 품는 어머니의 품이었고, 엔도는 그 품으로 돌아가고자 했다. 흥미로운 사실은 '서구의 기독교'와 '일본의 정신적 풍토'를 날카롭게 대립시켰던 엔도에게 있어서 이러한 대립의 양항(兩項)이 '물'이라는 상징을 매개로 어우러진다는 점이다.

엔도에게 있어서 '물'은 자신에게 흘러 들어온 모든 것을 끝없이 삼키는 일본적 범신성의 다른 이름이다. 그렇다고 한다면 '물'을 통해서 기독교와 일본이 만난다는 사실은 서구 기독교가 일본의 정신성이라는 '물' 속에 녹아 든다는 사실과 동시에 일본이라는 풍토에 들어온 서구의 기독교 역시 어느새 '물'로 변한다는 사실이다.

엔도의 작품에 자주 등장하는 장맛비나 안개비도 이러한 맥락에서 이해할 수 있는데, "봄비나 한 차례 비 온 후의 습윤한 풍경"

이 그려내는 '범신적 미학'은 엔도의 문학 전체를 규정하는 근원적 풍경이 되었다.

엔도 문학의 정점이라고 할 수 있는 『침묵』 속에서도 엔도는 일본을 '진흙밭'에 비유한다. 후미에를 밟음으로써 배교한 신부에게 "신부는 이 일본이라고 하는 진흙밭에 패한 것이오"라는 기독교 금지령의 중심인물이었던 이노우에 마사시게(井上政重)의 표현대로 '진흙밭'이란, 일본이라는 풍토 속에서 기독교가 다시 태어나기 위해서는 통과하지 않으면 안 될 좁은 문이었다.

이렇게 '봄비'로부터 '바다'를 거쳐 '진흙밭'에 이르기까지 엔도의 혼의 여정은 마침내 「갠지스 강과 유다의 황야」에 나오는 표현대로 '어머니 되시는 분의 이미지를 의탁한 강'으로서의 '깊은 강'에 이르게 되었다. 그리고 이러한 과정을 거치면서 엔도가 희구해 온 '어머니 되시는 분'으로서의 신의 모습이 조형되기에 이르렀다.

여기서 우리는 묻지 않을 수 없다. 같은 일본인이요 기독교인인데 미우라는 서구와 일본의 거리감을 별로 느끼지 않은 데 반해, 왜 엔도는 일생을 이들 사이에 놓인 '거리감' 때문에 고뇌했을까? 남자와 여자의 차이 때문인가. 많이 배운 자와 못 배운 자의 차이 때문인가, 서구 유학을 다녀온 자와 안 다녀온 자의 차이 때문인가, 태어난 지역의 차이 때문인가, 가톨릭 신자와 개신교 신자의 차이 때문인까.

필자는 모두 아니라고 생각한다. 오직 한 가지, "예수는 누구인가?"에 대한 예수 이해의 차이, 다른 말로 하면 참 진리이신 예수와 만나는 '유레카'(Eureka) 체험의 차이에서 비롯되었다고 생각한다. 이는 세상적으로 말하면 '운명'이고, 기독교적으로 말하면 '섭리'나 '예정'에 속한다고 말할 수 있다.

　예수를 그리스도로 믿게 된 기독교 신앙에 들어온 사람들을 살펴보자. 그 누구보다도 사도 요한은 예수의 '품'(κόλπος, 콜포스)에 안김(요 13:23)으로써 예수가 누구인지를 가장 확실하게 아는 제자가 되었다(요 14:6). 자신이 만난 예수는 창세 전에 하나님의 '품'(κόλπος)에 안긴 독생자 하나님의 아들이심(요 1:18)을 확실히 깨닫게 되었고, 이를 요한복음을 통해 확실하게 증언해 주고 있다.

　요한복음 1장 35절 이하를 보면 세례 요한을 따르던 두 제자가 예수가 출현하자 그를 따르고자 나아오거늘 예수께서 "무엇을 구하느냐?"라고 물었다. 여기서 '구한다'라는 말은 '찾는다'라는 말과 같다. 두 제자는 메시아를 찾고 있었다. 예수를 만난 후 안드레는 형제 시몬(베드로)을 찾아가 "우리가 메시야를 만났다"(요 1:41)라고 외쳤다.

　여기서 '만났다'라는 말이 헬라어로 '유레카'(Εὑρήκα)다. 다른 말로 '찾았다' 또는 '발견했다'라는 말이다. 이 말은 메시아를 만났고 찾았다는, 발견에 대한 감격의 외침이자 감탄사다. 이같이 간절히 기다리던 메시아를 만나는 감격이 없이는 제자(하나님의 자녀, 기독교 신앙인)가 될 수 없다.

　아르키메데스(Archimedes, 287-212 BC)는 목욕을 하다가 비중(比重)을 이용해 순금과 가짜 금속을 구별하는 방법('아르키메데스의 원리')을 발견했다. 그는 진리를 발견한 순간 '유레카'를 외치면서 벌거벗은 몸으로 거리로 뛰쳐나가 춤을 추며 감격했다. 엔도에게 이런 '유레카의 감격'이 있었는가.

　요한복음 3장 31-34절에 보면 위(하늘)로부터 오시는 이, 곧 하나님이 보내신 이는 만물 위에 계시고 하나님의 말씀을 한다고 했다.

반면에 땅에서 난 이는 땅에 속하여 땅에 속한 말을 한다고 했다. 전자에 속한 이가 예수 그리스도이고, 후자에 속한 이가 서양의 소크라테스를 비롯한 동양의 성인들이다. 전자에 속한 예수와 후자에 속한 여러 성인들의 차이는 무엇인가?

요한복음 7장 46절에서 바리새인들이 보낸 아랫사람들이 예수를 가리켜 "그 사람이 말하는 것처럼 말한 사람은 이 때까지 없었나이다"라고 보고하고 있다. 이때까지 동서양의 성인들은 땅에 속하여 땅에 속한 말(진리)을 한 반면에, 하늘로부터 오신 예수 그리스도는 하늘에 속하여 하나님의 말씀(진리)을 하였던 것이다. 즉 예수의 진리는 하늘의 진리이자 하나님 나라의 진리이다. 그래서 예수처럼 말한 사람은 이때까지 없었다.

요한복음 4장에 보면 예수께서 사마리아 지역을 통과하면서 물 길러 나온 사마리아 여인과 만나 대화하는 장면이 나온다. 이때 예수는 "이 물을 마시는 자마다 다시 목마르려니와 내가 주는 물을 마시는 자는 영원히 목마르지 아니하리니 내가 주는 물은 그 속에서 영생하도록 솟아나는 샘물이 되리라"(요 4:13-14)고 말씀하셨다.

왜 예수가 주는 물은 다른가? 그것은 예수는 하늘로부터 오신 자이기 때문이다. 그래서 땅에서 난 이가 주는 물은 다시 목마르지만, 하늘로부터 오신 이가 주는 물은 영원히 목마르지 않는, 갈증으로부터의 해방, 곧 자유를 얻게 된다.

여기서 우리는 예수가 '하늘로부터 오신 이,' 즉 인간의 몸을 입으시고 성육신하신 '하나님'(요 1:1-18; 20:28; 빌 2:5-11)이라는 사실을 확실하게 깨달아야 한다. 그래야 '예수가 그리스도요 하나님의 아들이시요 그를 믿는 자에게 영생을 주시는 구주가 되신다'(요 20:31)

는 '익투스'(ΙΧΘΥΣ) 신앙고백을 할 수 있다. 이것이 잘 드러나 있는 사건이 요한복음 6장 1-15절에 나오는 '오병이어 사건'이다.

오병이어 사건이 있은 후 예수는 요단 강 서편으로 건너가 가버나움 회당에서 '생명의 떡'(요 6:22-71) 설교를 하셨다. 여기서 예수는 자신의 정체성을 분명히 언급하였다. 그것은 이미 언급했듯이(요 3:13) '하늘에서 내려온 자'라는 말에 있다.

이 대목에서 무려 10회나 사용할 정도로 예수는 이 말을 강조하고 있다. 그 까닭은 "예수는 누구인가"라는 예수 이해의 열쇠가 이 말에 담겨 있기 때문이다. 즉 예수는 하늘에서 내려온, 즉 '하늘에서 땅으로 보냄 받은 분(하나님)'이라는 말이다.

하늘로부터 내려온 이는 하나님 나라의 말씀을 하기에 그분이 하시는 말씀은 땅에 속한 자가 하는 말과는 차원이 다른 하늘에 속한 참 진리를 말한다. 그래서 예수는 "너희가 내 말에 거하면 참으로 내 제자가 되고 진리를 알지니 진리가 너희를 자유롭게 하리라"(요 8:31-32)고 말씀하셨다. 그래서 하늘에서 내려온 예수는 "내가 곧 길이요 진리요 생명이니 나로 말미암지 않고는 아버지께로 올 자가 없느니라"(요 14:6)고 말씀하신 것이다.

요한복음 9장에 보면 날 때부터 맹인이었던 자가 눈을 뜨는 장면이 나온다. 여기서 예수는 태생 소경이 죄인이 아니라 영의 눈이 열리지 않은, 즉 영적 소경인 바리새인들 이야말로 진정한 죄인이라고 말씀하고 있다. 그래서 하늘에서 내려와 하나님 나라의 진리를 말하는 참 진리이신 예수를 알아보지 못하는 바리새인들을 향해 예수께서는 "너희가 맹인이 되었더라면 죄가 없으려니와 본다고 하니 너희 죄가 그대로 있느니라"(요 9:41)라고 일갈하셨다.

 엔도는 영의 눈이 열리지 않은 바리새인처럼 영적 소경이었다. 그는 영안이 열리지 않아 예수께서 하늘에서 내려온 자요 참 진리이심을 깨닫지 못했다. 그는 『예수의 생애』, 『그리스도의 탄생』 등 예수와 성경에 관해 많은 글을 썼지만, 그는 요한복음을 모르는 사람처럼 요한복음과 거리가 먼 이야기로 일관했다. 그는 예수께서 "내가 곧 길이요 진리요 생명이니"(요 14:6), "진리를 알지니 진리가 너희를 자유롭게 하리라"(요 8:32)고 하신 말씀에 진지하게 귀를 기울이지 않았다.

 그러면서 엔도는 순교의 현장인 나가사키를 마음의 고향으로 삼아 그 거리를 뻔질나게 쏘다녔다. 그리고 예수의 생애를 연구하고자 유럽을 비롯한 이스라엘을 여행했다. 그리고 갠지스 강을 찾아 나섰다. 그러나 그렇게 찾아 헤맨다고 해서 꼭 참 진리를 발견하는 건 아니다. 진리가 저 먼 당나라(지금의 서구)에 있는 것이 아니라 '내 마음속 가까운 데 있다'면서 당나라 유학을 접은 원효대사(元曉大師, 617-686)의 이야기도 있지 않은가.

 참 진리는 가까운 데에, 즉 그리스도 예수 안에 있음을 요한복음은 확실하게 증언하고 있다. 그런 까닭에 성경에서 말씀하고 있는 참 진리이신 예수 그리스도를 영적으로, 계시적으로 만나는 유레카 체험이 없이는 진리의 주변만을 맴돌 뿐이다.

 엔도는 결국 '일본적 기독교'라는 미궁에 빠진 자가 되고 말았다. 땅에 속한 진리를 아무리 많이 말하고 하나님의 사랑을 논하지만, 예수께서 하늘에서 오신 하늘에 속한 진리임을 모르면 왜 예수께서 참 빛이요(요 1:9), 참 진리(요 14:6)요, 참 생명(요 11:25)인지를 끝까지 모르게 된다.

예수 그리스도만이 참 길이요 참 진리요 참 생명이심을 믿는 자가 기독교 신앙인이다. 아무리 열심히 성경을 읽고 많은 성경 지식이 있다 할지라도, 또한 죽음으로 참 진리를 증언한 순교자들의 거룩한 생애에 대해 말하고, 이성적이고 논리적인 머리로 강구한다고 해도, 위의 물음에 대해 분명한 고백이 없으면 그는 참 그리스도인이라고 말할 수 없다.

엔도는 '서구와 일본 사이의 거리'를 놓고 고뇌했지만 '자신과 예수 그리스도 사이의 거리'에 대해서는 생각하지 못했다. 엔도는 참 진리이신 예수와 성경과 정면 대결하지 않고 늘 멀찍이 따라가다가 마침내 기독교 신앙을 버리고 어머니 되시는 일본적 영성의 강에 빠져 익사한 걸지도 모르겠다.

종군 기자 로버트 카파(R. Capa, 1913-1954)는 이렇게 말했다. "당신이 찍은 사진이 충분히 만족스럽지 않다면 충분히 가까이 가지 않았기 때문이다." 엔도는 예수가 누구인지를 알기 위해 충분히 가까이 가야 했으나 십자가를 지고 가는 예수를 멀찍이 따라가다가 (막 14:54) 마침내 예수를 모른다고 부인한 베드로처럼(막 14:66-72), 그는 멀찍이 예수를 따라가다가 결국은 예수를 버리고 일본적 영성으로 돌아갔다.

미우라는 대학도 다닌 적이 없고, 신학을 한 사람도 아니었다. 평신도였지만 성서에 벗어나지 않는 복음적 신앙을 철저히 유지했다. 반면에 엔도는 대학도 다니고 유럽의 가톨릭 학교도 다녔고 신학도 조금 한 사람이었다. 그리고 평생을 진리의 문제로 고심했고, 참 진리를 찾아 평생 참 많은 곳을 방문했다. 마치 사마리아 여인이 갈증을 해소하기 위해 목마르게 생수를 찾아 헤맨 것처럼(요 4:1-15) 말이다.

그러나 엔도는 예수 안에서 영원히 목마르지 않게 할 생수를 찾지 못했다. 결국 그는 멀고 먼 갠지스 강을 찾아갔고, 거기서 모든 것을 품고 흐르는 어머니 되시는 강에서 구원의 자유와 안식을 얻고자 했다.

3) 성령과의 관계성 문제

엔도는 서구와 일본의 거리에는 깊은 관심을 기울였지만 '자신과 성령의 거리'에 대해서는 전혀 관심이 없었다. 그래서 성령을 포함한 삼위일체 하나님에 대한 관심도 결여되어 있다. 초대교회는 성령강림 사건으로 시작되었다(행 2장). 그러나 엔도는 기독교회가 성령강림 사건에 의해 시작되었다는 사실을 잘 인지하지 못했다. 그래서 그의 책에서는 성령에 대한 언급을 찾아볼 수 없다.

가톨릭 신자이면서 성령에 대한 언급을 찾아볼 수 없다는 것은 그의 기독교 신앙에 문제가 있음을 단적으로 증명한다. 그런 까닭에 일생을 종교와 신앙의 문제로 고심했지만 그는 성령의 역사가 무엇인지 알지 못했다. 이는 그가 기독교 영성에서 벗어난 주변만을 맴도는 혼적 인간임을 단적으로 보여 준다.

바울(Paul)은 "너희가 믿을 때에 성령을 받았느냐"(행 19:2)는 말을 했다. 지성인 아볼로(Apollos)는 상당한 성경적 지식을 보유한 사람이지만 성령에 대한 체험이 결여되어 있기에 예수 그리스도와 성경을 올바로 이해하지 못했던 사람이다. 마찬가지로 엔도도 성경을 말하고 예수 그리스도를 말하지만 성령 체험이 결여되어 있기에 성경도, 예수 그리스도도 올바로 깨닫지 못한 혼적 인간으로 머물고 말았다.

  자연인으로 태어난 한 사람이 기독교 신앙인이 된다는 것은 그야말로 기적과 같은 일이다. 평생을 믿고자 노력하고 머리로 강구한다고 되는 일이 아니다. 하나님께서 사람을 하나님의 자녀로 되돌리기 위해 때때로 극한 상황으로 몰고 가는 이유도 이 때문이다. 그런 방법이 아니고서는 하나님 품으로 돌아오지 않기 때문이다. 사도 바울이 그러했고, 미우라 아야코가 그러했다. 그래서 인생의 시련이나 역경은, 변장하고 찾아온 하나님의 축복일 가능성도 얼마든지 존재한다.

  미우라는 죽음보다 더 고통스러운 기나긴 육체적 질병으로 막다른 골목에서 친구들과 지인들을 통해 하나님의 참사랑을 체험하고 하나님과 극적으로 만나는 체험을 하였다. 그러고 나서 기독교에 입문했다. 여기에는 그녀를 하나님 자녀로 삼고자 하시는 하나님의 강권적인 열심이 있었다. 이것이 엔도와 다른 점이다. 그래서 아무리 신앙적인 이야기, 성경적인 이야기, 순교 이야기를 많이 하여도 엔도는 영적 세계로 들어가지 못하고 혼적 세계에 머물고 말았다.

  왜 엔도는 혼적 세계에 머문 자가 되고 말았는가? 그것은 성령의 역사에 기인한 영적 세계를 전혀 알지 못했기 때문이다. 요한복음 3장에는 니고데모라는 사람이 등장한다. 그는 바리새인이자 유대인의 지도자(산헤드린의 한 사람)이며(요 3:1), 이스라엘 선생(요 3:10)이라는 최고의 엘리트 지성인 가운데 한 사람이다. 그런데 밤에 몰래 예수를 찾아온 그를 향해 예수께서 물과 성령으로 거듭나지(위로부터) 않으면 하나님 나라를 볼 수도, 들어갈 수도 없다(요 3:3,5)고 말했다.

그러나 니고데모는 이 말씀을 전혀 이해하지 못했다. 그러자 예수께서 이어서 이런 말씀을 하셨다. "육으로 난 것은 육이요 영으로 난 것은 영이니/ 내가 네게 거듭나야 하겠다 하는 말을 놀랍게 여기지 말라/ 바람이 임의로 불매 네가 그 소리는 들어도 어디서 와서 어디로 가는지 알지 못하나니 성령으로 난 사람도 다 그러하니라"(요 3:6-8). 쉽게 말해 육에 속한 사람과 영에 속한 사람의 차이는 눈에 보이지 않는 바람 같은 성령을 체험 했느냐의 여부에 달려 있다는 말씀이다.

예수를 처음 만났을 때 니고데모는 '바람 같은 성령'을 말씀하시는 예수의 말을 전혀 이해하지 못했다. 그는 이때 영에 속한 사람이 아닌 육에 속한 자연인에 불과했다. 성령에 의한 거듭남의 체험이 있어야 하나님의 자녀가 되고(요 1:12), 예수께서 말씀하신 하나님의 나라를 보게 되고 하나님의 나라에 들어갈 수 있다.

요한복음 7장에 보면 초막절에 예수께서 예루살렘에 올라가 성령과 관련된 말씀을 또다시 하셨다. "나를 믿는 자는 성경에 이름과 같이 그 배에서 생수의 강이 흘러 나오리라 하시니/ 이는 그를 믿는 자들이 받을 성령을 가리켜 말씀하신 것이라 (예수께서 아직 영광을 받지 않으셨으므로 성령이 아직 그들에게 계시지 아니하시더라)"(요 7:38-39). 요한복음은 이 자리에 니고데모가 있었음을 간접적으로 시사한다 (요 7:48-52).

이 같은 말씀을 하신 예수께서 고별 설교 자리인 요한복음 14-16장에서 자신이 떠나가면 '또 다른 보혜사' 성령(요 14:16,26;

15:26; 16:7), 곧 '진리의 성령'(요 16:13)이 오실 것을 언급하셨다. 그리고 보혜사 성령의 역사가 마가의 다락방에 임하자 그들이 모두 성령의 충만을 받았고 초대교회가 탄생하는 역사가 일어났다(행 2장).

마찬가지로 니고데모가 바람 같은 성령을 알게 되자 그는 몰약과 침향을 섞은 것을 '백 리트라'(one hundred litras)를 들고 와서 예수의 장례를 왕 같은 장례로 치러 드리는 모습을 보여 준다(요 19:39-40). 니고데모는 모세의 제자인 유대교인에서 예수의 제자인 기독교인으로 거듭난 것이다. 요한복음 8장 31-32절의 말씀이 성취된 것이다. "그러므로 예수께서 자기를 믿은 유대인들에게 이르시되 너희가 내 말에 거하면 참으로 내 제자가 되고/ 진리를 알지니 진리가 너희를 자유롭게 하리라".

요한복음 3장은 '복음 중의 복음'이라는 16절 이하(17-21절)에서 '영에 속한 사람'과 '육에 속한 사람'의 차이를 빛으로 나오는 사람과 어둠 속에 머무는 사람, 또는 진리를 따르는 자와 악을 행하는 자로 묘사하고 있다. 즉 빛(진리)에 속한 자는 영에 속한 사람으로 그는 구원과 영생을 얻지만, 반대로 어둠(악)에 속한 자는 육에 속한 사람으로 영원히 심판과 멸망을 받게 된다고 언급하고 있다.

요한복음은 '하나님 나라' 주제로 3장(3,5절)과 18장(36절)이 교차 대구 구조를 이룬다는 점에서 전자에 속하는 니고데모와 후자에 속하는 빌라도를 대조시켜 복음의 핵심을 말하고 있다. 요한복음 3장 17-21절의 말씀을 옮기면 이렇다.

"하나님이 그 아들을 세상에 보내신 것은 세상을 심판하려 하심이 아니요 그로 말미암아 세상이 구원을 받게 하려 하심이라/ 그를 믿는 자는 심판을 받지 아니하는 것이요 믿지 아니하는 자는 하나님의 독생자의 이름을 믿지 아니하므로 벌써 심판을 받은 것 이니라/ 그 정죄는 이것이니 곧 빛이 세상에 왔으되 사람들이 자기 행위가 악하므로 빛보다 어둠을 더 사랑한 것이니라/ 악을 행하는 자마다 빛을 미워하여 빛으로 오지 아니하나니 이는 그 행위가 드러날까 함이요/ 진리를 따르는 자는 빛으로 오나니 이는 그 행위가 하나님 안에서 행한 것임을 나타내려 함이라 하시니라".

로마 총독 빌라도는 하나님 나라를 안고 오신 예수를 만나는 절호의 기회를 마주했다. 그는 관정에서 예수로부터 "내 나라는 이 세상에 속한 것이 아니니라 만일 내 나라가 이 세상에 속한 것이었더라면 내 종들이 싸워 나로 유대인들에게 넘겨지지 않게 하였으리라 이제 내 나라는 여기에 속한 것이 아니니라"(요 18:36)라는 말을 들었다.

그러나 빌라도는 예수께서 말씀하신 하나님 나라를 전혀 알지 못했다. 그는 눈에 보이는 현상적인 세상 나라가 전부인 사람이었다. 그가 지금 누리고 있는 정치 권력이 그에겐 최고의 가치요 전부였다. 그는 '하나님 나라', 즉 '하나님이 왕이 되어 통치하는 나라'라는 개념을 전혀 이해하지 못했다.

그래서 그는 예수께 이렇게 말했다. "그러면 네가 왕이 아니냐"(요 18:37a). 그러자 예수께서 이렇게 대답하셨다. "네 말과 같이 내가 왕이니라 내가 이를 위하여 태어났으며 이를 위하여 세상에 왔나니 곧 진리에 대하여 증언하려 함이로라 무릇 진리에 속한 자는 내 음성을 듣느니라"(요 18:37bc).

빌라도는 예수께서 하나님 나라의 왕이시며 하나님 나라의 진리를 말하고 있지만 '내가 왕이니라'는 예수의 말에 자신의 정치적 자리가 위태롭다고만 생각했다. 그리고 그는 예수께서 하나님 나라의 왕 되심을 전혀 이해하지 못했고, 예수께서 하나님 나라의 진리를 말씀하고자 세상에 왔음을 전혀 깨닫지 못했다. 그래서 그는 빛(진리)으로 나올 절호의 기회를 놓치고 결국 이렇게 말하는 것으로 영원히 멸망의 길로 갔다. "진리가 무엇이냐"(요 18:38).

빛(진리) 되신 예수를 모르는(믿지 않는) 것이 죄이고 악이다(요 16:9). 결국 빌라도는 빛과 진리 되신 예수보다 어둠(세상)을 사랑하다가 멸망으로 가게 되었다. 육에 속한 사람의 말로를 보여 주는 전형적인 예다.

이와 달리 니고데모는 처음에는 육(세상)에 속한 사람이었으나 예수의 말씀을 통해 바람 같은 성령을 깨닫고 예수를 믿음으로 영에 속한 사람이 되었다. 그리하여 그는 세상 자랑을 다 내려놓고 예수의 제자가 되는 길을 선택했다. 그는 참 빛이요 참 진리 되신 예수 그리스도를 믿는 은혜를 받음으로 세상 나라가 아닌 하나님 나라에 속한 하나님의 자녀로서 영원히 빛의 자녀, 구원과 영생을 얻는 복을 누렸다.

예수께서 이 세상에 오신 목적은 '하늘(하나님) 이야기를 들려주고자 함에 있다. 그런데 하늘의 세계는 하늘이 열려야 알 수 있고 볼 수 있다. 예수께서 공생애를 시작할 때 하늘이 열리는 체험을 하셨다(막 1:10; 마 3:16; 눅 3:21; 요 1:32). 그러면서 하늘 이야기를 시작하셨다.

하늘 이야기를 알아들으려면 영이 열려야 한다, 그래야 하나님 나라를 볼 수 있거나 하나님 나라에 들어갈 수 있다. 그런데 영이 세상 나라의 그 무엇에 가려지면 하나님 나라를 볼 수도 들어갈 수도 없다. 영이 열리는 이 일을 성령이 하시는 것이다.

다시 말하면 하나님의 자녀가 되는 역사, 하나님의 나라를 보고 하나님의 나라에 들어가는 역사는 나의 의지나 결단으로 되어지는 것이 아니다. 그런데 엔도는 어떠한가. 그는 12세의 나이에 어머니의 권유로 세례를 받았다. 그래서 엔도는 어머니의 권유가 아닌 자기의 의지로 결단하고 예수를 믿고자 했다. 그러나 거듭 말하지만 아래로부터 오는 나의 의지나 결단이 아니라 위로부터 오는 성령으로 인한 거듭남이 없이는 하나님 나라(예수 그리스도)가 보이지 않으며, 하나님 나라에 들어갈 수 없다(요 3:3,5).

엔도를 반면교사 삼아 우리가 알 수 있어야 하는 것은, 나 같은 철저한 죄인을 사랑하사 주님께서 몸소 십자가의 부끄러움과 저주를 당하셨다는 사실이 믿어져야 예수를 알 수 있고, 예수를 알아야 구원을 받는다는 사실이다.

3인칭의 객관적인 사실을 보도하듯 성경이 단지 객관적인 하나님의 말씀, 즉 '로고스'(λόγος) 말씀만이 아니라 나의 주관에도 생생한 말씀, 즉 1인칭의 '레마'(ῥήμα) 말씀으로 체험되어야 한다. 동정녀 마리아 탄생, 성육신, 오병이어 표적, 대속의 십자가와 죽은 자의 부활이 믿어져야 한다. 예수 그리스도만이 하나님의 아들이시요, 유일한 참 진리가 되신다는 사실이 믿어져야 한다.

예수께서 태초부터 선재하신 창조주 하나님으로 믿어져야 한다(요 1:1-3). "나와 아버지는 하나이니라"(요 10:30)는 말씀이 믿어져야 한다. 예수를 예언자들 중 하나, 또는 석가나 공자처럼 훌륭한 도덕 선생이나 지혜 교사로 생각하는 이는 아직 예수 그리스도를 모르고 믿지 못하는 자와 같다. '하나님의 사랑'을 아무리 열심히 말하더라도 그것은 단지 '휴머니스트적 사랑'에 불과하다.

일찍이 사도 바울은 인간적 노력으로 의롭게 되는 율법의 사람(육과 혼의 사람)에서 하나님의 은혜로 의롭게 되는 성령의 사람(영의 사람)으로 거듭난 새 사람이 되는 문제를 놓고 사투하였다. 그러다가 자신 안에 두 개의 법이 있어, 이 둘이 서로 싸워 자신을 사망의 몸으로 이끌어 간다고 탄식하였다. 여기서 두 개의 법이란 하나는 '육신의 법'이고, 다른 하나는 '성령의 법'이다. 육신의 법은 사람을 죄와 사망에 이르게 하는 율법이고, 성령의 법은 사람에게 생명과 평안을 주는 하나님(그리스도)의 법이다.

마침내 사도 바울은 그리스도 예수 안에 있는 자는 사람을 살리는 생명의 '성령의 법' 안에 있는 자이고, 그 사람은 사람을 죽이는 '죄와 사망의 법'(율법)에서 해방되는 자유를 누리게 된다는 것을 깨닫게 되었다(롬 7:22-8:2).

그리하여 사도 바울은 로마서 8장에서 '성령'(the Spirit)을 20회 사용하고, '육신'(the flesh)을 11회 사용하여 '육신을 따라 사는 자'(육의 인간)와 '성령에 따라 사는 자'(영의 인간)의 삶을 철저히 대조시키고 있다. "육신을 따르는 자는 육신의 일을, 영(성령)을 따르는 자는 영의 일을 생각하나니/ 육신의 생각은 사망이요 영의 생각은 생명과 평안이니라"(롬 8:5-6).

그러면서 "만일 너희 속에 하나님의 영이 거하시면 너희가 육신에 있지 아니하고 영에 있나니 누구든지 그리스도의 영이 없으면 그리스도의 사람이 아니라"(롬 8:9)라고 언급하고 있다. "그러므로 형제들아 우리가 빚진 자로되 육신에게 져서 육신대로 살 것이 아니니라/ 너희가 육신대로 살면 반드시 죽을 것이로되 영으로써 몸의 행실을 죽이면 살리니/ 무릇 하나님의 영으로 인도함을 받는 사람은 곧 하나님의 아들이라"(롬 8:12-14)라고 했다.

'하나님(그리스도)의 영'(성령)으로 인도함을 받아야 하나님의 아들 (그리스도의 사람)이 된다. 그래서 바울은 육신을 따르는 자로 살지 말고 성령(영)을 따르는 자로 살 것을 권면하고 있다.

엔도는 자신이 받은 세례를 하나님의 은혜로 생각하지 아니하고, 자신의 의지나 결단으로 말미암은 것이 아니라고 생각하여 일생을 두고 이 문제로 고뇌했다. 그는 일생을 가톨릭과 더불어 살면서 수많은 신앙과 종교에 관한 글을 썼지만, 마지막 귀결점은 일본의 정신적 풍토인 '범신성'(汎神性)으로 회귀했다.

결국 엔도는 그리스도 예수 안에 있는 영의 세계(성전의 지성소)에 들어가지 못하고, 일생을 육의 세계(성전의 뜰)를 벗어나고자 몸부림치다가 혼의 세계(성전의 성소)에 속한 사람(혼의 사람)이 되고 말았다.

엔도 슈사쿠 연구가인 김승철 박사(감신대 출신)는 그의 저서 『엔도 슈사쿠, 흔적과 아픔의 문학』(비아토르, 2017)의 맨 앞에 '저는 제 몸속에 예수의 흔적을 지니고 있습니다'(갈 6:17)라는 바울의 말을 인용하고 있다. 그러면서 <들어가는 말>에서 『침묵』을 언급하며 "그의 작품들이 계속해서 주목받는 이유는 어디에 있을까?"라는 질문을 던지면서 이렇게 말하고 있다. 좀 길지만 그대로 인용해 본다.

"엔도는 소년 시절 세례를 받았다. 그러나 그 세례가 어디까지나 어머니의 권유에 의한 것이었고 자신의 결단에 따른 것이 아니었다는 사실에 그의 고뇌가 있었다. 소설가로서 엔도의 생애는 그런 고뇌와의 격투의 연속이었으며, 그의 작품들은 그 격투가 빚어낸 결과물이었다. 엔도의 매력은 자신의 이 고뇌를 숨김없이 드러내는 데 있다. 그의 고뇌 속에는 서구의 기독교와 아시아의 정신 사이의 거리감에 대한 고민, 정신과 육체 사이의 괴리가 가져다주는 번뇌, 전통적인 교리와 현대적인 실재 이해 사이의 불일치에서 발생하는 곤혹스러움 등이 고스란히 녹아들어 있다. 엔도의 작품은 인간의 근본 문제인 종교와 신앙의 세계를 다양한 방식으로 다루지만, 어떤 틀에 박힌 대답 속에 독자를 가두려고 강요하지 않는다. 아니, 인생의 근본 문제를 다루는 종교와 신앙에서 그런 강요는 본래 있을 수 없다는 점을 엔도는 누누이 강조한다. '신이 우리들에게 말씀하신다'는 말은 '사람들의 인생이 그분에 대해서 말하고 있다'는 사실을 의미한다고 그는 말한다. 그러므로 우리 각자가 자신의 인생을 반추해 보는 가운데 신을 만나려고 하는 시도가 다름 아닌 종교이고 신앙인 것이다. 자신의 인생을 반추해 본다는 것은, 우리를 스쳐 지나간 존재들이 우리에게 남겨놓은 흔적을 되새김질해 보는 일이라고 엔도는 말한다. 상처와도 같이 우리 몸과 영혼에 남아 있는 그 흔적이 우리에게 버림을 받았던 이들이 느꼈을 아픔으로 다가와 되살아날 때, 그 흔적은 우리를 신에게로 인도하는 창(窓)이 된다고 말이다. 엔도의 문학은 이처럼 우리로부터 버림을 받은 존재들에 대한 아릿한 눈길을 문자화 한 것이라고 해도 좋을 것이다. 신앙과 인생의 문제를 정면으로 다룬 작품에서부터 시작해, 인간의 연약함에 대한 공감과 연민의 이야기, 그리고 '분뇨담'(糞尿譚, 똥과 오줌에 대한 이야기)에 이르기까지, 실로 다양한 장르에 걸쳐서 엔도는 자신에게 남겨진 흔적과 아픔을 추적해 나간 작가였다. 마치 현장에 남겨진 사건의 흔적에 돋보기를 들이대면서 그곳에 흔적을 남기고 간 그 누군가를 추적하는 탐정처럼, 엔도는 자신의 인생에 남겨진 흔적을 따라나선 영혼의 여정을 계속해 나갔다. 그러면서 엔도는 우리 모두에게도 손짓하고 있다. 각자의 인생에 남겨진 흔적을 조심스럽게

따라가 보라고, 그래서 그 흔적이 우리를 어디로, 그 무엇으로 인도하는지를 알아보라고 말이다. 아무런 말도 없이 침묵하고 있는 듯한 그 흔적이 우리에게 들려주는 소리, 그 '침묵의 소리'(沈默の聲)에 귀를 기울여 보면 거기에서 무언가 들려올 것이라고 엔도는 우리를 부르고 있는 것이다."

5. 흔적 세계를 추구해 간 '성소의 사람': "예수가 진리다"

엔도가 일생 동안 겪었던 고뇌, 괴리, 상처, 흔적이 갈라디아서 6장 17절에서 바울이 말하고 있는 "예수의 흔적(스티그마)"과 같은 것인가? 고난의 극한을 경험한 욥은 이렇게 말했다. "무지한 말로 이치를 가리는 자가 누구니이까 나는 깨닫지도 못한 일을 말하였고 스스로 알 수도 없고 헤아리기도 어려운 일을 말하였나이다"(욥 42:3).

'바울'이라는 세례명을 받은 엔도는 전혀 바울 답지 않았다. 바울이 말하는 '예수의 흔적'이란 이런 것이다. "예수만이 참 진리요 구주가 되시는 분이기에 이를 증언하기 위해 소아시아 전 지역을 다니며 복음을 전하다가 유대인들에게 박해를 당하고 돌에 맞아 죽을 뻔했고, 파선을 당하고, 굶주리고 매 맞고 감옥에 갇히는"(고후 11:23-33; 저자 요약) 등 그런 온갖 상처가 마음뿐 아니라 육체에 그대로 새겨져 있다는 말이다.

도대체 엔도가 예수 그리스도만이 참 진리요 구주가 되시기에 그분을 증언하다가 바울이 겪은 일을 당한 일이 있는가. 그는 오히려 예수와 성경을 팔아서 소설로 온갖 수상과 명예박사 학위를 받은 사람이었다. 그런 의미에서 김승철의 갈라디아서(6:17) 인용은 죄송하지만 무지한 말로 이치를 가리는 욥의 말을 떠올리게 한다. 엔도와 달리 진정한 크리스천 작가인 서영은 씨는 '산티아고 순례길'을 떠나며 이렇게 말했다.

"좋은 작품을 쓰는 작가가 반드시 완성된 인격은 아니에요. 세상에는 그 두 가지를 동시에 이룬 것으로 보이는 작가들이 있지만 그 두 가지는 양립이 되지 않는, 가치 선택에서 하나가 하나를 내려놓을 때만 얻어지는 것이에요. 재능을 극대화시켜 신기(神技)의 정점에 도달 하고픈 것은 모든 예술가의 꿈입니다. 그러나 인격 완성을 생애의 목표로 삼는다면 재능은 걸림돌이 될 수 있어요. 예술은 나를 남기는 것에, 종교는 나를 버리는 것에 헌신하는 것이에요. 남기는 것에는 그것의 수단이 무엇이든 내가 있지만, 버리는 것에는 목숨을 버릴지라도 내가 남지 않아요. 예술가의 재능이 신을 위해 쓰임 받는 경우라 해도 그것은 그의 예술이지 신에 귀의했다고 볼 수는 없어요. 나는 이제 신을 더 깊이 알기 위해 문학이 걸림돌이 된다면 문학을 내려놓으려고 해요. 내 안에서 문학은 자기표현의 욕구이고, 밖에서는 세상 사람들의 인정, 명예를 얻는 것이었다면, 그 두 가지 다 내게는 차선의 가치에 지나지 않아요. 이제 절대적 가치를 위해 삶을 던져야 할 때라는 생각이 들어요"라고.

시인 윤동주(尹東柱, 1917-1945)가 우리를 감동시키는 것은 그의 시와 삶이 서로 일치했기 때문이다. 그런데 소설가 엔도는 그의 소설과 삶이 일치하지 않는 이중적인 삶을 살았다. 진정한 가톨릭 신앙을 소유한 자도 아니면서 가톨릭교회로부터 온갖 영예를 다 누린 사람이다.

그러나 그는 예수도, 성경도, 그리고 성령도 제대로 모르는 사람이었다. 그는 예수와 성경을 팔아서 수많은 상을 받았고 명예박사 학위도 여러 개 받았다. 교황을 알현하는 영예도 누렸다. 그러나 땅에서 아무리 많은 상을 받고 명예를 누리더라도 하나님은 그것을 기뻐하시지 않는다. 하나님이 기뻐하시지 않는 상은 허무한 것이다.

필자는 약자에 대한 배려나 타인의 고통과 연대하고자 하는 엔도의 선한 의지를 무시할 생각은 추호도 없다. 다만 그는 바울이 말한 것처럼 '그리스도의 복음'이 아니라 '다른 복음'을 전했다는 사실이다.

바울이 그 당시의 사람들에게 환심을 사기 위해 다른 복음을 전했다면 그렇게 힘들게 살면서 영혼과 몸에 온갖 상처로 '예수의 흔적'(갈 6:17)을 새기지는 않았을 것이다. 바울은 말한다. "이제 내가 사람들에게 좋게 하랴 하나님께 좋게 하랴 사람들에게 기쁨을 구하랴 내가 지금까지 사람들의 기쁨을 구하였다면 그리스도의 종이 아니니라"(갈 1:10).

엔도에게 묻고 싶다. 키르케고르가 말한 것처럼 "그것을 위해 내가 살고 또한 죽을 수도 있는 그러한 진리"가 그대에게는 있는가? 최후까지 붙들어야 할 절대적 신앙의 진리가 만약에 없다면 순교로 생을 마감한 예수의 열두 제자나, 나가사키에 있는 26명의 성인 순교는 가장 어리석고 불쌍한 죽음이 아닐 수 없다. 그들은 죽어도 영원히 산다는 부활을 믿었기에 순교의 길을 갔다.

엔도는 후미에를 밟는 사람은 약자이고, 순교한 이들은 강자라고 말하나 이들이 강자였으면 그러한 순교는 없었을 것이다. 그들 또한 약자였기에 순교를 당할 수밖에 없었다. 그러나 목숨보다 더

귀한 진리가 있다는 사실 때문에 잠시 있다가 사라질 육신이 아닌 영원히 사는 순교를 선택한 것이다.

필자는 사랑하는 당신에게 묻고 싶다. "그대에게는 가슴 깊은 곳에 숨겨 둔 사랑하는 연인, 그 연인을 생각하면 눈부신 아름다움으로, 사무치는 그리움으로, 견딜 수 없도록 가슴 설레는 사랑스러움으로 남아 있는 그런 사랑과 정열의 대상이 있는가?

주님은 이렇게 말씀하셨다. "아버지나 어머니를 나보다 더 사랑하는 자는 내게 합당하지 아니하고 아들이나 딸을 나보다 더 사랑하는 자도 내게 합당하지 아니하며/ 또 자기 십자가를 지고 나를 따르지 않는 자도 내게 합당하지 아니하니라/ 자기 목숨을 얻는 자는 잃을 것이요 나를 위하여 자기 목숨을 잃는 자는 얻으리라"(마 10:37-39).

가장 가까운 자기 집안 식구보다도 예수 그리스도를 더 사랑하지 않는 사람은 제자로서 합당하지 아니하고 진리이신 그분을 위해 목숨을 잃는 자는 얻는다고 말씀하고 있다. "내가 네 행위를 아노니 네가 차지도 아니하고 뜨겁지도 아니하도다 네가 차든지 뜨겁든지 하기를 원하노라"(계 3:15). 어떤 곳, 어떤 상황에서 하나님을 만났는가. 그 사람이 하나님의 은혜와 사랑을 체험했는가가 얼마나 중요한지를 엔도를 통해 엿볼 수 있다.

기독교 신앙, 곧 믿음이란 나의 의지와 노력으로 되는 것이 아니라 하나님의 강권적 역사하심으로 생기게 되는 것이다. 그러니까 머리(이성)가 아니라 가슴(몸)으로 체험되어야 한다. 교회를 열심히 다니고 세례를 받고 열심히 교회 봉사한다고 그리스도인이 되는 것도 아니고 영에 속한 사람이 되는 것도 아니다. 무늬만 그리스도인인 종교인이 얼마나 많은가.

　여기서 우리는 묻지 않을 수 없다. 엔도는 자신이 "정말 실감하는 예수"를 만났는가? 진정한 신앙은 성서의 말씀을 겸손하게 듣는 것이지, 내가 원하는 방식으로 읽거나, 믿고 싶은 것만 믿는 것이 아니다. 그래서 "순종이 제사보다 낫고 듣는 것이 숫양의 기름보다 낫다"(삼상 15:22)고 한 것이다. 그리스도인으로서 그가 추구했다는 진리란 도대체 무엇인가.
　서구 기독교와 일본적 영성의 거리에는 그렇게도 예민했던 그가, 보다 근원적인 예수(성서)와 자신의 거리에 대해서는 깊은 관심을 기울이지 않았다. 주어의 교체, 즉 그리스도 예수가 주어가 아닌 채 자기 자신이 주어가 되어 끊임없이 고뇌하다가 마침내 그리스도를 버리고 자신이 원하는 이상적인 모습의 일본인으로 돌아갔다. 그는 예수와 성서에 대해 수많은 말을 했지만 진정한 예수와 성서를 제대로 만나지 못한 일개 종교 작가에 불과하다. 이 지점이 크리스천 작가로서의 미우라와 결정적으로 차이가 나는 대목이다.
　일반적으로 문학계는 문학사적으로 엔도를 '가톨릭 작가'라고 말한다. 하지만 위에 보았듯이 그는 성경적으로 판단할 때 일본적 영성으로 회귀한 종교다원주의 작가일 뿐이다. 그는 가톨릭 작가가 아니라 '가톨릭에 관해 글을 쓴 종교 작가'일 뿐이다. '동'과 '서'의 거리감, 즉 서구 기독교의 '일신성'(一神性)과 일본의 정신적 풍토인 '범신성'(汎神性) 사이에서 평생을 고민한 그는 자신의 몸속에 흐르는 일본적 감성, 즉 범신적(아시아적) 영성이라는 강에 몸을 담근 작가였다.

도스토옙스키는 이런 말을 했다. "신(神)은 나를 일생 동안 괴롭혔다. 인간은 신(神)을 믿는 한에서만 인간다운 모습을 보존할 수 있다." 결국 그는 그리스도를 만나는 은혜를 체험하였다. 그러고는 이렇게 말했다. "이 세상에서 단 한 사람 무조건 아름다운 인물이 있습니다. 그는 그리스도입니다. 그리스도보다 더 사랑스럽고 아름답고 심오하며 이성적이고 용감하고 완벽한 존재는 없습니다. 설령 진리가 그리스도 안에 없다 할지라도 나는 오히려 진리보다 그리스도를 선택할 것입니다."

예수는 최후 유언과도 같은 '다락방 강화'(요 13-17장)에서 '보혜사 성령'을 언급하였다. 이 말씀은 영적 세계에 들어가는 지성소의 말씀이었다. 그 현장에 사도 요한이 있었다. 그러나 그는 처음에 이 말씀의 의미와 중요성을 깨닫지 못했다. 그러다가 예루살렘의 마가 다락방에서 오순절 성령강림 사건을 체험하고 난 뒤에 이 말씀의 의미와 중요성을 깨닫게 되었다. 그리하여 오랜 기도와 사색을 거쳐 인생 말년에 자신의 전 존재를 걸고 보혜사 성령의 계시 아래 예수 그리스도의 오심과 죽으심, 그리고 부활 사건의 의미를 천하제일지서(天下第一之書)인 요한복음에 적시해 놓았다.

하나님이 내려주시는 은혜의 단비를 받으려면 그릇을 준비해야 한다. 그러나 엔도는 그릇을 엎어 놓았기에 은혜의 단비를 받을 수가 없었다. 그는 생명의 강인 갈릴리 바다보다는 죽음의 강인 갠지스 강을 찾아 혼의 평화를 얻고자 한 사람이었다.
모양도 없고 풍채도 없으며 흠모할 만한 아름다운 것이 없는 메시아 예수의 십자가보다는 어두운 동굴 속에 서 있는 한 여인, 젖

가슴은 노파처럼 쭈글쭈글하고, 오른발은 문둥병으로 짓물러 있고, 배는 허기 때문에 움푹 꺼질 대로 꺼진 '인도의 어머니 차문다'에 더 끌린 사람이었다.

또한 엔도는 일생을 신의 문제를 놓고 고뇌하며, 성경을 읽고 예수에 관한 글을 썼지만 요한복음을 모르는 사람처럼 영안이 안 열려 '길이요 진리요 생명'(요 14:6)이신 그리스도를 만나는 은혜를 체험하지 못했다. 혼적 인간이자 지성인인 엔도는 '혼불'은 있었으나 '영불'이 없었다. 그리하여 아버지 하나님의 집인 지성소에 들어오지 않고 길에서 헤매다가 마침내 깊은 강에 빠져 죽고 말았다.

왜 이 세상은 이렇게 갈등하고 싸우며 혼란스러울까. 그것은 신성과 인성이 융합된 통전적 존재인 예수 그리스도를 만나지 못했기 때문이다. 예수 그리스도의 십자가는 신인연합(神人聯合)을 보여주는 대표적인 통전성의 상징이다. 그래서 온전한 진리를 품고 있는 중보자(미디에이터) 그리스도 예수 안에는 사랑과 평화가 깃들어 있다.

그러나 아버지 하나님의 공의에 따라 행하신 중보자 예수 그리스도가 없는 사람들은 통전성이 결여된 부분적인 진영 논리에 매여 자기 이익을 좇아 서로 대립하며 격렬하게 싸운다. 그래서 이 세상이 이토록 혼돈스러운 것이다. 영적 세계(지성소)를 친히 보여주신 예수 그리스도에게로 돌아가야 하는 이유가 여기에 있다.

제III부

가와바타 야스나리(川端康成)의 문학 세계
육적 세계(육적 인간)를 추구한 '땅의 문학'(뜰)

『설국』(1948)의 배경이 된 니가타(新潟)의 겨울 풍경 ©park(2023)

1. 가와바타 야스나리의 생애와 작품

　가와바타는 1899년 6월 19일, 오사카부(大阪府) 오사카시에서 개업 의사인 가와바타 에이키치(川端榮吉)의 장남으로 태어났다. 가와바타에게는 네 살 위의 누나가 있었다. 그의 아버지는 그가 두 살 되던 1901년 폐결핵으로 사망하고, 그 이듬해 가와바타는 어머니까지 여의게 되었다. 갓난 시절 부모의 사망은 그의 인생과 문학에 커다란 그림자를 드리웠다. 고아가 된 가와바타는 외가의 친척 집에서 살게 된 누나와 헤어져 조부모와 함께 살게 되었다.

　그가 초등학교에 입학하던 1906년에는 할머니가 사망하고, 3년 후인 1909년에는 누나 요시코가 이모 집에서 사망했다. 1912년 오사카 이바라키 중학교에 수석으로 입학한 그는 이때부터 소설가를 꿈꾸었다. 1914년 단둘이 생활하던 할아버지마저 세상을 떠나 혈혈단신 고아가 된 그는 외숙부 집에 기거하게 되었다. 이러한 연이은 육친들의 죽음은 자연히 문학 저변에 깔리는 '죽음에 대한 공포'와 '죽음에 대한 특별한 시선'의 구성 요인이 된다.

　1917년 3월, 중학교 졸업 후 도쿄로 올라와 9월에 제일고등학교(현 도쿄대학 교양학부) 문과에 입학했다. 학창 시절 내내 우등생이었으며, 소학교를 졸업할 무렵부터 문학을 좋아하여 도스토옙스키(1821-1881), 안톤 체호프(Anton Chekhov, 1860-1904), 다니자키 준이치로(谷崎潤一郎, 1886-1965) 등 국내외 작가들의 소설은 물론, 『겐지 모노가타리(源氏物語)』, 『마쿠라노소시(枕草子)』 등의 고전문학도

탐독했다.

 중학교 2학년부터 신체시와 단편 소설 등을 썼으나 작문 성적은 신통치 않았다. 이 무렵 조숙한 작가 지망생답게 한시와 문인화에 조예가 깊었던 아버지를 동경하여 아버지의 호인 '고쿠도'(谷堂)를 빌려 썼다.

 1918년 가을, 처음으로 이즈(伊豆)를 여행하다가 순회 악극단의 일행과 길동무가 되었다. 이때의 체험을 소설 『이즈의 무희(伊豆の踊子)』(1926)에 썼다. 1920년 고교를 졸업한 후 도쿄제국대학 영문과에 입학했으나 2년 뒤 국문과로 전과했다.

 대학 시절 학교 앞의 단골 카페에서 일하던 이토 하쓰요(伊藤初代)와 사귀어 약혼까지 했다. 그러나 하쓰요가 갑작스럽게 파혼을 통보해 와서 실연당했다. 고아, 죽음에 대한 공포, 실연은 가와바타를 평생 동안 따라다닌 그림자였으며, 이는 그의 일생과 문학의 근저에 흐르게 된다.

 1921년 7월, 제6차 『신시초(新思潮)』 창간에 주요 동인으로 참가하였다. 이때 『초혼제일경(招魂際一景)』으로 작가로 데뷔하였다. 1923년 5월, 『장례식의 명인(葬式の名人)』을 기쿠치 간(菊池寬)이 창간한 『문예춘추』(분케이슌주, 文藝春秋)에 발표하였다.

 1924년 3월, 도쿄제국대학을 졸업하면서 졸업 논문으로 <일본 소설사 소론>을 썼다. 10월에는 신진 작가들이 모여 『문예시대』(분케이지다이, 文藝時代)를 창간하였다. 주요 동인으로 요코미쓰 리이치(橫光利一), 가타오카 뎃페이(片岡鐵兵) 등이 있다. 이들은 '신감각파'라고 불린다.

1925년 『16세의 일기(十六歲の日記)』를 『문예시대』에 발표했다. 이는 그가 중학교 시절 할아버지의 죽음에 직면하여 쓴 일기를 발견하고 집필한 것이다. 1926년 1-2월, 『이즈의 무희』를 『문예시대』에 발표함으로써 가와바타는 대중적인 인기를 얻게 되었다. 이 작품은 가와바타의 청춘 물로써 오래도록 사랑받게 되었다. 또한 첫 창작집 『감정 장식(感情裝飾)』을 출간했다. 그리고 이 해에 히데코(秀子)와 결혼 생활을 시작하였다. 그러나 1927년 딸이 사산하는 아픔을 겪었다.

1929년 4월, 『시체 소개인(死體紹介人)』을 『문예시대』에 발표하였고, 『가와바타 야스나리 작품집』을 출간했다. 이해부터 도쿄의 아사쿠사(淺草)를 소재로 한 『아사쿠사 쿠레나이단(淺草紅團)』을 연재하였는데, 아사쿠사 관련물을 통해 모더니즘 문학의 다양한 시도가 이루어지기도 했다.

1930년 4월, 신흥 예술파 총서 『나의 표본실(僕の標本室)』을 출간했다. 1931년에는 서구에서 유행한 심리주의 기법의 영향을 받아 신 심리주의 계열의 『수정 환상(水晶幻想)』을 발표하였다. 1933년에는 『이즈의 무희』가 영화화되었다. 6월에는 단편집 『화장과 휘파람(化粧と口笛)』을 출간하였다. 7월에는 『금수(禽獸)』를 『개조(改造)』에 발표했다.

1934년 5월, 수필 『문학적 자서전(文學的自敍傳)』을 『신조(新潮)』에 발표했다. 6월, 처음으로 에치고 유자와(越後湯澤)를 여행, 『설국(雪國)』의 주인공 고마코(駒子)의 실제 모델인 마쓰에(松榮)를 만났다. 12월에는 『서정가(抒情歌)』를 출간하는 등 이러한 뛰어난 작품을 발표해 작가로서의 지위를 확고히 했다.

1937년 『설국』을 출간해 독보적인 일본 작가로 국내외에서 자리매김을 했고, 이 작품은 발표 후 11년 동안 여러 번의 수정 작업을 거쳐 1948년 마침내 완결판 『설국』으로 출간되었다. 작가 가와바타의 초기 경향은 주로 서구의 영향을 받아 자기 표현의 세계를 모색한 시기였다.

다른 장르의 영향도 커서, 영화를 통한 시각 표현의 문자화에도 지대한 관심을 기울였고, 무용 등의 예술에서 자극받기도 했다. 1930년대까지의 외부의 자극을 흡수하여 자양분으로 삼으며 독자적인 문학 세계를 펼쳐 보인 것이 이 시기에 발표된 『설국』이다.

1940년 이후, 전쟁이 격화되었던 시기에 가와바타는 일본 고전문학에 심취하게 되었다. 『마쿠라노소시』, 『겐지 모노가타리』 등의 작품을 소리 내어 읽으며 고전의 세계에 심취하여 일본 문학, 고전의 의미를 되새기게 되었다.

1940년 2월, 『꽃의 왈츠(花のワルツ)』를 출간하였고, 1941년에는 <만주일일신문> 초청으로 만주를 두 번 방문하였다. 태평양전쟁이 발발하던 그해 12월에는 단편집 『사랑하는 사람들(愛する人達)』을 출간하였다.

1945년 일본의 패전 직전, 해군 보도 반원으로 가고시마(鹿兒島)현 비행장에 갔다. 5월에 책 대여점 <가마쿠라(鎌倉) 문고>를 설립하였다. 1948년 5월부터 『가와바타 야스나리 전집』(전16권)을 신초샤(新潮社)에서 간행하였다(1954년 완결). 그리고 일본펜클럽 회장에 취임하였다.

1949년 5월, 『천 마리 학(千羽鶴)』(이후 연작 형태로 단편을 써서 1951년 10월에 완결했다)으로 일본예술원(日本芸術院)상을 수상하였다. 1949년 『산소리(山の音)』 연재를 시작하였다(1954년 완결). 1953년 『천 마리 학』이 영화화되었고, 예술원 회원으로 추대되었다.

1954년에는 『산소리』가 영화화되었고, 4월에는 『산소리』 간행으로 제7회 노마(野間) 문예상을 수상했다. 또 이 해, 『호수(みづうみ)』를 연재하기 시작하였다. 1957년 3월, 국제펜클럽 집행위원회 출석차 유럽을 여행하여 엘리엇(T.S. Eliot, 1888-1965)과 모리아크(F. Mauriac, 1885-1970) 등을 만났다. 4월에는 『설국』이 영화화되었다. 9월에는 도쿄에서 제29회 국제 펜 대회를 개최하는 등 일본펜클럽 회장으로 분주히 보냈다.

1958년 2월 국제 펜 부회장으로 선출되었다. 이어 3월, 기쿠치 간(菊池寛) 상을 수상하였다. 6월에는 오키나와(沖縄)를 여행하였고, 11월 담석증으로 도쿄대학 병원에 입원하게 된다. 1959년 7월에는 독일 프랑크푸르트의 국제 펜 대회에서 괴테 메달을 받고, 1960년 1월부터 『잠자는 미녀(眠れる美女)』를 『신조』에 연재했다(이듬해 11월 완결). 7월에는 브라질 국제 펜 대회에 출석하였고, 그 해 프랑스 정부로부터 문예공로훈장을 받았다.

1961년 11월, 제21회 문화훈장을 수상했다. 『잠자는 미녀』로 마이니치(每日)출판 문화상을 수상했다. 1962년 6월, 『고도(古都)』를 출간했으며, 1965년 10월 일본펜클럽 회장을 사임했다. 1967년 2월, 중국 문화혁명에 반발해 학문과 예술의 자유 옹호를 위한 성명을 아베 코보(安部公房, 1924-1993), 미시마 유키오(三島由紀夫, 1925-1970) 등과 함께 발표했다.

1968년 노벨 문학상 수상자로 결정되어 12월에 스웨덴 스톡홀름의 수상식에서 '아름다운 일본의 나―그 서설'(美しい日本の私―その序說)이라는 기념 강연을 하였다. 『잠자는 미녀』가 영화화되었다. 1969년 3월, 일본 문학 특별 강의를 하기 위해 하와이대학에 갔다. 4월에는 『가와바타 야스나리 전집』(제19권)이 신초샤에서 간행 개시하였다(1974년 3월 완결). 5월에는 하와이대학에서 "미(美)의 존재와 발견"을 강의했다.

1970년 6월, 대만에서 개최된 아시아 작가회의에 참석하여 강연했다. 이어 서울에서 개최된 국제펜클럽 대회에 참석했다. 9월, 『대만·한국』을 『신조』에 발표했다. 그리고 미시마 유키오가 할복자살(1970.11.25.)하여 장례 위원장을 맡았다. 1971년 8월, 『결정판 설국』을 출간했다. 12월에는 『시가 나오야(志賀直哉)』를 『신조』에 연재(1972년 3월까지)하였다. 일본 근대문학관 명예 관장으로 추대되었다.

1972년 3월 7일, 급성 맹장염으로 입원하여 수술을 받고 15일 퇴원하였다. 4월 16일, 가마쿠라 집에서 멀지 않은 즈시(逗子)의 작업실에서 가스관을 입에 문 채 스스로 생을 마감했다. 작가에게 수여되는 최고의 영예인 노벨 문학상을 수상한 지 3년 4개월 만이었다. 1973년 3월, 가와바타 야스나리 문학상이 제정되었다. 1985년 5월, <이바라키(茨木) 시립 가와바타 야스나리 문학관>이 개관

되었다.

2. 가와바타 야스나리의 문학사적 위치

1) 가와바타 야스나리 이전의 근대문학

일본 근대화의 변곡점으로 일컬어지는 메이지(明治) 시대의 일본이 서양 선진국으로부터 근대 문명을 적극적으로 받아들인 것은 '부국강병'을 실현하기 위해서였다. 그와 더불어 일본 문화의 근대화도 중요했다.

하지만 메이지 유신 후 10년 정도는 새로운 정치, 경제, 사회적 문제 등에 사람들의 마음이 집중되어 문학에 관심을 기울일 겨를이 없었다. 이 시기 번역 소설이나 정치 소설이 등장했으나 자유민권의 소리가 낮아짐에 따라 차츰 사라지게 되었다.

우리가 흔히 사용하는 '소설' 개념은 쓰보우치 쇼요(坪內逍遙, 1859-1935)가 『소설신수(小說神髓)』(1885)에서 서양의 노벨(novel)이라는 단어를 '소설'이라고 번역한 데서 비롯되었다. 그는 서양 문학 이론을 바탕으로 '희작 문학'(戱作文學, 통속 문학 작품)을 비판하고 사실주의 소설론을 제창하였다.

『소설 신수』의 영향을 받은 후타바테이 시메이(二葉亭四迷, 1864-1909)는 러시아 문학에 접한 후 그 영향을 받아 『뜬구름(浮雲)』(1887)을 집필하였다. 그는 이 소설에서 언문일치(言文一致)의 문장을 사용하여 그때까지의 문어체와 딱딱한 고어체에 혁신을 가하였다. 『소설 신수』가 출간된 1885년 도쿄대학에 재학 중이던 오자키 고요(尾崎紅葉, 1867-1903), 야마다 비묘(山田美妙, 1868-1910) 등은 겐유

샤(硯友社)라는 문학 단체를 만들어 동인지 『가라쿠타 문고(我樂多文庫)』를 발행했다. 이를 계기로 본격적인 '문단'의 출발이 시작되었다.

청일전쟁(1894) 이후는 일본의 자본주의가 성장하던 시기였다. 이러한 시대를 사는 청년의 기상을 노래한 최초의 시집이 1897년 시마자키 도손(島崎藤村, 1872-1943)에 의해 출간되었다. 그의 섬세한 언어 구사와 한결같은 대담성은 지금까지 아무도 시도하지 못했던 참신한 면을 보여 주었다. 이를 계기로 낡은 봉건주의에 반대하고 자신의 감정을 솔직히 표현하는 낭만주의 운동이 일어나게 되었다.

한편 러일전쟁(1904) 이후 일본에서는 프랑스 문학의 에밀 졸라(E. Zola, 1840-1902)나 모파상(G. de Maupassant, 1850-1893)의 영향을 받아 자연주의 문학이 싹트게 되었다. 자연주의 문학은 지금까지 오자키 고요나 고다 로한(幸田露伴, 1867-1947)처럼 문장의 아름다움이나 기교에 사로잡히지 않고 인간 생활의 참모습을 적나라하게 묘사하는 것이었다. 자본주의의 기초가 확립되고 노동자들의 가난한 생활이 현실로 나타나자 문학자들은 밉든 곱든 현실의 모습을 외면할 수 없었다.

도손의 『파계(破戒)』(1906)는 소외당한 가난한 마을을 둘러싼 사회문제를 소설 형식으로 멋지게 정리한 작품으로 세간의 반응을 불러일으켰다. 『파계』에 이어 동시대 문단에 큰 영향을 미쳤던 것은 다야마 가타이(田山花袋, 1872-1930)의 『이불(蒲團)』(1907)이다. 이 두 작품은 일본 자연주의 문학의 기념비적 작품이다.

자연주의 문학이 한창일 무렵, 영국 유학을 다녀온 나쓰메 소

세키(夏目漱石, 1867-1916)는 자연주의에 역행하는 사생문(寫生文, 사물을 있는 그대로 묘사하는 글)의 모범을 보였다. 그는 고양이를 주인공으로 하는 흥미진진한 소설 『나는 고양이로소이다(吾輩は猫である)』(1905-1906)를 발표하여 일약 스타덤에 올랐다. 소세키의 문하에서 아쿠타가와 류노스케(芥川龍之介, 1892-1927)라는 유명한 작가가 배출되었다.

"인생은 한 줄의 보들레르(C.P. Baudelaire, 1821-1867)에 지나지 않는다"(1927)는 말을 남긴 아쿠타가와, 그가 지향한 문학의 본질은 예술지상주의에서 찾을 수 있다. 그는 자신의 실생활을 폭로하는 '사소설'이 대세를 이루었던 동시대 문학 풍조와 일선을 그었다는 점에서 탐미파와 상통한다. 일상성에 매몰되기보다 예술을 창조하는 데에서 의미를 찾고자 한 것은 『게사쿠 삼매경(戱作三昧)』(1917), 『지옥변(地獄變)』(1918) 등에서 구현되고 있다.

1923년(다이쇼大正 12년)에 발발한 관동대지진은 동시대 문단을 크게 강타했다. 천재지변에 맞닥뜨린 문학자들은 노장사상(老莊思想)의 체념에 빠져들었고, 이것이 '심경(心境) 소설'의 등장을 앞당겼다.

소비에트 문화와 미국 문화가 일본 사회에 본격적으로 유입되는 것도 이 무렵이었다. 뒤이은 마르크시즘(Marxism)과 모더니즘(Modernism)은 쇼와(昭和) 시대 문학의 근간을 이루는 중요한 기둥이었다.

흔히 근대문학에서 현대문학으로의 이행을 아리사마 다케오(有島武郎, 1878-1923)와 아쿠타가와 류노스케의 자살을 들어 설명한다. 계급투쟁에서 자신의 한계를 느껴 『선언 하나』를 남기고 자살한 아리시마와 "미래에 대한 막연한 불안감"이라는 글귀를 유서로 남기고 자살한 아쿠타가와. 1923년과 1927년에 있었던 이 두 사람의 자살은 그 자체로 막다른 골목에 다다른 기성 문단의 한계를 상징한다.

'인격 도야'(人格陶冶)라는 개념은 1910-20년대 문단을 강하게 지배하며 하나의 가치관으로 자리매김해 갔다. 이때 생명 사상과 함께 자기 자신을 응시하는 태도가 중시되었다. 그것을 깨달아 가는 과정을 글로 표현하는 것이 '소설의 사명'이라고 믿었다. 그 결과 '심경 소설'이라는 장르가 탄생했다.

2) 신감각파와 가와바타 야스나리

1924년에 가와바타 야스나리는 문우(文友) 요코미쓰 리이치, 나카가와 요이치(中河與一), 가타오카 뎃페이와 함께 동인지 『문예시대』를 창간한다. 평론가 지바 가메오(千葉龜雄)는 이들을 '신감각파'라고 명명했는데, 이들은 기성 문단에 강력한 반기를 들었고 가와바타는 신감각파의 주요 멤버로서 두각을 나타낸다.

자연주의 작가들을 중심으로 한 기성 문단과의 차별화에 성공한 신감각파는 인간의 내면 세계를 순진하게 있는 그대로 토로하는 방식을 벗어나 감각, 느낌의 효과를 통해서 감성을 자극하고 메시지를 담고자 했다. 신감각파는 특별한 문학 이념을 내세운 작가군은 아니었다. 다만 당시의 서구에서 유입된 문예의 다양한 흐름을 받아들여 문학의 혁신을 이루고자 한 젊은 작가들이었다.

신감각파의 출현은 제1차 세계대전 이후 등장한 서구 전위 예술(아방가르드, Avant-garde) 운동과 관련이 깊다. 쉬르레알리슴(Surréalisme, 초현실주의)으로 대표되는, 주관의 자유로운 발로를 통해 예정 조화적인 질서를 파괴해 가고자 하는 발상이 그 밑바탕에 자리한다. 그 가운데 독일의 표현주의 혹은 스위스 취리히에서 일어난 다다이즘 운동(반[反]문명, 반[反]합리주의 예술 운동)은 요코미쓰, 가와바타를 중심으로 한 모더니즘 계열 작가들에게 커다란 영향을 미쳤다. 특히 다다이즘이 불교적 세계관과 연결되는 점에서 일본적인 특징을 내포한다.

인간을 형태가 있는, 구별 가능한 것으로 바라보는 실체론적인 발상과 일선을 긋고, 끊임없이 변화하고 유동하는 것으로 인식한 것도 신감각파의 빼놓을 수 없는 특징 중 하나다. 가와바타의 『하늘에 떠도는 등(空に動く燈)』(1924)은 바로 이러한 발상을 작품으로 승화시킨 것이다. 가와바타는 은유, 비유를 사용한 새로운 감각의 주관적이며 직관적인 표현으로 자기 표현의 세계를 구축해 가고자 했다.

3. 가와바타 문학에 흐르는 저음(低音)

엔도에게 세 가지가 없었던 것처럼, 가와바타에게도 결여(결핍)된 세 부분이 있었다. 첫째, 인간적 사랑의 결핍이다. 즉 참사랑에 대한 체험이 없었다. 둘째, 기독교와의 만남의 결여, 즉 기독교 문명을 이룬 성경에 대한 만남이 없었다. 셋째, 사회적 책임의 결여, 즉 역사의식에 따른 사회적 책임이 없었다는 점이다. 결국 자기만의 세계라는 동굴 속에 갇혀 허무에 빠졌고, 허한 가슴을 채울 길 없어 마침내 자살로 생을 마감하는 불행한 인생이 되고 말았다.

이미 언급했듯이 엔도 문학의 주요음을 형성한 것은 어린 시절 경험한 두 충격적 사건에 기인한다. 하나는 부모의 이혼에 따른 약자(어머니)에 대한 애착이고, 다른 하나는 어머니의 권유로 자신의 의사와 관계없이 받은 세례 사건에 따른 서구 기독교와 일본적 영성 간의 거리감이다.

마찬가지로 가와바타 문학 전체에 흐르는 저음은 어린 시절에 겪은 천애 고아(天涯孤兒)의 경험이다. 이는 소학교 3학년 시절 13명의 대가족과 함께 살았던 미우라와 대조되기도 한다. 이것이 중요한 것은 미우라는 대가족과 살면서 따뜻한 형제 우애를 몸으로 체득한 반면, 이런 경험이 전혀 없는 가와바타는 인간관계에 있어서 소외와 차가운 감정이 평생 그를 지배하게 되었다는 점이다.

일본적 미의식에 뛰어난 작가 가와바타가 아무리 화려한 문체로 자연과 육체의 아름다움을 표현하더라도 거기서 사랑의 따스함이 전해오지 않는 까닭은 차가운 도시 문명 속에서 성장한 탓도 있지만, 어린 시절 주변 사람들로부터 따스한 사랑을 거의 받지 못하고 자란 '사랑의 결핍'에서 연유한다고 말할 수 있다.

가와바타는 어린 시절에 가족과 친지들이 줄줄이 사망하는 불행을 당하였다. 두 살 때는 부친이 지병인 폐결핵으로, 세 살 때는 모친이 사망하여 조부 댁에서 자랐다. 이어서 일곱 살 때는 조모가, 열다섯 살 때는 조부가 사망했다. 또한 다른 친척 집에서 자란 네 살 위인 누나마저 그가 열 살 때 사망했다.

결국 그는 천애 고아가 되었다. 게다가 대학 시절, 학교 앞의 단골 카페에서 일하던 이토 하쓰요와 사귀어 약혼까지 하였다. 그러나 하쓰요가 갑작스럽게 파혼을 통보해 와서 실연당했다. 이 같은 혈혈단신의 고아, 죽음에 대한 공포, 실연은 가와바타를 평생 따라다닌 그림자였고, 그의 인생과 문학 근저에 흐르고 있다.

1924년에 대학을 졸업하고 본격적으로 작가의 길을 걷기 시작한 그는 같은 해 동인지 『문예시대』를 창간하고, 『16세의 일기』를 발표했다. 『16세의 일기』는 그가 중학교 시절 할아버지의 죽음에 직면하여 쓴 일기를 발견하고 집필한 것으로, 그는 원래 화가가 될 생각이었으나 죽어가는 할아버지의 얼굴을 하루하루 지켜보며 글로 묘사하면서 소설가가 되기로 결심했다고 한다.

고독한 소년기를 보낸 탓일까. 그의 작품에는 일반적인 삶이 지향하는 '일상성'을 억제하는 차가움이 보인다. 『이즈의 무희』에서는 주인공 스스로가 자신의 '고아 근성'에 대해서 한탄할 정도였다. 단란한 가정이랄까 사회적 관계 속에서 성취하는 개인의 모습은 가와바타 문학과 거리가 멀다. 자살로 생을 마감한 그의 '죽음의 미학'은 평생 그를 따라다니며 유혹했던 그림자처럼 죽음의 마성(魔性)이 빚어낸 결과였다.

그리고 그의 '자연의 미학'과 '육감의 미학'은 마땅히 받아야 할 사랑을 제대로 받지 못하고 자란 '사랑의 결핍'에 따른 결과로, 그 무엇으로도 채울 길 없는 삶의 공허(허무)와 무의미를 자연과의 합일이나 육감적 접촉을 통해 상쇄하고자 했던 몸부림에 다름 아니다. 이같이 가와바타 문학에 나타난 세 미학은 천애 고아의 경험이 낳은 결과물이며, 그의 문학 전체를 이해하는 열쇠라고 할 수 있다.

여기서 우리가 주목해야 할 사실은 가와바타가 엔도나 미우라와 결정적으로 차이가 나는 대목은 서구 정신 문명의 핵심인 기독교(성서)에 대한 이해 또는 하나님의 사랑에 대한 은혜 체험이 전혀 없었다는 점이다.

엔도는 열두 살 때(1935) 세례를 통해 서구 기독교와 접했고, 스물일곱 살 때(1950) 국비 장학생으로 가톨릭의 나라인 프랑스로 유학 가서 서구 기독교 문명을 접했다. 이로 인해 그는 서구 기독교와 일본적 영성의 차이를 알게 되었고, 그 거리를 좁히고자 일생 동안 고민하였다.

또한 미우라는 9세(1931) 때 주일학교를 다닌 적이 있고, 오랜 병상 생활을 하던 1948년(26세) 이후 교회를 다니는 친구들과 훌륭한 신앙인들을 만나 하나님의 사랑이라는 은혜 체험을 경험하였다.

그러나 가와바타는 미우라나 엔도처럼 어린 시절 교회를 다니거나 세례를 받아 본 적도 없고, 기독교 국가인 서구에 유학 경험을 한 적이 없다. 그가 본격적으로 문학 활동을 시작한 것은 22세(1921) 나이부터다. 그리고 그의 대표작인 『설국』이 출간된 것이 1937년(38세) 때였고, 완결판이 1948년(49세)에 출간되었다.

최초의 해외 방문은 1941년(42세)에 <만주일일신문> 초청으로 만주를 방문한 것이었다. 그리고 1957년(58세) 국제펜클럽 집행위원회 출석차 유럽을 여행한 것이 최초의 서구 방문이었다. 그러니까 이때는 『설국』이 출간된 지 20년이 지난 때였다. 따라서 이때는 이미 그의 문학 세계가 완성된 때이기에 서구 기독교 세계는 그의 문학에 아무런 영향을 주지 못했다. 이것이 가와바타의 한계였다.

그의 전 작품을 통해 관통하고 있는 허무주의와 무상감, 즉 니힐리즘(nihilism)은 성장기 경험에서 형성되었다고 할 수 있다. 그러나 파괴적인 감정으로 허무에 치닫는 서양의 니힐리즘과 달리 그는 영속적인 자연 속에서 인간이 이룩한 모든 것은 찰나일 뿐이며, 소멸과 허무 그 너머에 역설적이게도 생에 대한 긍정이 숨어 있다고 여겼다. 그는 소멸 직전 찰나의 아름다움을 뿜어내는 그것이 인간이든 자연이든 모든 것을 섬세하고 미려한 언어로 표현한 동양적 니힐리즘의 완성자라고 평가된다.

여기서 우리는 이 같은 가와바타의 문학 세계를 낳았던 진정한 동인과 그것이 초래한 결과를 '미학적 관점'에서 재차 고찰할 필요가 있다. 그 이유는 가와바타가 일본의 그 어떤 작가보다 일본적 감성인 미의식에 뛰어난 작가였기 때문이다.

따라서 그를 세 가지 미학, 즉 '자연의 미학', '육감의 미학', '자살의 미학'으로 살펴보고자 한다. 이 세 미학은 상호 깊은 관련이 있으며, 그런 의미에서 그의 자살도 한순간의 정신착란이 아니라 세 가지 미학의 종착지였다고 말할 수 있다.

4. 가와바타의 미학과 키르케고르의 미적 실존

이어령은 『흙 속에 저 바람 속에』(1963)에서 한국 문화의 특성을 '슬픔의 미학'으로 정리하고 있다. 이 책의 <여는 말> 「풍경 뒤에 있는 것」에서 그는 이렇게 말하고 있다.

"아름답기보다는 어떤 고통이, 나태한 슬픔이, 졸린 정체(停滯)가 크나큰 상처처럼, 공동처럼 열려 있다. 그 상처와 공동을 들여다보지 않고서는 거기 그렇게 펼쳐져 있는 여린 색채의 풍경을 진정으로 이해할 수가 없을 것이다. 한국에는 논리가 없다고 한다. 수학(과학)이 없다고 한다. 그 대신 감정이, 직관이, 흐느끼는 영혼이 있다고 한다. 괴롭고 어두운 심연 속에서 한국인들은 영원의 소리를 들었다. 그것을 자로 분석하고 계산한 것이 아니라 그냥 받아들였다."

이러한 인식에는 이분법적 인식, 즉 서양=이성, 논리, 낙관, 직선, 그리고 동양=감성, 신비, 비관, 곡선이라는 관점과 맞대고 있다. 그러면서 그는 한국 문화와 서양 문화를 대비하는 과정을 통해 한국 문화의 특성을 명료하게 정초한다.

"'birds sing'이라는 영어도 우리말로 번역하면 '새들이 운다'가 된다. sing'은 노래 부른다는 뜻이지만 우리는 그것을 반대로 '운다'고 표현했던 것이다. 똑같은 새소리였지만 서양인들은 그것을 즐거운 노랫소리로 들었고 우리는 슬픈 울음소리로 들었던 까닭이다."

이어령이 한국 문화의 특성을 이같이 '슬픔의 미학'으로 표현했다면, 가와바타는 일본 문화의 특성을 어떤 미학으로 표현했을까? 그는 노벨 문학상 수상식에 참석하여 "아름다운 일본의 나-그 서설"이라는 수상 기념 연설을 했다. 여기서 그는 일본인의 뛰어난 감수성, 즉 미학을 잘 드러내 주었다. 일본의 수많은 작가들 가운데 가와바타만큼 미학에 깊은 관심을 둔 작가도 없을 것이다.

1) 가와바타 문학의 세 미학

⑴ 자연의 미학: 가와바타의 자연관과 선(禪)의 세계

필자는 2023년 2월 초에 떠난 일본 선교 여행 중에 니가타현에 있는 <설국관>을 방문한 적이 있다. 니가타의 겨울 풍경은 매혹적일 정도로 환상 그 자체였다. <설국관> 안에서 소설 『설국』과 관계된 다양한 판본을 볼 수 있었다. 또한 『설국』은 영화로도 제작된 유명한 책이다.

가와바타의 대표작 『설국』은 이러한 문장으로 시작한다.

国境の長いトンネルを抜けると雪国であった。夜の底が白くなった。信号所に汽車が止まった。(국경의 긴 터널을 빠져나오자, 눈의 고장이었다. 밤의 밑바닥이 하얘졌다. 신호소에 기차가 멈춰 섰다. / The train came out of the long tunnel into the snow country. The earth lay white under the night sky. The train pulled up at a signal stop.)

여기서 말하는 국경은 군마현(群馬縣)과 니가타현(新潟縣)을 가르는 경계선이다. 터널이 끝나는 지점이 겨울과 봄의 경계선이다. 군마현에서 터널이 끝나는 니가타의 시작점이 눈이 쌓인 겨울의 시작이다. 4월 5일 식목일에도 눈이 많이 쌓인다. 일본에 눈이 많은 세 곳은 삿포로와 니가타현과 야마가타(山形)현이라고 한다.

소설 못지않게 너무나 유명한 『설국』의 이 서두는 일본 근대문학 전 작품을 통틀어 보기 드문 명문장으로 손꼽힌다. 일본어 특유의 독특한 운율이 제대로 살아 있고, 독자로 하여금 마치 소설 속 주인공과 더불어 어둑하고 긴 터널을 지나 막 눈부신 은세계로 나온 듯 환한 기분을 맛보게 한다. 상상해 보라. 보이는 것이라곤 온통 눈뿐인 차갑게 가라앉은 적요한 마을을.

『설국』이 전개되는 구체적 무대는 '에치고 유자와'(越後湯澤) 온천으로, 가와바타는 이곳에 머물며 작품을 집필해 나갔다. 그에게 여행은 매우 중요한 창작의 요소다. "내 소설의 대부분은 여행지에서 써졌다. 풍경은 내게 창작을 위한 힌트를 줄 뿐 아니라, 통일된 기분을 선사해 준다. 여관 방에 앉아 있으면 모든 것을 잊을 수 있어 공상에도 신선한 힘이 솟는다. 혼자만의 여행은 모든 점에서 내 창작의 집이다"라고 한 적이 있다.

게다가 외진 한촌(寒村)에 불과한 유자와 온천으로 그가 발길을 옮긴 것은, 자연 풍경 묘사에 대한 작가로서의 관심 때문이다. 그는 유자와 온천에 한 달 정도 체재하는 동안, 계절의 변화를 유심히 관찰하면서 당시의 문학, 특히 소설이 자연에서 멀어지고 이를 소홀히 한 결과로, 자연을 묘사하고 표현하는 데 낡고 구태의연한 단어들만 떠올리게 되었다는 사실을 절감하게 되었다.

기차가 다니지 못할 정도의 큰 눈이 내리고, 눈에 갇힌 채 긴 겨울을 보내야 하는 이곳 사람들은 삼파쿠(もんぺ, 몬페[몸뻬 바지]) 차림으로 다닌다. 아이들은 얼음을 깨며 논다. 눈 집을 짓는 아이들의 '새 쫓기 축제', 들판 가득한 흰 눈 위에 펼쳐진 햇살을 받는 지지미 '눈 바래기' 풍경, 눈과 천이 모두 다홍빛으로 물드는 장관을 볼 수 있는 곳. 『설국』은 눈에 파묻힌 산골의 자연 풍경, 그리고 눈 지방에서만 찾아볼 수 있는 독특한 서정과 분위기가 한데 어우러진 배경 속에서 그 아련한 매력을 발산하는 소설이다.

『설국』은 작가가 '단숨에 써 내려간 것이 아니라 생각날 때마다 이어 쓴 것을 드문드문 잡지에 발표한' 작품인 만큼, 기승전결이 분명한 스토리보다는 등장인물의 심리 변화와 주변의 자연 묘사에 상당 부분 치중하고 있다. 이 소설은 눈의 나라로 불릴 정도로 폭설로 유명한 니가타의 아름다운 설국을 배경으로 한 소설이다.

이 소설은 탐미주의자로 불리는 작가의 문체가 독특할 뿐 별 내용은 없지만, 눈 지방의 정경을 배경으로 하여 등장인물들의 심리의 추이에 따라 하나의 상징 세계를 형상화하고 있다. 그리고 그 세계는 분명 현실 세계와는 다른 어떤 것이다.

그 세계는 떠도는 여행자의 세계, 끊임없이 변화하지만 결국에는 변함없이 그대로인 자연에 비해 필멸의 유한한 인간 존재를 자각하게 하는 허무의 세계다. 설국(snow country)은 아름다운 자연과 유한한 사람의 존재, 정열과 허무 사이의 대비를 보여 준다. 0×100=0이다. 그러나 1×100=100이다. 하나님과 함께하는 세상은 생명의 충만함이라는 것이다.

이 소설의 주요 등장인물은 모두 세 명이다. 부모가 남겨 준 재산을 가지고 무위도식 하며 여행을 다니고 있는 시마무라(島村), 눈 지방에서 게이샤(芸者, 기생)로 살며 애처로울 정도로 열심히 시마무라를 사랑하는 관능적이고 매혹적인 여자 고마코(駒子), 그리고 사랑하는 일에 온몸을 던지는 아름답고 순수한 소녀 요코(葉子). 시마무라는 고마코에게 마음이 이끌려 그녀를 만나러 눈 지방의 온천장으로 찾아간다. 하지만 고마코가 그에게 보이는 정열적인 애정을 그저 방관하며 바라볼 뿐이다.

"시마무라는 공허한 벽에 부딪는 메아리와도 같은 고마코의 소리를, 자신의 가슴 밑바닥으로 눈이 내려 쌓이듯 듣고 있었다." 정열적으로 사랑하고 열심히 삶을 영위하는 두 여인의 모습에 시마무라는 이끌린다. 이 두 여인은 여행을 다니며 한번 보지도 못한 외국 무용으로 소일하는, 현실에 발을 딛고 있지 못한 시마무라를 현실 세계로 이끄는 열쇠 같은 존재들이다.

그러나 결국에는 시마무라가 지닌 허무의 벽에 부딪혀 그저 팅겨 나올 뿐이다. 그리고 시마무라가 지닌 그 투명하지만 확고한 허무(虛無)라는 거울에, 고마코와 요코의 열정적인 삶, 순수한 생명은 처연(悽然)하리만치 선명하게 비친다.

시마무라는 일찍이 부모를 잃고 함께 살던 조부모마저 세상을 뜬 후 어린 나이에 고아로 살아야만 했던 가와바타 야스나리 자신의 평생 벗어날 수 없었던 죽음의 그림자와 고독, 허무 의식을 그대로 대변하는 존재이다. 그런 까닭에 결국 시마무라는 현실 세계로, 고마코의 사랑으로 뛰어들지 못하고 만다.

그러나 실상 인간은 원래 그렇게 고독하고 허무한, 유한한 존재가 아닌가. 무엇보다 자연과 분리되어 본연의 모습을 잃어가고 있는 고독한 현대인의 모습이 바로 그러하지 않은가. 고마코와 요코 앞의 시마무라, 바로 자연의 아름다운 풍경과 대비되는 유한하고 고독한 그 모습이 바로 설국이 그려내는 현재의 인간이다.

설국은 눈 덮인 아름다운 자연 풍경을 특유의 감각적 문체로 섬세하게 그려내고 있다. 그 위에, 그러한 자연과 대비되는 유한한 인간 존재를 주인공의 내밀한 의식의 목소리로 형상화시키고 있다. 그렇기에 이 작품의 배경이 되는 니가타는 단순히 어느 지방의 이름이 아니라, 자연과 인간이 극명하게 대비되는 상징의 세계 그 자체이다.

헤밍웨이(E. Hemingway, 1899-1961)처럼, 가와바타는 문장의 겉을 아름답게 장식할수록 자신의 내면의 허상, 즉 허무의 그림자도 함께 깊고 넓어짐을 느꼈다. 표면과 이면의 연합과 일치는 오직 주 그리스도 예수 안에 있을 뿐이기 때문이다.

노벨 문학상을 받은 헤밍웨이와 가와바타의 겉 문장은 너무 단순하고 아름답다. 그러나 속 문장은 그렇지 못했기에, 표면과 이면의 괴리감, 어쩌면 겉과 속의 분리에서 오는 자괴감을 견디지 못했기에 두 사람은 허상의 우상, 즉 심연의 구덩이 아래에서 자살로 생을 마감할 수밖에 없었던 것은 아닐까?

가와바타에게 있어서 '자연의 미학'은 '육감의 미학'과 늘 함께한다는 것을 전제로 하면서 그의 대표작 『설국』에 나타난 '자연의 미학'을 살펴보자. 정향재(한남대 교수)는 가와바타 야스나리의 『설국』을 "비현실의 공간과 상징적 미의 세계"라는 제목의 글을 통해 이 책을 다음과 같이 분석한 바 있다.

우선 『설국』의 배경은 니가타현의 에치고 유자와(越後湯澤) 온천이다. 가와바타는 설국을 집필할 때 세 번이나 그곳을 방문해 체류했다고 한다. 그런데 가와바타는 작품 내에서 지명을 밝히지 않고 '설국'이라는 일반 명사를 사용하고 있다. 그것에는 어떤 의도가 있으며 그 효과는 무엇인가?

작품 안에서 '설국'은 시마무라가 일상에서 벗어나 향하는 공간이다. 현실감이 사라진 별세계이며, 이공간(異空間)이다. 현실을 뛰어넘은 비현실의 공간이기에 현실에서의 지명, 현실감 같은 건 중요하지 않고, 오히려 그것은 방해적 요소로 작용한다. 이렇게 본다면 가와바타의 현실 지명 제거는 본인이 말하는 '그대로 그려야 하기 때문'이라는 이유 외에, 비현실성을 두드러지게 하는 필수적인 요소로 작용한다.

이러한 현실 제거의 경향은 공간적인 지명 이외에 시간적인 부분에서도 찾을 수 있다. 즉, 작품 발표 시기인 1937-1948년이라는 시대를 전혀 읽어낼 수 없다는 것과도 연결된다. 일본에서 이 시기는 전운이 감돌고 있었던 때다. 대륙으로의 진출이 진행되어 1931년에 만주사변이 일어났고, 1937년 중일전쟁, 1941년 태평양전쟁, 1945년 패전을 모두 거치는 시기가 된다. 그러나 이 작품 어디에서도 그러한 시대의 흔적은 엿볼 수 없다.

『설국』은 도쿄에 사는 무위도식하는 남성 시마무라가 설국을 세 번 방문하며 이를 바탕으로 일어나는 일을 중심으로 펼쳐내는 소설이다. 가와바타는 설국에서 만난 여성 고마코와 자꾸 변화되는 관계와 사랑, 그리고 존재를 명확히 알 수 없지만 끊임없이 끌리는 소녀 요코와의 관계와 감정의 얽힘을 설국이라는 자연을 배경으로 섬세하게 그려내고 있다.

시마무라가 설국으로 향한 것은 고마코를 만나기 위해서였다. 설국을 처음 방문했을 때, 시마무라와 고마코의 만남이 이루어지고 친근한 관계가 된다. 게이샤는 아니지만 반복해서 시마무라가 묵고 있는 방을 방문하여 둘의 관계는 깊어진다. 시마무라가 두 번째로 방문했을 때, 고마코는 게이샤가 되어 있었다.

시마무라와 고마코의 남녀 관계는 더욱 깊어지고, 고마코는 연회가 있건 없건 시마무라가 묵고 있는 방에서 오랜 시간 머무르는 것이 일상이 되었다. 고마코는 매우 적극적으로 시마무라에게 온몸과 마음으로 다가온다. 그런 고마코의 외모는 지극히 관능적으로 묘사된다.

고마코에 대한 묘사는 그림을 그리듯 그 모양과 색감이 선명하며 육감적이어서 에로틱한 느낌마저 준다. 이는 투명하며 청각적으로 표현되는 또 한 명의 여성인 요코의 묘사와 대비된다. 요코의 이목구비에 대한 묘사는 찾아볼 수 없다. 단지 '서늘한 눈빛'과 '슬프리만치 아름다운 목소리'로 표현되고 있을 뿐이다.

고마코는 시마무라가 방문할 때마다 신분이 바뀌고, 육체적 성숙도도 더해 간다. 또한 고마코의 뜨거운 마음이 시마무라를 향해 강렬하게 달려가고 있음을 그는 느끼고 있다. 소문에 따르면 고마코가 게이샤가 된 것은 병든 정혼자의 치료를 위해서라고 한다.

시마무라는 그녀의 헌신이 '헛수고'(徒勞)라는 마음을 지울 수 없다. 시마무라는 그녀의 이러한 삶이 '헛수고'라 생각하지만, 그렇기 때문에 순수한 삶과 그 생명력에 내심 감동하고 만다. 결국, 시마무라는 일상을 벗어난 비현실적 상징의 세계를 찾아 설국을 찾지만, 고마코에게는 끈질기고 열정적인 삶이 존재하는 현실이었다. 고마코의 현실이 '사랑'이라는 이름으로 시마무라를 향해 달려오자, 압박감을 느낀 그는 설국을 떠나버리게 된다.

한편, 『설국』은 미묘하게 숨겨진 것이 많은 작품이다. 이 작품은 시마무라를 중심으로 그려지고 있는데, 정작 시마무라에 대해서는 그가 도쿄 사람이라는 것 이외에는 전혀 정보가 서술되어 있지 않다. 이렇게 시마무라에게 도쿄에서의 생활을 드러내지 않은 것은 '일상의 제거', '비현실 세계의 조형'에 매우 유효한 장치로 보인다.

『설국』의 비현실의 세계를 그려내는 데에는 시마무라의 인물 조형이 큰 역할을 하고 있다. 그는 아버지로부터 물려받은 재산으로 무위도식하며 무용에 대한 평론과 번역을 하는 것을 주된 일로 삼고 있다. 원래는 일본 무용에 관련된 일을 하고 있었다. 일본 무용계의 침체에 불만을 느끼고 그 타개를 위해 직접 움직여야 할 입장에 몰렸을 때, 서양 무용 쪽으로 방향을 틀게 되었다. 무언가에 묶이거나 책임을 또는 행동해야 하는 상황을 회피하는 것이 시마무라의 성향이라 할 수 있다.

한편, 『설국』은 작품의 제목처럼 자연과 밀접한 관련이 있다. 『설국』에서 그려진 자연은 배경으로 그치지 않는데 그 의미가 있다. 작품의 내용, 관계성의 진행 방향, 인물의 내면 등과 절묘하게 조응하며 비유적, 상징적으로 그려져 있어 깊이를 더한다. 자연과 등장인물의 상징적 관계는 시마무라가 세 번째 설국을 방문하는 부분에서 심화된다. 늦가을의 전원적인 풍경은 아름다움을 더하지만, 모든 것이 퇴색되고 시들어가는 이미지가 강렬하게 다가오는데 이것들은 시마무라와 고마코의 관계를 상징하는 것이기도 하다.

게이샤를 그만두는 나이 먹은 퇴기(退妓), 색이 바랜 국화, 붉은색을 지나 색이 없어져 가는 단풍, 홀로 남겨진 감, 상해 버린 만쥬(饅頭) 등의 인상으로 작품 내의 분위기를 쓸쓸하고 마지막을 향해 치닫는 분위기로 만들어 간다. 『설국』의 후반부는 전부 '눈' 위에서 이루어지며, 시마무라의 지지미 산지 방문과 화재 부분으로 나뉜다.

『설국』은 전반적으로 사건 위주보다 이방인의 관찰자 시각에 의한 묘사적인 작품이라고 할 수 있지만, 마지막 화재 부분만큼은 상당히 스펙터클한 기운이 충만히 흘러넘친다. 눈 속의 화재라는 극적이고 대조적인 움직임이 전체를 지배하고, 고마코와 요코의 광기가 에너지로 표출되어 요코의 생사를 알지 못하게 하는 상황까지 치닫게 된다. 이 순간 시마무라는 은하수가 내려와 자신 속으로 흘러들고, 은하수로 흡수하는 자연과의 동화로 작품이 대단원을 맞게 된다.

가와바타 야스나리가 노벨 문학상 수상자로 선정된 것은 1968년 10월인데, 그가 노벨 문학상을 수상한 그해 후보는 83명이었고, 프랑스의 앙드레 지드(Andre Gide, 1869-1951), 사무엘 베케트(Samuel Beckett, 1906-1989), 영국 시인 오든(W.H. Auden, 1907-1973) 등이 있었다고 한다. 일본 내의 작가로는 소설가 미시마 유키오(三島由紀夫, 1925-1970)와 시인 니시와키 준자부로(西脇順三郎, 1894-1982)와도 경합을 벌였다.

수상 이유는 "일본인의 마음에 있는 정수를 뛰어난 감수성으로 표현한 서술적 기교의 탁월함"으로 알려졌다. 최근, 작가 한강이 노벨 문학상을 받게 된 데에 여러 분석이 있지만, 그 중 하나로 번역의 중요성에 기인한다는 평도 있다. 마찬가지로 가와바타가 일본인 최초로 노벨 문학상을 받게 된 데에는 명번역가로 알려진 미국인 에드워드 사이덴스티커(Edward Seidensticker)의 훌륭한 번역이 있었다는 말이 있다. 그와 더불어 일본 문화, 문학의 해외 소개 작업도 큰 역할을 했다.

앞에서 언급한 엔도는 『침묵』 등에서 일본의 정신적 풍토를, 외래의 모든 것을 흡수해 버리는 '진흙밭'(泥沼)에 비유하고 있는데, 이는 그가 일본의 정신 풍토를 '일체의 능동적 자세'를 빼앗고 '오직 흡수되기만을' 동경케 하는 '범신적 풍토'로 규정됨을 의미한다. 즉, 일본적 감성의 세계는 주체적이고 능동적인 자세가 지양되어 그 감성의 세계에 흡수되는 경향을 짙게 배태(胚胎)하고 있다.

이러한 '일본적 감성 세계로의 귀향'은 그들이 한때 영향을 받았던 기독교 사상을 바탕으로 한 신앙으로부터 멀어지는 일을 동반하기도 하였다. 즉, '일본과 기독교'라는 주제는 기독교가 일본에 '토착'화되는 계기가 되었음과 동시에 기독교 신앙으로부터 멀어지는 '배교'(背敎)의 동기도 되었다는 말이다. 가령, 마사무네 하쿠초(正宗白鳥)의 경우를 보자.

일본 자연주의 문학의 개척자로 평가되는 그는 1896년(메이지 29년) 도쿄전문학교(훗날의 와세다대학)에 입학하여 우치무라 간조(內村鑑三)와 우에무라 마사히사(植村正久)의 영향을 받아 기독교 세례를 받았다. 그러나 4-5년 후에 그는 기독교로부터 멀어졌다. 그는 만년에 '죽음에 대한 공포'로 기독교에 돌아왔지만 그가 진리로 인도한다고 믿었던 '우상 파괴주의'는 하쿠초와 기독교 사이에 큰 거리를 만들어 놓았다.

이 점에서 하쿠초는 "대다수의 일본인과 공통된 자세"를 지니고 있다. 그 "공통의 자세"란 매일의 생활에 대한 극히 실제적인 태도, 추상적 관념에 대한 뿌리 깊은 회의주의, 일상적 현실을 뛰어넘는 절대 가치에 붙잡히기 싫어하는 기분을 가리킨다.

가루이자와(輕井澤)에 있는 그의 문학비에는 『장미꽃』(花さうび)라는 제목의 시문이 쓰여 있다. 이 글에서 우리가 느끼는 것은 기독교를 받아들인 하쿠초의 내면에 흐르는 일본적 전통으로서의 불교적 무상관(無常觀)이다. "장미의 생명은 몇 년이나 될까/ 시간이 흘러간 후 찾아와 보니/ 꽃은 간 곳 없고/ 남아 있는 것은 오직 가시뿐."

이러한 불교적 현실관이 일본인의 기본 정서임은 1968년 12월

스웨덴 스톡홀름에서 개최된 노벨 문학상 수상식에서 가와바타가 강연한 "아름다운 일본의 나—그 서설"이라는 수상 기념 연설에서도 잘 드러난다.

'일본인의 뛰어난 감수성'과 관련하여 일본 평론가 가라타니 고진(柄谷行人)은 이렇게 분석한다. 이 연설에서 가와바타는 도겐(道元), 묘에(明惠), 사이교(西行), 잇큐(一休), 료칸(良寬) 등 옛 일본 선사(禪師)들의 와카(和歌)를 "조용하고도 아름다운 일본인의 마음의 노래"로 인용하면서 자신의 문학관을 담백하게 그려냈다. 그렇게 만년의 그가 도달했던 문학 세계는 '언외'(言外)의 세계였다. 가와바타 문학이 선불교적 깨달음의 세계와 상통한다는 사실은 이 연설에서 명백히 드러난다.

"선종(禪宗)에 우상숭배라는 것은 없습니다. 선사(禪寺)에도 불상은 있지만 수행의 장, 좌선하고 사색하는 방에는 불상(佛像)과 불화(佛畫)는 없으며, 경문(經文)도 없습니다. 깨인 눈을 가지고 오랜 시간 무언(無言), 부동(不動)인 채 앉아 있는 것입니다. 그래서 무념무상의 경지에 들어가는 것이지요. '나'를 없애고 '무'(無)가 되는 것입니다. 이 '무'(無)는 서양풍의 허무(虛無)가 아니라 오히려 그 반대로서 만유(萬有)가 자유롭게 통하는 공(空), 무애 무변(無涯無邊), 무진장(無盡藏)의 마음의 우주를 의미합니다. (중략) 그리하여 논리보다는 직관이라고 할 수 있습니다. 타력으로부터의 구원이라기보다는 안에서 눈을 드는 것입니다. 진리는 '불립문자'(不立文字)이고 '언외'(言外)에 있는 것입니다."

이 연설은 가와바타의 문학관, 예술관, 우주관, 자연관의 표명이라고 할 수 있다. 가와바타는 이 연설에서 와카와 하이쿠(俳句)를 소개하며 사계와 자연의 아름다움을 강조하는 일본인의 미의식과 만유(萬有) 만물(萬物)이 자유롭게 소통하는 무한의 세계로 이어지는 '무'(無)의 마음이 미의 비밀을 이루고 있다고 밝혔다. 그리고 여기에 근간을 둔 일본 미술, 정원, 고전문학을 소개하고 그 안에 흐르는 동양적 무(無)를 설명하고 있다.

가와바타는 자신의 작품 세계가 '허무'로 평가받는 것에 대해 '서양의 니힐리즘'과는 그 근본이 다르다고 하면서, 도겐 선사의 사계의 시에서 보이듯 선(禪)에 연결되는 것으로 자신의 허무를 설명했다. 이 수상 연설 자체가 가와바타의 수상 이유인 탁월하게 그려 낸 '일본인의 심성'의 본질을 설명하고 있음이 분명해 보인다. 가와바타가 말하는 일본의 사계와 동양적 무에 바탕을 둔 '미'의 세계는 문학의 정수를 이룰 뿐 아니라, 이미 1930년대에 발표하기 시작하는 『설국』에서 그 면모가 확연히 발현되고 있음을 볼 수 있다.

그러므로 『설국』은 가와바타 문학의 진수를 모두 갖추고 있는 대표작이라고 할 수 있다. 가와바타가 그리는 자연은 분명 '일본'의 서정성을 듬뿍 담고 있다. 등장인물의 심리와 자연이 심미적 조화를 이루는 것은 가와바타의 특기이기도 하다.

그러나 그 자연은 차가운 에로티시즘(Eroticism)이 비추는 인간 내면의 고독감, 단절감의 비애를 흡수한 자연이다. 그는 사회적으로 단절된 고독한 인간 군상의 내면 심리를 집요하고 치밀하게 파고든다.

사회적 관계성이 도려 내진 고독한 인간 군상들은 성적인 모티프나 자연의 서정성을 통해 그 주체할 수 없는 고독감을 투사하는 것이다. 여기서 자연은 아름다운 자연이 아니라 인간 내면의 상실감으로 채색된 자연일 수밖에 없다.

한편, 가와바타는 1952년(53세)에 『천 마리 학』과 1954년(55세)에 『호수』를 발표하였다. 신인섭(건국대 교수)은 "가와바타 야스나리의 작품 세계"라는 해설에서 다음과 같이 논평하였다.

"『천 마리 학』은 『이즈의 무희』와 더불어 일본의 전통적 감성을 근대적 자아의 고독감을 통해 표현했다는 평가를 받는다. 가와바타의 감성은 자연과 기후와 인간이 삼위일체가 된 듯 소설 세계를 단숨에 현실로부터 격리시켜 버리는 『이즈의 무희』의 서두 표현에서 명확히 드러난다. '매서운 속도로 (...) 산기슭으로부터' 따라온 빗발은 단숨에 소설 세계를 일상적인 세계에서 차단하여 별세계와 같은 시공간으로 끌어올린다. 고개를 올라 상승한 이 공간은 마치 천계(天界)와 같이 하계(下界, 지상 세계)의 모습을 가리고 일상과 단절된다. 거기에서 어두운 터널을 빠져나와 '나'는 남(南) 이즈라는 이향(異鄕)으로 들어가는 것이다. 그리고 그곳은 '나'와 유랑 가무단 일행의 여정만이 흐르는 유유자적한 공간으로, 여기에는 드라마틱한 일상적 사건과는 무관한 비일상적인 세계가 전개되고, 여행자의 노스탤지어(nostalgia)를 자극하는 서정성을 전면에 표방하고 있다."

(2) 육감의 미학: 일본인의 미적 감각(시각과 촉각)

이어령 교수는 『료마가 간다』(1963)의 저자 시바 료타로(司馬遼太郎, 1923-1996)와의 대화에서 이런 말을 했다.

"한국 문화가 '관념적'이라면 일본 문화는 '감각적'이라고 할 수 있어요. 단시(短詩)를 보아도 알 수 있어요. 한국의 시조는 3행시예요. 첫 행에서는 문제를 제기하고 다음 행에서 발전시켜 마지막 행에서 결론을 내린다는 시의 형식 자체가 삼단 논법적인 논리 구조가 있지요. 그러나 하이쿠는 1행뿐이므로 논리적 전개는 부적당하지만 감성의 순간적인 불꽃을 잡는 데는 뛰어난 시예요."

그러면서 이어령 교수는 『축소지향의 일본인』(2008)에서는 다음과 같은 말을 했다. 관념적인 한국인과 감각적인 일본인의 차이는 자연을 대하는 태도에서도 그대로 드러난다. 자연을 자신에게로 끌어들이려고 한 것이 일본의 정원 문화이다. 반면에 한국인은 자연을 자기 집으로 끌어들여 가두려 하지 않고 자기 집을 반대로 자연 쪽으로 운반하려고 했다.

평론가 요시무라 데이지(吉村貞司)는 구릉 그대로와 자연림 그대로가 있는 서울의 비원을 보면서 "산 그 자체는 아무리 경관이 좋아도 정원은 아니다. 그것이 일본인의 감각이다"라는 말을 했다. 이와 달리 정원의 느낌이 들지 않게 하는 것, 자연 그대로라는 착각을 하게 조건을 구성하는 것, 그것이 다름 아닌 한국의 이상적 조원 술이다.

같은 선(禪)이라도 한국과 일본이 그렇게 다른 것도, 자연에 대한 태도에 그 원인의 하나가 있다. 한국의 선승(禪僧)은 세속의 땅을 떠나는 데서부터 시작된다. 그러나 일본의 선승은 도시 한가운데 있으면서 자연을 자기들 마루 앞으로 끌어들인다. 그것이 선사(禪寺)의 방장(方丈) 뜻이다.

자연을 가까이 끌어들인다는 것은 '보는 자연'을 '피부로 느끼는 자연,' 즉, '만지는 자연'으로 만들려는 것이다. 피부로 느끼는 자연! 자기에게 더 가까이 다가선 그 자연이 또 한 발자국 다가서면 이번에는 아예 손바닥에 올라오는 마메(豆) 분재가 되어 버린다. 분재(꽃꽂이)는 일본인의 세밀함과 섬세함을 시각적으로 보여 주는 상징적 실체다.

인간의 오관(五官) 중에서 가장 대표적인 것은 시각과 청각이다. 인간의 문화는 보는 것과 듣는 것에 의해서 만들어지고 있다. 그런데 이 두 감각을 비교해 보면 시각은 축소 지향성이, 청각은 확대 지향성이 크다고 할 수 있다. 축소 문화에 강한 일본 문화는 귀로 듣는 것보다는 역시 눈으로 보는 문화라 할 수 있다.

작가 한수산은 『벚꽃도 사쿠라도 봄이면 핀다』에서 한국인과 일본인의 문화 차이를 "들고 먹는 거지와 놓고 먹는 개," 즉, 식사 문화의 차이로 설명했다. "어렸을 때 밥그릇을 들고 먹으면 늘 들었던 말이 있다. '거지냐! 밥그릇을 들고 먹게.' 그러나 일본인은 밥 공기를 들고 먹는다. '미소시루'(味噌汁)라고 하는 된장국도 마찬가지다. 이것이 한국형으로 변형되어 한국의 일식집에서는 친절하게 숟가락을 주어 떠먹도록 한다. 실로 한국적 일식 집이 아닐 수 없다.

이 이야기를 했더니 어느 일본인이 말한다. '내가 어렸을 때 밥그릇을 놓고 먹으면 늘 아버지가 말했어요. '개냐! 놓고 먹게. 제대로 들고 먹어라." 여기서 '멀리 놓고 먹는 것'과 달리 '가까이 들고 먹는 것'에는 두 가지 의미가 연상된다. 하나는 자기 쪽으로 끌고 온다는 의미가 있고, 다른 하나는 들고 먹을 때 밥그릇과 피부로 느끼는 촉감이 있다는 것이다.

피부로 느끼는 촉각형 인간으로서 일본인의 미학을 잘 보여 주는 것이 다도(茶道) 문화이다. 일본에서 다도는 단지 모여서 차를 마시는 의미만이 아니라 정신적으로 뜻을 같이 하는 사람들이 좁은 공간(다실)에 모여 바싹 붙어 앉아 서로 간의 거리를 축소하는 의미가 있다. 일본인처럼 피부로 느낀다든가 서로 만진다든가 하는 촉각 언어로 인간관계를 나타내는 것을 좋아하는 민족도 그리 흔치 않을 것이다.

사람과 사람을 맺는 것은 두뇌가 아니다. 마음도 역시 아니다. 그것보다 훨씬 구체적이고 실감이 나는 촉각적인 '하다자와리'(肌ざわり, 피부의 촉감)이다. '일본인론'의 효시라 할 수 있는 모토오리 노리나가(本居宣長, 1730-1801)도 그 점을 지적한 적이 있다. 그는 중국 문화는 도덕적인 가치에 입각한 것이라면, 일본 문화는 미와 감정에 그 뿌리를 박은 것이라는 견해를 밝힌 바 있는데, 그런 특성이 인간관계에도 그대로 적용된다.

인간 관계뿐 아니라 추상적 사고보다는 구상적인 감성 쪽이 훨씬 중시되는 사람들 사이에서는 이데올로기의 차이보다는 피부의 촉감이 다른 쪽이 보다 두려운 것으로 간주되어 온 것이다.

지금까지의 논의를 통해 우리는 일본인들의 미적 감각이 시각과 촉각에 예민하며 거기에 근간을 둔다는 것을 알 수 있다. 시각과 촉각이 인간의 육체와 관련되었을 때 그것은 육감, 즉, 육체와의 접촉에 따른 감정(감각)이 된다.

여성의 외모(육체)를 보거나 만졌을 때 느끼는 촉감은 성적 욕망을 불러일으킨다. 일본인의 성 문화는 이 같은 시각과 촉각에 예민한 일본인의 미의식에서 비롯되었다고도 볼 수 있다. 미적 감수성이 뛰어난 가와바타는 자연에 대한 미적 묘사에도 탁월하지만 여체(女體)에 대한 성적 묘사에서도 남다른 관심과 애착이 강했다. 이제 가와바타와 관련된 '육감의 미학'을 그의 작품 분석을 통해 살펴보자.

근세(약 1600~1918년) 동안 일본의 3대 도시는 도쿄(東京), 교토(京都), 오사카(大阪)였는데, 도쿄는 정치 도시, 교토는 종교 도시, 오사카는 상업 도시라고 할 수 있다. 상업 도시인 오사카에서 태어난 가와바타는 1917년(18세)에 도쿄로 올라와 제일고등학교에 입학했다.

그 이듬해인 1918년 가을, 처음으로 도쿄에서 130km 떨어진 이즈(伊豆) 반도(후지산 남쪽 시즈오카, 靜岡)를 여행하였다. 가와바타는 빼어난 경관을 자랑하는 이곳을 여행한 후 이때의 체험을 소재로 하여 소설을 썼는데, 그것이 1926년에 발표된 『이즈의 무희』다. 이 소설을 계기로 작가로서의 명성을 얻기 시작했다.

이 작품은 고아인 고등학교 1학년 화자가 자신의 뒤틀린 성격과 우울증을 떨치려고 이즈로 여행을 떠났다가 극단 무희인 가오루(薰)와 사랑을 나누게 된다는 이야기이다. 청춘의 방황과 설렘, 가와바타 특유의 비애와 허무주의를 서정적인 필치로 묘사한 작품이다. 그는 감각적이고 주관적으로 현실 세계를 새롭게 묘사하는 신감각파 시대의 대표 작가로 꼽히지만, 그 조류 속에서 드물게 솔직한 필체로 작품을 전개해 나갔다.

『이즈의 무희』라는 소설의 제목에서도 나타나듯이 가와바타는 남자보다 항상 여성에 대한 관심이 지대했다. 화자인 '나'는 일고(一高, 제일고등학교)에 다니는 스무 살 청년인데, 여행지인 이즈에서 유랑 가무단 일행과 만나 길동무가 된다. 40대 여자와 젊은 부부, 두 명의 10대 처녀로 구성된 다섯 명의 유랑 가무단 일행 중에서 '나'는 가장 젊은 '무희'에게 초대면부터 강하게 끌리고 있었다. 찻집의 노파에게조차 멸시받는 유랑 가무단이지만, 그 소박하고 따뜻한 분위기에 휩싸이는 동안 '나'는 점점 굴절된 감정의 굴레를 벗어 버리게 된다는 스토리로 진행된다.

이 소설은 여행지가 온천이기 때문에 다음과 같은 장면이 자연스럽게 등장한다. 여기서도 여성에 대한 그의 감성적 이끌림을 엿볼 수 있다. "한 시간쯤 놀다가 가무단 사람들은 내가 묵는 여관의 탕에 들어갔다. 탕에는 가지 않고 나는 무희와 오목을 두었다. 그녀는 묘하게 잘했다. (…) 둘만 있었으므로 초반에 그녀는 똑바로 앉아 손을 뻗어 돌을 놓고 있었지만 점점 열중해서 바둑판 위로 몸을 기울여 왔다. 부자연스러울 만큼 아름답고 검은 머리가 나의 가슴에 닿을 것처럼 되었다. 갑자기 확 하고 얼굴이 빨개지면서"라는 묘사의 장면들 말이다.

한편, 『설국』(1937-1948)은 가와바타 문학이 정점에 도달한 근대 일본 서정 소설의 고전으로 알려져 있다. 이 소설의 핵심은 순간순간 덧없이 타오르는 여자의 아름다운 정열에 있다. 개통한 지 얼마 안 된 기다란 시미즈(清水) 터널 밖으로 나오면 눈의 고장, 설국이 있다.

그 한적한 곳의 온천장에서 게이샤로 살아가는 고마코. 그녀에게서 발산되는 야성적 정열과는 대조적으로 순진무구한 청순미로 주인공 시마무라의 마음을 끌어당기는 요코. 이 두 여자를, 도쿄에서 온 무위도식하는 여행자에 불과한 시마무라는 허무의 눈으로 지켜본다. 자연과 어우러진 육감의 미학을 보여 주는 『설국』의 한 대목을 옮겨 본다.

"자갈 많은 강물 소리만이 감미롭게 들려왔다. 삼나무 사이로 건너편 산골짜기에 그늘이 지는 것이 보였다. '당신만 한 여자가 아니면 나중에 당신을 만났을 때 허탈해질 게 아닌가.' '알 바 아녜요. 억지도 심하시네.' 여자는 대뜸 토라져 놀려대는 투로 말했지만, 게이샤를 부르기 전과는 완전히 다른 감정이 둘 사이에 흐르고 있었다. 애당초 오직 이 여자를 원하고 있었음에도 여느 때처럼 굳이 먼 길을 빙빙 돌았다고 분명히 깨닫자, 시마무라는 자신이 싫어진 한편 여자가 더없이 아름답게 보였다. 삼나무 숲 그늘에서 그를 부른 이후, 여자는 어딘가 탁 트인 듯 서늘한 모습이었다. 가늘고 높은 코가 약간 쓸쓸해 보이긴 해도 그 아래 조그맣게 오므린 입술은 실로 아름다운 거머리가 움직이듯 매끄럽게 펴졌다 줄었다 했다. 다물고 있을 때조차 움직이는 듯한 느낌을 주어 만약 주름이 있거나 색이 나쁘면 불결하게 보일 텐데 그렇진 않고, 촉촉하게 윤기가 돌았다. 눈꼬리가 치켜 올라가지도 않아 일부러 곧게 그린 듯한 눈은 뭔가 어색한 감이 있지만, 짧은 털이 가득 돋아난 흘러내리는 눈썹이 이를 알맞게 감싸 주고 있었다. 다소 콧날이 오뚝한 둥근 얼굴은 그저 평범한 윤곽이지만 마치 순백의 도자기에 엷은 분홍빛 붓을 살짝 갖다 댄 듯한 살결에, 목덜미도 아직 가냘퍼, 미인이라기보다는 우선 깨끗했다. 접대부로도 나간 적이 있는 여자치고는 약간 새가슴이었다."

한편, 패전 후 대표작이라 할 수 있는 『천 마리 학』은 다도, 기모노 등 일본 문화의 키워드 같은 것들이 전경(全景)에 배치되어 일본의 전통적인 미의식을 읽어내는 데에 치중한 작품이다. 다실이라는 공간성, 과거 시간이 현재에 범람하는 구성은 시공을 초월한 미의식의 세계를 구축하는 데에 손색이 없다. 간결한 심리 묘사가 독자들에게 긴장감을 부여하면서 일본 문학의 시간 의식, 전통의 몽환적 수용이 독자들의 심미적 성향 속에서 재구성된다.

가령, 『천 마리 학』에는 감각을 매개로 한 초현실적 미의식의 세계가 펼쳐진다. "가마쿠라의 엔가쿠사(円覺寺) 절 안에 들어와서도 기쿠지(菊治)는 다회에 가야 할지 말아야 할지 망설이고 있었다. 시간은 이미 늦었다"로 시작하는 『천 마리 학』은 차 모임이라는 일본의 전통적인 문화 양식, 엔가쿠사라는 한적함이 자아내는 서정성이 가득하다.

다도를 즐겼던 선친과 인연을 맺어 왔던 여성들과 재회하는 기쿠지. 스토리만을 두고 도덕적 잣대로 보면 선친의 여자였던 오타(太田) 부인과 그녀의 딸 후미코(文子)와의 육체적 관계는 우리 상식으로 이해하기 힘들다. 그런데 이 작품에는 세속적 잣대를 들이댈 수 없는 심미적 장치가 곳곳에 놓여 통속성보다는 예술성에 민감하게 반응하게 한다. 그 한 대목을 옮겨 본다.

"오늘 아침 후미코가 전화로 말했던 것처럼 그 시노(다기[茶器]의 일종)의 하얀 유약은 은은한 붉은빛을 띠고 있었다. 잠시 바라보고 있는 동안에 흰 바탕 속에서 붉은 기색이 떠오르는 것 같다. 그리고 찻잔 언저리가 약간 엷은 갈색을 띠고 있었다. 한 군데는 엷은 갈색이 진한 것 같다. 거기가 입을 댄 부분일까. 차의 앙금이 낀 것처럼 보인다. 그러나 입술을 댄 자국 인지도 모른다. 그 엷은 갈색도 다시금 보니까 역시 붉은 빛을 띤 것처럼 보인다. 오늘 아침 후미코가 전화로 말했던 것처럼 그녀 어머니의 입술 연지가 스며든 자국인 것일까. 그렇게 생각하니 유약 부분에 생긴

가는 금에도 갈색과 붉은색이 섞인 색이 들어가 있었다. 입술 연지가 바란 듯한 색, 붉은 장미가 시들어 마른 듯한 색, 어딘가에 묻은 피가 변색된 듯한 색이라고 생각하자 기쿠지는 마음이 울렁거렸다. 토할 것 같은 불결함과 출렁이는 유혹을 동시에 느꼈다."

오타 부인이 자살한 후 시노의 감촉과 환상은 현실의 시공간을 초월하여 텍스트 세계에 범람한다. 붉은색 입술 연지가 찻잔 언저리에 밴 듯한 감각. 오타 부인의 유품으로 받은 시노는 마치 생명이 부여된 듯 기쿠지를 사로잡으며 "토할 것 같은 불결함과 울렁거리는 유혹"의 대상이 된다. 가와바타의 표현 방법을 아주 잘 보여주는 대목이다. 실제의 육체적 관계보다는 찻잔의 흔적이 서사 내용의 중심을 이루며 전체 분위기를 통합시키는 것이다.
  이 소설의 특징은 다도의 역사가 전하는 과거, 아버지의 시절, 기쿠지에게 수렴되는 인과적 관계, 그리고 사후 세계가 겹겹이 포개져서 시노 찻잔에 응축된다. 부인이 죽은 후 그 영정 앞에서 기쿠지는 "부인의 몸은 머리에 떠오르지 않는데, 부인의 촉감이 향기에 취한 것처럼 기쿠지를 따듯하게 감싸오는 것"을 느낄 수 있었다. 게다가 그 촉감조차도 "조각적인 느낌이 아니라 음악적인 느낌"으로 몽환적 세계를 자아내고 있다.

한편, 무의식에서 출발한 몽환적 삶을 방사형의 기억 조각들로 조합하는 『호수』(1954)는 가와바타 문학 속에서 독특한 자리를 차지한다. 여백과 플롯 장치로 마치 독자의 지적 능력을 시험하는 듯한 텍스트 전략을 구사하기 때문에 독서의 쾌락을 느끼기에 부족함이 없는 소설이다. 가와바타의 작품 가운데 이채를 띠는 전위적인 소설 『호수』는 자연의 서정성 대신 굴절된 심리가 전면에 부상한다.

『이즈와 무희』와 『천 마리 학』이 고독한 개인의 내면을 일본의 서정으로 포장했다면, 『호수』는 퍼즐 맞추기와 같은 심리극으로 구성된다. 주인공 모모이 긴페이(桃井銀平)는 여성을 미행하는 취향을 지닌 독특한 남성인데, 어떤 여성을 미행하다가 습득한 핸드백 속의 돈을 훔쳐서 막 가루이자와로 도망칠 참이었다.

한편, 핸드백을 잃어버린 미야코(宮子)는 자신을 거두어 주는 아리타(有田) 노인을 속여서 모은 돈이기 때문에 경찰에 신고할 수도 없었다. 모모이 긴페이가 뒤를 쫓아가는 여성은 미행자를 의식하고 말초적 감성이 흔들린다. 사랑이나 연애라는 일반적인 관념도 이 작품에는 등장하지 않는다. 가와바타 특유의 절제된 에로티시즘도 별로 찾아볼 수 없다. 대신 패전 후의 일본 사회의 한 단면을 비추듯, 콤플렉스와 상실감과 존재의 조각을 찾고자 하는 욕망들이 포진한다. 가와바타의 감성을 보여 주는 한 대목을 옮겨 보자.

"긴페이는 오른손 손바닥을 펼쳐 흔들었다. 걸으면서 자신을 질타할 때의 버릇인데, 아직 미지근한 쥐의 시체, 눈을 부릅뜨고 입에서 피를 흘린 쥐의 시체를 잡은 감촉이 되살아났기 때문이기도 했다. 호숫가의 야요이(やよい) 집에 테리어 종 애완견이 부엌에서 잡은 쥐였다. '긴페이, 그 쥐를 치워 줘.' 긴페이가 당황해서 쥐를 줍자, 입에서 나온 피가 널판 사이에 한 방울 정도 떨어져 있었다. 쥐의 몸이 따뜻한 것이 기분 나빴다. 눈을 부릅뜨고 있다곤 해도 쥐의 귀여운 눈이었다."

어린 시절 기억에 저장된 막 죽은 쥐를 잡았던 감각이 현재까지 관통되어 삶에 작용한다는 설정, 현실 속에서 몽환이 겹치다가 다시 현실로 이어지는 『호수』의 세계는 현실과 비현실의 경계조차 불분명하다. 왜냐하면 우리의 삶 모두가 명쾌한 가치 부여 속에 수치적으로 치환될 수 없는 것처럼 무의식의 심연과 현실적인 삶의 만남은 늘 긴장된 것이다.

모모이 긴페이라는 젊은이는 과거에 경험했던 호수의 기억이 현재에 범람하는 행태로 고독한 삶을 산다. 호수의 기억은 또 다른 백일몽을 생산하는 장치로서, 그 기억을 소환하는 모모이의 현실 사제를 몽환석 분위기로 탈색시켜 버린다. 이 소설은 가와바타의 후기 작품으로 패전 이후를 무대로 한 『천 마리 학』과는 사뭇 그 지향점이 다르다.

우리는 이상의 가와바타의 작품들을 통해 하나의 일관된 표현 묘사, 즉, 현실과 비현실의 경계를 모호하게 몽환적 세계로 그린다거나, 자연이나 여성에 대한 심미적이고 촉감적 묘사를 즐겨하는 등 그의 미학적 특성을 엿볼 수 있다. 이는 가와바타의 미의식을 드러내는 것으로 다른 작가들과는 상당히 다른 지점의 독특한 특징이다.

(3) 자살의 미학: 미적 실존이 낳은 허무의 종착지

일본의 역사를 보면 개인적인 '할복자살'(切腹)로부터 시작하여 '옥쇄'(玉碎, '옥처럼 아름답게 부서진다'는 뜻)라 일컫는 '집단 자살'(集團自殺)에 이르기까지 우리의 생각으로는 참 이해하기 힘든 '자살 문화'를 쉽게 엿볼 수 있다. 그 이유와 구체적인 사실에 대해서는 나중에 살펴보기로 하고, 태평양전쟁 당시에 있었던 '집단 자살'이나 자살

특공대인 가미카제(神風, カミカゼ)에 대해 먼저 살펴보자.

1941년 12월 8일, 일제는 하와이의 진주만을 공격함으로써 태평양전쟁이 시작되었다. 처음에는 일본이 승승장구하는 것 같았으나 국력의 차이로 일본은 급격히 무너지면서 패전을 거듭하였다. 1944년 7월과 8월, 사이판과 괌이 미군에 의해 함락되면서 미군의 B-29에 의한 일본 본토 폭격이 가능해지자, 일본은 광기에 사로잡혔다.

그래서 나타난 것이 바로 '가미카제'였다. 엽기성의 극치라 할 가미카제가 처음 등장한 것은 1944년 10월 23일부터 26일까지 필리핀 동부 연안의 레이트(Leyte) 해전에서였다. 자살 특공대인 가미카제는 전쟁의 막바지에 일본을 구하기 위하여 젊은 그들의 순수한 자기희생의 동기로서 행해졌다.

첫 가미카제 단원 4명의 이름은 18세기 국학자로 잘 알려진 '모토오리 노리나가'(本居宣長)의 와카(和歌) 시의 단어들로부터 왔다. "일본 고유의 정신이 무엇이냐고 묻는다면, 아침 햇살에 빛나는 벚꽃이라고 대답할 것이다." 이 시 속에는 조국 일본을 위해 한순간 화사하게 피었다가 일순간에 사라지는 벚꽃처럼 산화하는 것을 영광으로 여기라는 무서운 독설이 내포되고 있다.

가미카제는 일본군 조종사가 폭탄을 만재한 전투기를 타고 미군의 전함에 부딪힘으로써 수행하는 일종의 동반 자살 수법이다. 처음에 미군은 이 수법에 크게 당황했다. 패전까지 300여 차례에 걸친 출격으로 죽은 가미카제 특공대원은 해군 2,516명, 육군 1,329명이었으며, 미군의 피해는 함정 30여 척 침몰, 350척 이상 파손 등이었다. 그러나 미군이 가미카제에 대한 방비책을 강구하면서 가미카제의 위력도 떨어졌다.

1942년 8월 7일, 미군은 호주의 동북쪽 솔로몬 군도의 최남단 과달카날섬(Guadalcanal, 솔로몬제도의 섬) 상륙을 시작으로 대반격이 시작되었다. 치열한 전투 끝에 8월 21일 일본군은 전멸에 가까운 참패를 당했다. 미드웨이(Midway) 해전부터 밀리기 시작한 일본군은 1942년 12월에 파푸아 뉴기니섬(Papua New Guinea)의 옥쇄를 시작으로 본토에 이르는 각 섬에서 옥쇄를 명령하였다. '옥쇄'를 일본인들은 '교쿠사이'(ぎょくさい)라고 한다.

과달카날섬에서는 일본군 2만 4천 명이 '교쿠사이'했고, 이를 시작으로 알류샨열도의 아투섬에서는 2천 5백 명이 '교쿠사이'했다. 일본 영토인 이오(硫黃)섬에서는 2만 3천 명, 오키나와섬에서는 일본 군인과 도민 의용군 9만 명 그리고 비전투원 10만 명이 '교쿠사이'했다.

'일본 문화의 패턴' 연구로 유명한 『국화와 칼』(1946)의 저자 루스 베네딕트(R. Benedict, 1887-1948) 여사는 서구(미국) 기독교의 '죄의식 문화'와 달리 일본은 '수치 문화'가 존재한다고 보았다. 죄를 지었을 경우 기독교 문화는 회개하는 방식으로 해결하지만, 일본은 그 수치를 자살을 선택하는 방식을 통해 죄를 해결하려고 했다는 것이다. 이를 잘 말해 주는 역사적 사건이 일본의 진정한 국민적 서사시인 『47 로닌』이다.

이 이야기는 1703년에 벌어진 역사담으로, 47명의 로닌(浪人, 떠돌이 사무라이, 낭인)이 주군인 아사노(淺野) 영주에 대한 의리(義理)로 영주를 할복자살하게 한 기라(吉良)의 목을 쳐서 자른 후에 그 목을 아사노의 무덤으로 들고 갔다. 거기에 잘린 기라의 머리와 칼을 올려놓고 선주에게 바치는 글을 읽었다.

"저희들은 오늘 이곳에 충성의 예를 바치려고 왔습니다. 저희들은 영주님이 시작한 복수를 완수하기 전까지는 감히 이곳에 올 수 없었습니다. 저희들이 기다리던 매일매일은 3년처럼 길게 느껴졌습니다. 우리는 기라를 여기 영주님의 무덤에 데려왔습니다. 영주님께서 지난해 그토록 소중하게 여겼고, 또 우리에게 맡겼던 칼을 여기 대령했습니다. 이 칼을 받으셔서 영주님께서 적의 머리를 두 번째로 내리치시고 증오를 영원히 푸소서. 저희 47인은 삼가 이렇게 아뢰옵나이다."

복수극이 끝나자 국법을 어긴 죄로 그들은 모두 쇼군 정부에 의해 할복자살을 명령받고 자결했다.

일본의 자살 문화는 일본 근대문학사에도 그대로 이어졌다. 자살 동기는 개개인에 따라 다르겠지만, 기타무라 도코쿠(北村透谷, 1868-1894), 가와카미 비잔(川上眉山, 1869-1908), 아리시마 다케오(有島武郞, 1878-1923), 아쿠타가와 류노스케(1892-1927), 다자이 오사무(太宰治, 1909-1948), 다자이의 뒤를 좇아 그의 무덤 앞에서 자살한 다나카 히데미쓰(田中英光, 1913-1949), 미시마 유키오(1925-1970). 가와바타 야스나리(1899-1972), 그리고 우리의 뇌리에 아직도 하나의 충격으로 생생하게 남아 있는 에토 준(江藤淳, 1932-1999) 등 자살한 문인들이 많다. 이 중에서 몇몇 주요 인사들을 소개하며 다음과 같다.

첫째, 일본 근대문학을 견인하며 독보적이고 독창적인 작품 세계를 펼친 불세출의 천재 아쿠타가와 류노스케의 자살이다. 1926년 12월 25일, 다이쇼(大正) 천황이 죽자 미치노미야 히로히토(迪宮裕仁) 왕세자(1901~1989)가 천황에 즉위했다. 연호는 '밝은 평화'라는 의미의 쇼와(昭和)로 바뀌었는데, 이 시대의 일본은 오늘날 일본인

이 '구라이 다니마(暗い谷間, 어두운 골짜기)'라고 부르는 참담한 상황으로 치달았다.

그는 도쿄의 상점가에서 우유 판매업을 하는 니이하라 도시조(新原敏三)의 장남으로 태어났다. 아이의 탄생 바로 전해에 여섯 살짜리 큰 누나가 세상을 떠났고 그가 태어난 지 일곱 달 만에 그의 어머니는 정신이상을 일으켰다. 그가 세 살이던 1902년 마흔둘의 나이로 어머니가 사망했는데, 어머니가 광인이었다는 사실은 아이에게 큰 영향을 미쳤다.

1927년, 아쿠타가와는 '막연한 불안'(ぼんやりした不安)이라는 말을 유서로 남기고 자살했다. 어두운 시대의 개막을 상징하는 사건이 아닐 수 없다. 그는 7월 24일 미명, 자택에서 치사량의 수면제를 복용하여 자살했다. "콧물만 코 끝에 살아남았네."라는 마지막 시구와 몇 편의 유고를 남긴 죽음이었다. 25일자 일간지에는 그의 죽음이 대서특필되었고 많은 이들이 큰 충격을 받았으나 어쩌면 그의 자살은 더없이 아쿠타가와 다운 것이었고, 오히려 '자연스러운' 귀결이었다고 할 수 있다.

둘째, 무라카미 하루키(村上春樹)가 가장 존경하는 일본 작가 다자이 오사무의 자살이다. 본명이 쓰시마 슈지(津島修治)인 오사무는 39년이라는 길지 않은 생애에서 다섯 번의 자살을 시도하고, 결국 다섯 번째 시도에 생을 마감하였다. 무엇이 그를 처절한 자기 파멸로 치닫게 했을까? 이 문제를 푸는 것이 다자이를 해독하는 하나의 열쇠가 될 것이다.

일본 근대문학을 확립했다고 평가받는 자연주의 문학은 '무엇을 어떻게 쓸 것인가?'보다는 '인생을 어떻게 살 것인가?'라는 절박

한 물음이 뒷받침된 진지한 자기 모색의 문학이었다. 그렇다면 '어떻게 살 것인가?'라는 명제와 더불어 '어떻게 죽을 것인가?'라는 명제 또한 이 세상에서 생을 부여받은 모든 인간의 물음이 될 것은 자명했다. 일본 무사도의 근간은 어떻게 죽을 것인가에 있었기 때문이다.

기독교가 지배 논리가 되기 전의 서구 사회뿐 아니라 인류사에는 동서를 막론하고 숭고한 자살에 대해 용인 내지 존경이라는 일종의 사회적 합의가 있어 왔다. 의지적 죽음, 즉, 자살은 "자기 목숨으로 자유의 가치를 조명해 낸" 정의로운 죽음으로 평가되었다. 자살이 기독교에 의해 비난의 대상이 되기 이전 자신의 삶을 스스로의 책임 하에 완결 짓는 행위는 어느 면에서는 성숙한 인간의 자주적인 선택에 달려 있다고 할 수 있었다.

인간의 존엄성을 지키기 위한 자살은 용인되었으며, 일본에서는 죽음의 미학으로 승화되기도 했다. 패전 후의 일본은 그에게 환멸과 실망만을 안겨 주었다. 인간 실격자라 자조하며 철저한 자기 부정을 통해 획득한 깊이 있는 인생 통찰이 패전 후의 사회상에 대해 실망과 분노를 느끼게 했고, 그 분노는 결국 그를 좌절과 자포자기로 이끌었다.

결국 무뢰파(無賴派)니 데카당스파(Décadence, 퇴폐파)니 하는 호칭으로 불리며 전후(戰後) 인기 작가로 부상한 다자이는 개인적인 지점에서 사회 비판이라는 지점으로 나아가면서 공적이라 할 자기 파멸을 기도하게 되었다. 따라서 자살을 향한 지향은 늘 그의 신변을 감싸고 있었다.

다섯 번째이자 마지막 자살 시도는 1948년에 일어났는데, 각혈을 할 만큼 악화된 폐결핵도 한몫 했을지 모르나, 자기 파멸에의 지향은 6월 13일, 마지막까지 떠나지 않고 그의 곁을 지키던 야마자키 도미에(山崎富榮)와 약을 먹고 다마 강 수원지에 투신함으로써 완결되었다. 올 것이 온 것이라고도 할 수 있을 그의 죽음은 이렇게 완성되었다.

셋째, 일본 전후 문학을 대표하는 미시마 유키오이다. 천황에 대한 충성의 상징인 구스노키 마사시게(楠木正成, 1294-1336)는 천황의 명령으로 교토 수호에 나섰으나 불과 2천 명의 병력으로 분전하다가 1336년 7월에 미나토가와(湊川) 강변에서 최후의 일전을 치르고 일족과 함께 자결했다.

천황에 대한 충성의 상징으로 그를 다시 불러낸 이는 일본 근대화의 선각자인 요시다 쇼인(吉田松陰, 1830-1859)이었다. 구스노키 마사시게는 '칠생보국'(七生報國)을 외치면서 죽었다. '일곱 번 다시 태어나도 천황을 위해 죽겠다'고 했다는 그의 종신(終身)은 태평양전쟁 말기 일본 군국주의자들에 의해 되살아났다. 가미카제 특공대로 출격하는 대원들에게 사케 한 잔과 이 구호를 적은 머리띠를 질끈 매 주고 사지로 내몰았다.

요시다 쇼인이 남긴 유산은 태평양전쟁 말기 이런 식으로 왜곡되어 젊은이들을 죽음으로 내몰았다. 잊혀 가던 그 망령은 거의 30년의 세월을 잠복하다 소설가 미시마 유키오에 의해 되살아났다. 그는 일본 전후 문학을 대표하는 소설가로 이름을 날리다가 극우 정치 운동가로 변신, 1970년 11월 방위성 본성에 있는 육상자위대 총감부에서 총감을 감금하고 자위대의 각성과 쿠데타 궐기를 촉구하며 사무라이의 전통 예식에 따라 할복자살을 했다.

그는 육상 자위대 발코니에서 미일 안보 조약과 헌법 개정을 주장하는 일장 연설을 하고 일을 저질렀다. 이념이 변질되면 어떤 모습으로 인간을 옭아매는지 처절하게 보여 준 셈이다. 이 사건은 일본에 신-우익이 형성되는 전기를 마련했다.

이제 우리가 다루고자 하는 것은 가와바타 야스나리의 자살이다. 그는 바로 전에 언급한 미시마 유키오의 장례 위원장(1971년 1월 24일)을 맡은 사람이다. 그런 그가 1년 3개월 후인 1972년 4월 16일에 미시마에 이어 자살했다. 작가에게 수여하는 최고의 영예인 노벨 문학상을 받은 지 3년 4개월 만이다. 유서도 없었고, 죽기 직전까지 자살에 대한 어떤 징조도 보이지 않았다. 그의 책상에는 쓰다 만 원고와 뚜껑이 열린 만년필이 놓여 있었다고 한다.
"아무리 현세가 싫다 해도, 아무리 덕행이 높아도, 자살은 깨달은 자가 할 일이 아니다"라며 자살한 작가들을 비난하고, "숨을 거두는 순간까지 원고를 쓰듯 허공에 손을 휘젓겠다"라던 평소 태도와는 정반대의 행위였기에 그의 죽음은 많은 사람들에게 큰 충격을 안겨주었다. 무엇이 그를 자살 충동으로 이끌었을까? 다자이 문학을 해독하는 하나의 열쇠가 다섯 차례의 자살 충동이었듯이, 이 문제를 푸는 것이 가와바타 문학을 이해하는 열쇠가 될 것이다.

2) 가와바타의 미학과 키르케고르의 미적 실존

필자는 가와바타의 미학은 키르케고르의 '미적 실존'(美的實存)에 해당한다는 차원에서 키르케고르의 '미적 실존'에 대해 살펴보고자 한다. 안병욱 교수는 『키에르케고르(키르케고르) 사상』이라는 책에서 다음과 같이 말하였다.

키르케고르는 우리 하나하나의 개별자인 단독자(單獨者)를 실존으로 파악하고, 실존을 다시 주체성(主體性)으로 규정하고, 주체성의 깊은 의미를 내면성(內面性)에서 찾았다. 그리고 내면성의 핵심을 기독교적 신앙에서 발견하였다. "신 앞에 선 단독자" 이것이 키르케고르의 실존의 도달점이었다.

따라서 인간은 물질이 아니고 정신이요, 객체성이 아니고 주체성이며, 외면성이 아니라 내면성이라고 그는 생각했다. 그는 인간을 안과 밖, 내면성과 외면성, 내적 인간과 외적 인간의 두 갈래로 나누고 인간을 안으로, 내면성으로, 내적 인간의 방향으로 깊이 파고 들어갔다.

그는 인간을 안으로 깊이 파고 들어가서 궁극에 도달한 것이 위를 바라보는 종교적 실존이었다. 안으로의 길은 결국 위로 통하는 길이었다. '신 앞에 선 실존'(Existenz vor dem Gott)이 키르케고르의 실존이다.

인간을 라틴어로 호모(homo)라 하고, 헬라어로 안트로포스(anthropos)라고 한다. 라틴어의 호모는 후무스(humus), 즉, 흙에서 나온 말이다. 인간은 흙에서 나와서 흙으로 돌아간다는 말씀(창 3:19)에서 이런 말이 생겼다. 안트로포스가 곧 키르케고르의 실존이다. 신 앞에 홀로 선 실존만이 참된 실존이요 그렇지 못한 실존은 진정한 의미에서 실존이 아니다.

사회적 자아(社會的自我)의 옷을 벗어버리고 우리가 단독자로서 경건하게 신 앞에 설 때 실존이라고 할 수 있다. 실존은 밖에 나타난다는 뜻이다. 그러면 실존은 구체적으로 현실적으로 어떤 모습,

어떤 형태, 어떤 양상과 단계로 나타나는가? 그는 실존이 세 가지 단계로 나타난다고 보았다.

첫째 단계는 미적 실존(美的實存, aesthetic existence)이고, 둘째 단계는 윤리적 실존(倫理的實存, ethical existence)이고, 셋째 단계는 종교적 실존(宗敎的實存, religious existence)이다. 미적 실존과 윤리적 실존의 경계선에는 아이러니(irony)가 있고, 윤리적 실존과 종교적 실존의 경계선에는 유머(humor)가 있다고 한다.

키르케고르는 예리하고 냉철하게 직시하는 리얼리즘의 정신과 수법을 가지고 실존의 세 단계를 기술하였다. 실존의 가장 직접적인 단계는 미적 실존이다. 미적 실존을 간단하게 말하면 향락(享樂) 또는 향수(享受)의 입장에 선 실존이다. "인생을 향락하라"(Enjoy your life), "네 쾌락을 위해서 살아라", "네 자신을 스스로 향락하라. 쾌락에서 너 자신을 향락해야 한다", "우리는 모름지기 생활을 향락해야 한다. 시적(詩的)으로, 또는 미적(美的)으로 살아라."

이러한 인생관이 미적 실존의 생활 태도다. 그것은 인생의 온갖 쾌락을 마음껏 받아들이고, 마음껏 향락하려고 하는 생활이다. 한마디로 말하면 그것은 미적 인생관이다. 그것은 나비가 이 꽃에서 저 꽃으로 단 꿀을 찾아서 헤매듯, 또 호색가 돈 쥬앙(Don Juan, 또는 돈 판)이 1,003명의 여성을 유혹한 것과 마찬가지로 결코 한 군데, 한 대상에 머무르지 않고 살아가는 것이요 영리한 기지(機智)로 재치 있게 생을 향락하는 것이다.

돈 쥬앙은 스페인의 전설에 나오는 미모의 방탕한 귀족 청년이다. 돈 쥬앙은 인간의 관능성(官能性)의 상징이자, 인간의 향락성(享樂性)

의 심볼로 기능하기도 한다. 그는 곧 감각적 쾌락성(感覺的快樂性)의 화신(化身)이다. 그는 미적 실존의 대표적인 전형을 돈 쥬앙에게서 발견했다.

돈 쥬앙은 순간(瞬間)과 찰나의 쾌락을 구한다. 과거를 뉘우치지 않고 미래를 생각지 않고 현재의 쾌락으로 살아간다. 그는 순간적 인간이다. 그의 일생은 순간의 연속이다. 그에게는 현재의 쾌락의 추구가 있을 뿐이지 일관된 성격과 통일된 인격이 없다. 인격이란 과거와 현재와 미래를 일관하게 통일하는 데 있다.

돈 쥬앙은 스스로가 일관된 인격을 유지하지 않기에 여성에게도 혼과 인격을 구하지 않는다. 그저 여성은 그의 욕정(慾情)에 불길을 일으킨다. 그것을 손에 넣어서 욕정을 만족시키는 순간 그 여성에 대해서 흥미와 매력을 느끼지 않는다. 도리어 환멸과 염증을 느낀다. 그는 또 새로운 여성을 찾는다. 그에게는 순간의 쾌락과 쾌락의 만족이 있을 뿐 깊은 사랑은 없다. 또 결혼의 깊은 뜻을 알지 못한다. 그에게 있어서는 오스카 와일드(Oscar Wilde, 1854-1900)처럼 결혼은 연애의 무덤이라고 인식될 뿐이다.

돈 쥬앙은 새로운 여성, 새로운 쾌락을 한없이 추구한다. 1,003명의 여성을 유혹했다는 그는 모든 인간의 마음속에 살고 있다. 우리는 인간성(人間性)에서 돈 쥬앙적 요소를 부인할 수 없다. 키르케고르는 30세에 『이것이냐 저것이냐』(1843)라는 책을 썼는데, 이 책은 그의 사상의 서곡(序曲)으로서 여러 실존적 맹아(萌芽)가 보이는 중요한 책이다.

이것이냐 저것이냐는 선택을 의미한다. 둘 중의 하나를 선택하는 것이다. 그러면 이것은 무엇이고 저것은 무엇인가? 이것은 미적 생활을 의미하고 저것은 윤리적 생활을 의미한다. 선택은 엄숙하다. 우리는 선택의 순간에 엄숙한 정신으로 돌아간다. 미적 실존은 미적 생활을 선택한 것이다. 절대 유일의 이것이냐 저것이냐는 선(善)이냐 악(惡)이냐의 선택이다. 또 그것은 절대적으로 윤리적이다. 우리가 이것이냐 저것이냐 둘 중의 하나를 선택할 때, 윤리적인 것, 선한 것을 선택할 때에만 선택이라고 할 수 있다.

미적인 것에 대해서는 선택이라고 할 수 없다. 왜냐하면 미적 선택은 모두 직접적이기 때문이다. 미적으로 사는 자는 사실은 선택한 것이 아니다. 윤리적인 것을 선택하는 경우에 선택이란 말이 성립되는 것이다. 『이것이냐 저것이냐』의 제일부(第一部)에 수록된 <유혹자의 일기>는 미적 생활, 미적 실존의 예찬을 그렸다.

이 책에 나오는 요한네스와 코데리아의 사랑의 관계는 곧 키르케고르와 레기네 올젠과의 관계라고 할 수 있다. 젊은 여성의 그 경쾌하고 청신하고 감각적인 미에 대한 예찬이 아름다운 문학적(文學的) 필치로 그려져 있다. 이것은 젊은 청년 시대의 키르케고르의 여성에 대한 심정이요 태도였다.

키르케고르는 돈 쥬앙에게서 미적 실존의 본질을 읽었다. 그는 한마디로 말하면 이기주의자(利己主義者)요, 쾌락주의자(快樂主義者)다. 인생에 대해서 성실성이 없는 태도다. 자유 방종의 인생관이다. 인생을 풍성한 쾌락의 향연(饗宴)으로 보고, 다채로운 미(美)의 만화경(萬華鏡)으로 보며, 순간적으로, 찰나적으로, 새로운 향락을 추구하는 쾌락주의적 인생관이 곧 미적 실존의 길이다.

그런데 거기에서 진정한 행복을 찾을 수 있었던가? 미적 실존은 결국 우수(憂愁)와 불안(不安)으로 끝났다. 이 우수를 돌파하고 불안을 극복하는 길은 종교적 길밖에 없다. 그러나 미적 실존은 그러한 길을 택하려고 하지 않는다.

키르케고르에 있어서 우리가 산다는 것은 곧 권태(倦怠)로운 일이었다. 존재는 곧 권태였다. 그래서 그는 이렇게 말했다. "태초에 권태가 있었다"(In the beginning was boredom). 이 말은 요한복음 1장 1절("태초에 말씀이 있었다")을 패러디한 것이다.

키르케고르는 '말씀' 대신에 '권태'를 넣었다. 이 얼마나 재미있고 대담한 생각인가. 신들은 권태를 느꼈기 때문에 인간을 만들었다. 그리고 이 순간부터 지상(地上)에도 권태가 시작되었고 사람의 수에 비례해서 권태는 증대되었다.

권태가 존재의 본질이다. 생의 본질이다. 이 권태를 인생에서 몰아내고 이 권태를 생활에서 망각하기 위하여 우리는 쾌락을 추구하고 향락에 도취하고 새로운 변화를 요구하고 그 방법으로서 쾌락의 윤작(輪作, rotation of crops)을 한다. 윤작이란 농사에 쓰는 말이다. 같은 곡식만 심으면 수확이 적어지기 때문에 심는 곡식을 바꾼다. 그러면 수확이 많아진다. 이것이 윤작이다.

우리는 인생의 권태를 몰아내기 위해서 윤작의 방법을 쓰면 된다. 미적 실존은 생의 본질인 권태를 잊는 기술로써 향락을 윤작하라고 주장한다. 한 가지 종류의 쾌락에 싫증이 나면 딴 종류의 쾌락을 추구하고, 그것이 다시 싫어지면 또 다른 종류의 쾌락을 추구한다. 이같이 쾌락의 대상과 방법을 수없이 바꾸어 나아가는 것이 쾌락의 윤작이다. 몇 가지 예를 들어보자.

사람들은 시골에 권태를 느끼면 서울로 여행한다. 자기 나라에 권태를 느끼면 외국으로 여행한다. 구라파에서 권태를 느끼면 미국으로 간다. 이같이 장소를 바꿈으로써 생의 권태를 잊으려 한다. 새로운 변화가 그로 하여금 권태를 잊어버리게 한다. 사람들은 질그릇으로 식사하는 데 싫증을 느끼면 은그릇으로 식사한다. 은그릇에 싫증을 느끼면 금그릇으로 바꾼다. 윤작은 끝이 없다.

요컨대 미적 실존은 윤작이라는 기술에 의해서 생을 흥미롭게, 다채롭고 다양하게, 향락하려는 것이다. 이런 맥락에서 돈 쥬앙은 여자를 윤작한 것이다. 아무것에도 매이지 않고 제멋대로, 마음대로, 재치 있게 쾌락을 추구하며 살아가려는 미적 실존의 쾌락주의적 인생관은 얼핏 생각하면 흥겹고 자유로운 생활로 보인다. 그러나 다시 한번 돌이켜서 사물의 본질을 깊이 파고 들어가서 생각하면 그것은 피상적, 외면적 쾌락의 노예가 된 생활이고 감상적 향락에 자기를 잃어버린 생활이다.

괴테(Goethe, 1749-1832)의 말과 같이 향락은 인간을 천하게 만든다. 인간은 자기를 위대한 주의(이념) 앞에 바치거나 훌륭한 창조에 정진하거나 고귀한 사업에 골몰할 때 아름답고 고귀해진다. 자기 이상(以上)의 존재에 몰입(沒入), 침체(沈滯), 귀의(歸依), 헌신(獻身)할 때 생의 기쁨과 보람을 느낀다.

그러나 미적 실존은 자유로운 실존이 아니고 자의(恣意)의 실존이다. 인생에 대하여 무성의(無誠意), 무책임(無責任), 무정열(無情熱), 무자각(無自覺)의 태도다. 따라서 미적 실존의 결국은 실망(失望)이다. 미적 생활, 미적 실존의 본질은 향락이요, 그 결과는 우수와 불안과 권태와 실망이다. 인간은 감성(感性)인 동시에 영성(靈性)이다. 영성은 감성의 울타리를 뚫고 나아가려고 한다.

미적 실존은 감성의 요구는 만족시키지만 영성의 소리에는 귀를 기울이지 않는다. 그러므로 영성은 만족을 못 느끼고 인간은 불안해진다. 이 불안의 검은 그림자를 씻어 버리기 위해서 권태를 잊어

버리려고 하는 것이 미적 실존의 본질이다. 요컨대 미적 실존의 근본적 오류는 인생에 대해서 진실하지 못하다는 것이다. 성실성이 부족하여 인간의 깊은 영성에 대한 이해가 없고, 인격의 높은 빛을 보지 못한다.

미적 실존은 인간을 옅은 외면성, 감성의 질서에서만 볼 뿐 깊은 내면성, 정신성(情神性)의 차원에서 보지 못한다. 육(肉)의 인간은 좋아할지 모른다. 그러나 영성과 정신성은 그것에 만족하지 않는다. 인간은 감성적 쾌락의 노예로 화하고 감성적 쾌락의 도취가 끝나면 말할 수 없는 생의 공허감(空虛感)과 고독과 권태와 허무와 실망을 느낀다. 정신은 고향(故鄕)을 상실한 느낌에 사로잡힌다.

미적 실존이 윤리적 실존의 차원으로 높이 올라가기 위해서는, 또는 깊이 들어가기 위해서는 미적 실존은 자기 자신에 대해서 실망(失望)을 느껴야 한다. 키르케고르는 실망의 깊은 변증법적인 의미를 말한다. 미적 실존을 포기하고 윤리적 실존을 선택하려면 실망(失望)의 계기가 필요하다. 낮은 단계의 실존이 높은 단계의 실존으로 비약하려면 실망이라는 부정적 계기가 필요하다. 그래서 키르케고르는 "실망하라"고 외친다. "네 혼(魂) 전체를 들어서, 네 힘을 다해서 실망하라", "전심전력으로 실망하라"고 되풀이해서 말한다.

철저한 실망을 겪은 후에야 영원의 인간을 발견하게 된다. "실망을 선택하라. 사람은 실망할 때 다시 선택하게 된다. 그리고 그때 선택하는 것은 자기 자신이다. 직접성에서가 아니고 우연한 개인으로서도 아니며 그 영원한 가치에 있어서 자기 자신을 선택하는 것이다. 미적 실존이라는 외면적 감상적 쾌락의 노예 상태에서 자기 자신을 건져 내야 한다. 그것은 엄숙한 인간 혁명(人間革命)이다.

선택은 엄숙한 것이다. 사람은 미적으로 사느냐 윤리적으로 사느냐. 선택에 의해서 우리는 그 전과 다른 사람이 되는 것이 아니라 자기 자신이 된다. 나다운 나가 될 수 있고 본연의 '나'가 된다. 자기 자신을 선택하는 데에는 용기(勇氣)가 필요하다. 미적 실존이 자기에 대하여 아이러니를 느끼고 자기를 부정하게 된다는 것은 미적 실존보다 더 높은 윤리적 실존이 엄연히 존재한다는 것을 우리에게 보여 준다. 우리는 엄숙한 결단과 용기에 의해서 미적 실존에서 윤리적 실존으로 비약하게 되는 것이다.

필자가 선택한 일본 작가 3인 중에서 가와바타 야스나리는 가장 일본 전통에 충실한 작가였다. 그 말을 뒤집어 말하면 그는 기독교 세계관과 가장 멀리 서 있는 작가였다는 말이다. 그는 그 어떤 진리보다 차원이 높은 성경 진리를 모르는 세계관 속에 살았다. 즉, 그는 하나님의 영적 세계를 모른 채 육적 세계에 머무르는 미적 실존의 삶을 살았다. 키르케고르가 말했듯이 미적 실존의 본질은 향락이요, 그 결과는 우수와 불안과 권태와 실망이다. 가와바타는 키르케고르가 말한 미적 실존이라는 육적 세계에 머무르다 간 불행한 작가였다.

5. 육적 세계를 추구한 '뜰'의 사람: "예수가 생명이다"

사도 바울은 육에 속한 자와 영에 속한 자를 이렇게 말한다. "육신을 따르는 자는 육신의 일을, 영을 따르는 자는 영의 일을 생각하나니/ 육신의 생각은 사망이요 영의 생각은 생명과 평안이니라"(롬 8:5-6). 영적 세계가 있음을 모른 채 육신을 따라 사는 자의 결국은 사망이라고 했는데, 가와바타가 바로 육신을 따라 산 전형적인 인물이다.

　가와바타 문학에는 영의 생각이 자리하지 않기에 생명이 없다. 사랑은 생명에 깃드는 것인데, 역설적으로 그의 문학에는 진정한 사랑이 없기에, 곧 생명이 없는 것이다. 가와바타는 자신의 니힐리즘은 서양의 니힐리즘과 다르다고 하였다. 이는 자연에 대한 동양과 서양의 사고의 차이에서 기인한다. 일원론적 사고를 지닌 동양에서는 인간과 자연은 분리되지 않는다. 그래서 자연과의 합일이라는 말을 한다. 반면에 이원론적인 사고를 지닌 서양에서는 인간은 자연과 분리된다. 그래서 '소외'라는 말을 한다.

　가와바타는 어머니의 품과 같은 자연의 품에 안기는 것이 안식이요 평안이요 구원이라고 생각해서 자살하였다. 즉, 이런 사고관에서 자살은 자연과의 합일을 의미한다. 하지만, 기독교에서 자살을 반대하는 이유는 인간이 '하나님의 형상'(창 1:26-27)으로 만들어진 존엄한 존재이기 때문이다.

　여기서 '하나님의 형상'은 곧 '신(神)의 형상'이라는 말인데, 고대 근동 세계에서 '신(神)의 형상'이란 제정일치(祭政一致) 시대에 하나님과 인간(자연)을 중재하는 자로서의 왕 또는 제사장과 같은 존재를 의미한다. 그래서 '왕 같은 제사장'(벧전 2:9)이라는 말을 하는 것이다.

　그러니까 인간은 한 나라에서 단 하나밖에 없는 왕 같은 존재로서의 유일하고도 존엄한 존재다. 그래서 죽음을 스스로 선택하는 자살은 하나님께 큰 죄가 되는 것이다. 피조물인 인간이 또 하나의 피조물인 자연의 품에 안기는 것이 죄와 죽음으로부터 자유하고 구원을 얻는 길인가. 아니다. 피조물인 인간이 창조주인 하나님의 품에 안기는 것이 죄와 죽음으로부터 자유하고 해방을 누리는 것이라는 것이 기독교가 말하는 구원관이다.

사도 바울은 "오호라 나는 곤고한 사람이로다 이 사망의 몸에서 누가 나를 건져내랴"고 탄식하며 고뇌하였다. 이때 생명의 성령께서 창조주인 그리스도 예수 품에 안기는 것이 죄와 죽음으로부터 자유와 해방을 누리는 것이라는 사실(진리)을 깨닫게 해 주심으로 구원의 환호를 올렸던 것이다(롬 7:24-8:2).

"사람은 무엇으로 사는가?" 이 질문에 "그 무엇보다도 사랑을 먹고 산다"라고 대답하는 것이 가장 정답에 가깝다. 사랑을 받지 못하고 자란 아이는 육체적으로 허약할뿐더러 더욱 더 정신적, 성격적으로 빗나간 문제아가 되고, 이상 행동을 보인다는 것이 심리학자들의 공통된 견해이다. 이것은 비단 사람만이 아니라 짐승을 포함한 모든 만물에 해당한다.

사도 바울은 "그런즉 믿음, 소망, 사랑, 이 세 가지는 항상 있을 것인데 그 중의 제일은 사랑이라"(고전 13:13)고 했다. 사도 바울은 고린도교회 교인들이 다양한 은사로 인해 서로 싸우고 있는 상황에서 가장 좋은 은사는 '사랑의 은사'라고 했다. 진실로 우리 인생 가운데 가장 먼저 알아야 하고, 실천해야 할 가장 중요한 덕목은 '사랑'이라는 덕목이라고 말할 수 있다.

모든 인간들이 가장 원하고 바라는 것은 성공과 행복이다. 그런데 성공과 행복은 바로 '사랑'에 있다. 사랑하고 사랑받는 것만큼 성공적이고 행복한 인생은 없다. 세상에서 이름을 날리고, 사회적 지위가 높고, 지식이 많고, 권세를 누린다 해도 그것은 참 성공도 아니고 참 행복도 아니다.

　가와바타는 노벨상을 받는 엄청난 영예를 얻었지만 그는 결코 행복하지 않았고, 결국 자살로 생을 마감했다. 그 까닭은 사랑받지 못하고 자란 마음의 큰 동공(洞空)을 그 무엇으로도 채울 길이 없었기 때문이다.
　엔도는 부모의 불화로 이혼당한 어머니를 보면서 평생을 약자에 대한 관심과 사랑을 두고 살았다. 하지만 아버지로부터 받아야 할 사랑을 받지 못한 것으로 인해 아버지에 대한 거부감으로 살았고, 급기야는 아버지 하나님에 대한 사랑을 말하는 성경(탕자의 비유, 눅 15:11-32)마저도 왜곡시켜 아버지의 종교를 어머니의 종교로 변주시키는 우를 범했다.
　반면에 평생을 온갖 질병과 더불어 병약하게 살았던 미우라는 가족의 사랑, 친구들의 사랑, 남편의 사랑, 하나님 아버지의 사랑을 받고 자랐다. 그래서 평생을 하나님의 사랑에 겨워 살았고 자신이 받은 그 사랑을 문학을 통해 증언하는 삶을 살다 세상을 떠났다.

　가와바타는 어린 시절 가족과 친지들의 연이은 죽음으로 천애고아가 되었다. 따라서 마땅히 받아야 할 사랑을 제대로 받지 못하고 자랐다. 이로 인해 무의식적으로 일생을 소외감과 더불어 죽음에 대한 공포를 느끼며 살았다. 이 사실은 일생을 그림자처럼 따라다니는 자기만의 비밀이었다. 그래서 순간적인 정신착란으로 자살을 한 것이 아니라 그 무엇으로도 채워지지 않은 허무와 공허,

담배 연기 같은 삶의 무의미를 견디지 못해 자살을 선택한 것이다.

그래서 요한 서신은 이렇게 말한다. "사랑 안에 두려움이 없고 온전한 사랑이 두려움을 내쫓나니 두려움에는 형벌이 있음이라 두려워하는 자는 사랑 안에서 온전히 이루지 못하였느니라"(1요 4:18). 그러면서 이렇게 말한다. "사랑하는 자들아 우리가 서로 사랑하자 사랑은 하나님께 속한 것이니 사랑하는 자마다 하나님으로부터 나서 하나님을 알고 사랑하지 아니하는 자는 하나님을 알지 못하나니 이는 하나님은 사랑이심이라"(1요 4:7-8). 가와바타는 사랑이 하나님께 속한 것임을 전혀 몰랐기에 일생 동안 참사랑을 모른 채 육적 세계 속에서 인간적·미적 사랑만을 추구하며 살다가 간 것이다.

서기관 중 한 사람이 "모든 계명 중에 첫째가 무엇이니이까"라고 물었을 때 예수께서 이렇게 대답하셨다. "첫째는 이것이니 이스라엘아 들으라 주 곧 우리 하나님은 유일한 주시라 네 마음을 다하고 목숨을 다하고 뜻을 다하고 힘을 다하여 주 너의 하나님을 사랑하라 하신 것이요 둘째는 이것이니 네 이웃을 네 자신과 같이 사랑하라 하신 것이라 이보다 더 큰 계명이 없느니라"(막 12:29-31).

이 말씀은 인간이 어떻게 살아야 하는가를 가장 짧게 요약한 명언이다. 즉 하나님을 사랑하고 이웃을 사랑하는 것이 인간이 사는 참 목적임을 역설한 것이다. 그런데 가와바타는 어떠한가. 1945년을 전후한 50년(1920-1970)은 일본 역사상 가장 사건이 많은 격동의 시대였다. 그런데 이 시대를 일본에서 살았던 가와바타는 마치 어딘가로 떠나 있었던 사람처럼 신기할 정도로 그의 작품에는 이 시대에 대한 아무런 흔적이 없다.

시대적, 사회적 이슈에 대한 문제는 그렇다 치고, 그의 작품에는 인간으로서 마땅히 고민해야 할 진리나 정의의 문제, 선악의 문제, 죄와 죽음의 문제, 나아가 천황이나 신이나 신앙의 문제 등을 전혀 다루지 않고 있다. 오로지 자연을 즐기며 무위도식하거나 비현실적인 몽환적 세계 속에서 육감적인 것에만 탐닉하는 존재만이 있을 뿐이다. 그의 작품은 모두 개인 사이에 벌어지는 일상을 다루고 있을 뿐 개인을 넘어선 이웃에 대한 문제에 전혀 무관심한 모습을 보여 주고 있다.

또한 가와바타 문학에는 그 어디에도 진정한 참사랑의 모습이 보이지 않는다. 미우라가 주변의 훌륭한 그리스도인으로부터 받은 참사랑의 추억이나 엔도가 타인의 고통에 대한 연대감을 통해 보여 준 이웃 사랑의 모습을 그 어디에서도 찾아볼 수 없다.

이 같은 모습은 어디에서 비롯된 것일까. 그것은 사랑도 받아 본 사람만이 사랑을 할 수 있듯이, 하나님 사랑이나 이웃 사랑을 받아 보지 못하고 자란 가와바타이기에 그런 모습으로 나타날 수밖에 없다. 그는 현실이 아니라 비현실적 공간에서 자기만의 동굴 속에 갇혀 산 자폐증 환자와 다름이 없다. 그런 의미에서 가와바타는 영적으로 불행하고 인간적으로 불쌍한 사람이었다.

더구나 영적 세계에 대한 은혜 체험이 전혀 없었던 그는 오직 자연 세계와 육감의 세계 속에서만 살다 갔다. 이는 그의 역사의식의 부재를 드러낸 증거이며, 이웃 사랑에 대한 사회적 책임이 결여된, 참으로 이기적인 모습이 아닐 수 없다. 그렇다 보니 "어떻게 사는 것이 참으로 바르게 사는 것인가?"라는 인생의 분명한 목적이 보이지 않을뿐더러 한 목표만을 향해 달려간 바울(빌 3:12)과 같은 분명한 사명도 보이지 않는다. 그런 의미에서 가와바타 문학은 '땅의 문학'이요, 그는 '성전 뜰'에 머문 '육적 인간'이었다.

결론적으로 말하면 영적 세계(영성)를 추구한 미우라 문학은 사랑과 진실이 담긴 '빛과 생명의 문학'이고, 혼적 세계(지성)를 추가한 엔도 문학은 기독교 영성과 일본적 영성 사이에서 헤맨 '방황과 혼돈의 문학'이며, 육적 세계(감성)를 추구한 가와바타 문학은 화려한 문체와 미적 감각에 함몰된 '어둠과 죽음의 문학'이었다.

각자의 상황에 동감하는 이들이 각기 그들의 문학을 읽으며 위로를 받을 수는 있겠으나, 사람을 살리고 생명을 부여하는 것은 결국, 길이요 진리요 생명이신 그리스도를 알고 영혼에 대한 사랑이 담긴 글뿐이라는 것이다. 한 번뿐인 인생을 어떻게 살아갈 것인지 선택해야 할 시점에, 필자는 이러한 질문을 던지며 글을 마치고 싶다.

"한 번밖에 없는 인생, 어떻게 살 것인가?"
사랑하는 그대여, 선택하라!!

● 참고 서적 ●

가노 마사나오(鹿野政直). 『근대 일본사상 길잡이』. 김석근 옮김. 소화, 2004.
가라타니 고진(柄谷行人). 『일본 근대문학의 기원』. 박유하 옮김. 도서출판 b, 2010.
가와바타 야스나리(川端康成). 『설국』. 유숙자 옮김. 민음사, 2002.
_____. 『이즈의 무희·천 마리 학·호수』. 신인섭 옮김. 을유문화사, 2010.
가토 요코(加藤陽子). 『그럼에도 일본은 전쟁을 선택했다: 청일전쟁부터 태평양전쟁까지』. 윤현명·이승혁 옮김. 서해문집, 2018.
강귀일. 『숨은 그리스도인의 침묵: 나가사키·아마쿠사 잠복 기리시탄 문화유산 답사기』. 동연, 2019.
권요섭. 『미우라 아야코의 길 따라: 아사히카와 문학기행』. 크리스천르네상스, 2024.
_____. 『엔도 슈사쿠와 기리시탄: 엔도 문학으로 읽는 나가사키 기리시탄 역사』. 엘 까미노, 2025.
김산덕. 『천황제와 일본 기독교』. 새물결플러스, 2020.
김시덕. 『일본인 이야기1: 전쟁과 바다』. 메디치미디어, 2019.
김세진. 『요시다 쇼인: 시대를 반역하다: 일본 근현대 정신의 뿌리, 요시다 쇼인과 쇼카손주쿠의 학생들』. 호미밭, 2018.
김승철. 『벚꽃과 그리스도』. 동연, 2012.
_____. 『엔도 슈사쿠, 흔적과 아픔의 문학』. 비아토르, 2017.
김용옥. 『東洋學 어떻게 할 것인가』. 통나무, 1986.
김용운·진순진. 『韓·中·日의 역사와 미래를 말한다』. 문학사상사, 2000.
김우종. "암흑기 최후의 별: 그의 문학사적 위치." 『윤동주 연구』. 권영민 엮음. 문학사상사, 1995: 139-152.
김정환. 『金教臣: 그 삶과 믿음과 소망』. 한국신학연구소, 1994.
김종덕 외 저. 『그로테스크로 읽는 일본 문화』. 책세상, 2008.
김태영. 『일본의 문화』. 신아사, 2021.
김헌곤 편저. 『한국교회 순교자열전』. 토비아, 2020.
김형수. 『문익환 평전』. 실천문학사, 2004.
김희영. 『이야기 일본사: 야마토 시대부터 전후 일본까지』. 청아출판사, 2006.
나쓰메 소세키(夏目漱石). 『나는 고양이로소이다』. 장현주 옮김. 새움출판사, 2020.

나카무라 사토시(中村敏). 『일본 기독교 선교의 역사: 하비에르 이전부터 현재까지』. 박창수 옮김. 홍성사, 2016.
다나카 아키라(田中彰). 『메이지 유신과 서양 문명: 이와쿠라 사절단은 무엇을 보았는가』. 현명철 옮김. 소화, 2006.
다자이 오사무(太宰治). 『인간 실격』. 김춘미 옮김. 민음사, 2004.
도몬 후유지(童門冬二). 『오다 노부나가의 카리스마 경영』. 이정환 옮김. 경영정신, 2000.
_____. 『도쿠가와 이에야스의 인간경영』. 이정환 옮김. 작가정신, 2000.
류광하. 『에도 시대를 알면 현대 일본이 보인다』. 책나무, 2019.
마루야마 마사오(丸山真男)·가토 슈이치(加藤周一). 『번역과 일본의 근대』. 임성모 옮김. 이산, 2000.
삼포능자(三浦綾子). 『빙점』. 최호 옮김. 홍신문화사, 1992.
미우라 아야코. 『길은 여기에』. 이종환 옮김. 설우사, 1973.
_____. 『총구(상·하)』. 이재신 옮김. 한국장로교출판사, 1997.
미우라 아야코 기념문학관. 『三浦綾子生誕100年＋α記念文学アルバム増補版：ひかりと愛といのちの作家』. 三浦綾子記念文學館, 2023.
미타니 타이치로(三谷太一郎). 『일본 근대는 무엇인가: 정당정치, 자본주의, 식민지제국, 천황제의 형성』. 송병권·오미정 옮김. 평사리, 2020.
박인용. 『지성소 기도』. 두란노서원, 2009.
박호용(박요한). "왜 지금 '일본선교'인가?" 「한국기독공보」(2021.7.31), 23면.
_____. 『유레카·익투스 요한복음』. 쿰란출판사, 2019.
_____. 『하나님의 시나리오 "조선의 최후"』. 동연, 2022.
_____. 『섭리사관으로 본 韓日近代史: 하나님이 쓰신 최고 감동의 대하드라마』. 쿰란출판사, 2023.
_____. 『아자브(AJAB) 일본선교여행: 17일간의 감동드라마』. 초록엽서, 2023.
_____. 『내 영혼의 알료샤: 천명(天命) 박요한의 문학세계』. 열린서원, 2024.
_____. "섭리사관으로 본 윤동주에 대한 재평가-한국민의 정체성을 '예수적 인간형'으로 주형한 인물." 『상록수문학』 67호(2024.12): 118-142.
박 훈. 『메이지 유신은 어떻게 가능했는가』. 민음사, 2014.
서영은. 『노란 화살표 방향으로 걸었다: 산티아고 순례기』. 열림원, 2019.
서정민. 『일본이라는 이웃: 서정민 교수의 문화 그림 에세이』. 동연, 2022.
아쿠타가와 류노스케(芥川龍之介). 『라쇼몬: 아쿠타가와 류노스케 단편선』. 서은혜 옮김. 민음사, 2014.

안도 히로시(安藤宏). 『일본 근대소설사』. 손지연 옮김. 소명출판, 2023.
안병욱. 『키에르케고르 사상』. 삼육출판사, 1973.
야마모토 시치헤이(山本七平). 『어느 하급장교가 바라본 일본제국의 육군』. 최용우 옮김. 글항아리, 2016.
야스마루 요시오(安丸良夫). 『천황제 국가의 성립과 종교변혁』. 이원범 옮김. 소화, 2002.
양은경 엮음. "섬세한 탐미주의자, 가와바타 야스나리." 『일본사를 움직인 100인: 쇼토쿠 태자부터 미야자키 하야오까지 일본을 움직인 사람들』. 청아출판사, 2012: 516-520.
_____. "근대 지식인의 고뇌를 체현하다, 나쓰메 소세키." 『일본사를 움직인 100인: 쇼토쿠 태자부터 미야자키 하야오까지 일본을 움직인 사람들』. 청아출판사, 2012: 462-467.
_____. "무교회주의로 사회의 문제점을 지적하다, 우치무라 간조." 『일본사를 움직인 100인: 쇼토쿠 태자부터 미야자키 하야오까지 일본을 움직인 사람들』. 청아출판사, 2012: 445-450.
_____. "제국주의의 함정에 빠진 지식인의 두 얼굴, 니토베 이나조." 『일본사를 움직인 100인: 쇼토쿠 태자부터 미야자키 하야오까지 일본을 움직인 사람들』. 청아출판사, 2012: 451-455.
양현혜. 『근대 한·일 관계사 속의 기독교』. 이화여자대학교출판부, 2009.
엔도 슈사쿠(遠藤周作). 『침묵』. 공문혜 옮김. 홍성사, 1982.
_____. 『깊은 강』. 유숙자 옮김. 민음사, 2007.
_____. 『침묵의 소리』. 김승철 옮김. 동연, 2016.
_____. 『사무라이(侍)』. 송태욱 옮김. 동연, 2021.
_____. 『엔도 슈사쿠 작문학 전집(遠藤周作文學全集) 12권』. 신초샤, 2000.
오석륜. 『한국인이 꼭 알아야 할 일본 시인』. 청색종이, 2024.
유기남. 『일본선교』. IVP, 2010.
유시민. 『그의 운명에 대한 아주 개인적인 생각』. 생각의 길, 2024.
윤건차. 『한일 근대사상의 교착』. 이지원 옮김. 문화과학사, 2003.
이경덕 편역. 『성풍속으로 읽는 일본: 가벼운 성(性)의 나라 일본, 일본문화 그리고 일본여성』 가람기획, 2011.
이광훈. 『조선을 탐한 사무라이: 상투 잡은 선비, 상투 자른 사무라이』. for book, 2016.
이기용. 『한일 근대 사상사 연구』. 국학자료원, 2007.

이어령. 『흙 속에 저 바람 속에·오늘보다 긴 이야기』. 21세기북스, 2023.
_____. 『축소지향의 일본인』. 문학사상, 2008.
_____. 『축소지향의 일본인과 그 이후: '한 그릇 메밀 국수'의 일곱 가지 의미』. 기린원, 1994.
_____. 『지성에서 영성으로』. 열림원, 2010.
이연식. 『조선을 떠나며: 1945년 패전을 맞은 일본인들의 최후』. 역사비평사, 2012.
이희복. 『요시다 쇼인: 일본 민족주의의 원형』. 살림, 2019.
전국역사교사모임. 『처음 읽는 일본사』. 휴머니스트, 2018.
전여옥. 『일본은 없다(1,2권)』. 지식공작소, 1994-1995.
정일성. 『알수록 이상한 나라 일본』. 범우사, 2018.
정향재. "가와바타 야스나리의 『설국』: 비현실의 공간과 상징적 미의 세계." 윤재석 편저 김종규 외 25명 지음. 『노벨문학 상수상작 산책: 노벨문학상 수상자 26명의 삶과 문학』. 산처럼, 2022.
카와이 아츠시(河合敦). 『하룻밤에 읽는 일본사』. 원지연 옮김. 랜덤하우스코리아, 2000.
포레스트북스 기획. 『미우라 아야코(三浦綾子)를 만나는 여행』. 이윤정 옮김. 클릭, 2005.
한 강. 『채식주의자』. 창비, 2007.
한수산. 『벚꽃도 사쿠라도 봄이면 핀다: 한일 문화 비교론』. 고려원, 1995.
한중일 3국 공동 역사편찬위원회. 『미래를 여는 역사: 한중일이 함께 만든 동아시아 3국의 근현대사』. 한겨레출판, 2005.
함동주. 『천황제 근대국가의 탄생』. 창비, 2009.
호사카 마사야스(保阪正康). 『쇼와 육군: 제2차 세계대전을 주도한 일본 제국주의의 몸통』. 정선태 옮김. 글항아리, 2016.
호사카 유지(保坂祐二). 『조선 선비와 일본 사무라이』. 김영사, 2007.
홍하상. 『일본의 상도: 고객이 보고 있다』. 창해, 2009.
후쿠자와 유키치(福澤諭吉). 『후쿠자와 유키치 자서전』. 허호 옮김. 이산, 2006.

Benedict, Ruth. 『국화와 칼: 일본 문화의 패턴』. 이종인 옮김. 연암서가, 2019.
Bonoff, N. *The National Geographic Traveller*. 『일본: 내셔널 지오그래픽 테마 여행 시리즈 11』. YBM Si-sa. 2003.
Buber, M. *Ich und Du*. 『나와 너』. 김천배 옮김. 대한기독교서회, 2020.
Coser, Lewis A. *Masters of Sociological Thought*. 『사회사상사』. 신용하·박

명규 옮김. 일지사, 1978.

Drea, Edward J. *Japan's Imperial Army* (大日本帝國陸軍): Its Rise and Fall 1853~1945. Lawrence: University Press of Kansas, 2009.

Foxe, John. *Foxe's Book of Martyrs*. 『순교자 열전』. 홍병룡 옮김. 포이에마, 2014.

Gandhi, Mahatma, *An Autobiography: The Story of My Experiments with Truth*. 『간디자서전』. 함석헌 옮김. 한길사, 1983.

Howes, John F. *Japan's Modern Prophet: Uchimura Kanzo(1861~1930)*. Vancouver·Toronto: UBC Press, 2005.

Küng, H. *Das religiöse Situation der Zeit*. 『한스 큉의 유대교: 현 시대의 종교적 상황』. 이신건·이응봉·박영식 옮김. 시와 진실, 2015.

Keene, D. *Emperor of Japan: Meiji and His World (1852~1921)*. 『메이지라는 시대: 유신과 천황 그리고 근대화』(1, 2권). 김유동 옮김. 서커스, 2017.

Muchulski, Konstantin. 『도스토예프스키 1』. 김현택 옮김. 책세상, 2000.

Tipton, Elise K. *Modern Japan: A social and political history*. London and New York: Routledge, 2016.

BJ BOOKS

BJ BOOKS는 한일 간의 화평의 다리를 놓는 사역의 일환으로 한일 서적 출판, 관련 상품 개발 및 제작 보급하는 Blessing Japan의 출판사입니다. BJ의 의미는 아름다우신 예수를 전하는 "Beautiful Jesus"라는 의미와 "Blossom Journey"라는 의미로 '꽃이 피는 당신의 여정'을 응원하는 마음을 담고 있습니다. 꽃이 피는 당신의 여정을 응원한다는 말의 의미는, BJ BOOKS가 선보이는 책들을 통해 독자 여러분들의 삶에 아름다우신 예수의 꽃들이 피어나도록 그리고 내면의 상처나 아픔들이 아름다운 꽃으로 피어날 수 있도록 BJ BOOKS가 동행하는 마음을 전합니다.

"BJ BOOKS는 독자 여러분의 건강한 신앙과 자아 성숙 그리고 치유의 여정을 응원합니다."

Instagram   bjbooks_kr
Facebook   BJ BOOKS

일본 작가 3인의 문학 세계
─── 영(靈)·혼(魂)·육(肉)의 관점에서

초판 1쇄 인쇄 | 2025년 2월 25일
초판 1쇄 발행 | 2025년 3월 4일

지은이 | 박요한
발행인 | 윤성혜
편집 | 손진희, 안준서
디자인 | 손진희
인쇄 | 시난기획

펴낸곳 | BJ BOOKS
출판등록 | 2020년 4월 20일(제2022-000016호)
주소 | 서울특별시 동작구 노량진로100 CTS빌딩 9층
전화 | 070-4892-2033
이메일 | wamissionjk@naver.com
홈페이지 | https://blessingjapan.or.kr/

ISBN 979-11-971345-2-4 (03830)

ⓒ 박요한 2025

책 값은 뒤표지에 있습니다.
무단 전재와 복제를 금합니다.